本书获得福建教育学院梦山丛书资助出版

高考问题情境下的
地理学科核心素养测评

陈俊英 / 著

福建人民出版社
海峡出版发行集团
THE STRAITS PUBLISHING & DISTRIBUTING GROUP

图书在版编目（CIP）数据

高考问题情境下的地理学科核心素养测评 / 陈俊英著 .-- 福州：福建人民出版社，2021.12
ISBN 978-7-211-08807-2

Ⅰ. ①高 … Ⅱ. ①陈 … Ⅲ. ①中学地理课—高中—升学参考资料 Ⅳ. ① G634.555

中国版本图书馆 CIP 数据核字（2021）第 273685 号

高考问题情境下的地理学科核心素养测评

GAOKAO WENTI QINGJING XIA DE DILI XUEKE HEXIN SUYANG CEPING

作　　者： 陈俊英
责任编辑： 李冰洁
出版发行： 福建人民出版社　　**电　　话：** 0591-87533169（发行部）
网　　址： http://www.fjpph.com　　**电子邮箱：** libingjie24@163.com
地　　址： 福州市东水路 76 号　　**邮政编码：** 350001
经　　销： 福建新华发行（集团）有限责任公司
印　　刷： 福州印团网印刷有限公司
地　　址： 福州市仓山区建新镇十字亭路 4 号
电　　话： 0591-87881810
开　　本： 720 毫米 × 1000 毫米　1/16
印　　张： 18.75
字　　数： 233 千字
版　　次： 2021 年 12 月第 1 版
印　　次： 2021 年 12 月第 1 次印刷
书　　号： ISBN 978-7-211-08807-2
定　　价： 46.00 元
审 图 号： GS（2022）2937 号

序

教育部制定的《普通高中地理课程标准（2017年版2020年修订）》（以下简称“高中地理课程标准”），是我国高中地理课程改革的最新成果。高中地理课程标准全面贯彻党的教育方针，落实立德树人根本任务，发展素质教育，基于地理学科本质，凝练地理学科核心素养。

在地理学科核心素养的视角下，高中地理课程结构作了重组。仅与地理高考直接相关的课程群中，就增加了突显人地协调观的地理选择性必修3《资源、环境与国家安全》；地理必修2、地理选择性必修1和2等课程加强了对综合思维素养的培养；地理必修2、地理选择性必修3等课程内容要求突显了对中国重要地理问题的认知；地理必修1等课程增加了多项观察考察等地理实践力的内容要求。

尤其需要关注的是，在地理学科核心素养的视角下，高中地理课程创新划分了地理学业质量水平。在我国新高考“两依据一参考”的框架下，明确了使用地理学科核心素养话语的地理学业质量水平与包含地理高考在内的地理考试评价之间的关系，提出了对地理学业水平考试命题的建议。

高中地理课程标准已成为地理高考命题的依据。有关文件提出，地理新高考的目标和功能，除了为高校选拔优秀生源和促进地理教学之外，还增加了立德树人首要目标和功能，同时也增加了导向教学的目标和功能。这些重大改革实现了高中地理课程改革与地理高考改革相向而行、相互促进的良性循环格局。

当前，我国高中正在加快地理新课程、新教材和新高考的综合推进，广大一线高中地理教师对地理学科核心素养的含义、各种版本地理新教材对地理学科核心素养的体现，尤其是对地理高考以地理学科核心素养测评为重，尚有不少困惑；面对地理新高考的考生对地理高考问题情境和地理学科核心素养测评，也有不少疑虑。此时，《高考问题情境下的地理学科核心素养测评》（以下简称“本书”）一书的问世，具有必要性和紧迫性。

本书理论联系实际，内容分为理论与实例两大部分。第一章为理论部分，后两章为实例部分。本书采取这种结构，旨在为广大高中师生排难解惑，让他们不但知其然，也知其所以然，以便自觉、主动地去适应高中地理新课程、新教材和新高考。

本书的理论部分聚焦基于情境的地理学科核心素养测评，着重分析了地理高考试题情境与设问、基于课程标准的地理教学情境，提出了基于情境的地理学科核心素养测评的原则和路径，兼具理论探索性和实用指引性。

关于地理高考问题情境下地理学科核心素养测评的原则，本书强调了以地理课程内容要求为依据和以地理学科思想和方法为主线两个方面。值得注意的是，近年来地理高考真题早已多次考查了高中地理新课程的新内容。对此，高中地理课程中地理学科核心素养的培养就要追随地理科学研究和社会地理问题的新进展，创设反映地理科学和社会问题的新情境。另外，为顺应高中地理课程标准提出的问题式教学，在新形势下必须加强地理学科思想和方法的运用，创设大问题情境测评高水平的地理学科核心素养，创设区域地理情境因地制宜地测评地理学科核心素养，创设时空演变问题情境在不同时空动态测评地理学科核心素养。

关于地理高考问题情境下地理学科核心素养测评的路径，本书首先构建了地理学科核心素养发展水平测评路径框架，提出将“确定考查测试内容→设定具体完成任务→选择合适试题情境→描述素养表现水平”作为测量学科核心素养表现水平的基本路径，且考虑难易、复杂程度不同，素养表现水平也由此递进。此外，还提出测评的路径要关注测评的基础性、综合性、应用性和创新性。本书继而提出了水平测评标准，摒弃传统的综合题“采点给分”评分方式，转向“分级评分”，将参考答案进行逻辑编码，分成不同的水平，给出学生成绩的水平层级。

本书的实例部分分自然地理与人文地理两大领域。自然地理领域选取地理高考经常考查的地质地貌、气象气候、水系水文、植被土壤、自然灾害与防治等案例，人文地理领域选取地理高考经常考查的人口与城镇化、产业结构与区位、国家战略、旅游与环保等案例，其中包括思政价值高、形势变化快的新课程内容。

本书的实例部分针对地理高考真题，细化分析了试题的命题依据与测评目标，命题依据综合引用了高中和初中地理课程标准的相关内容要求，可以看出每一道小题的设问，往往会涉及多项地理课程标准的内容要求，包括不少跨单元的内容要求，甚至是跨初高中学段的课程内容要求，启示要采取问题式、单元式、项目式等教学模式。本书针对地理高考真题，关联分析了高考试题情境、教材问题情境以及问题式教学情境，连通了高考与教材、教学的问题情境，促进这些情境的相互转化。本书进一步分析了试题的思维路径与思维结构，给出了依据考生反应、基于考生思维结构进行测定考生学业水平等级的办法。

本书虽然没有设置基于地理高考问题情境下地理学科核心素养测评研究而提出的高中地理教学策略或建议，但通过对本书理论与实例相结合的探究，广大高中师生自然可以悟出其中的道理，解决一些困惑和疑虑。目前，综合研究地理新课程、新教材、新高考的成果还不多，特别是对于课程内容和问题情境双重要求下地理学科核心素养测评，期待有更多的成果问世，起到引领举一反三、迁移应用和创新的作用。

袁书琪

福建师范大学二级教授、博士生导师

人教版高中地理课程教材分册主编

教育部首批国培专家

前　言

新的高考评价体系以“必备知识、关键能力、学科素养、核心价值”为考查目标。地理学科核心素养及其水平划分，是地理新高考的重要依据。

高中地理课程标准明确了地理学科核心素养是高中地理课程基本理念、高中地理课程目标、高中地理课程教学与评价的关键，地理学科核心素养的培养是高中地理课程立德树人根本任务的落实。

高中地理课程标准在学业水平考试命题建议中指出：“构建能够科学测评地理学科核心素养发展水平的框架，核心是确定测评地理学科核心素养及其表现水平。除地理学科核心素养这一关键维度外，还应从测试内容、具体任务、试题情境三个方面考虑测试的具体设计。”因此，测量评价地理学科核心素养的表现水平，需要建构相应的评价框架，需要整体考量地理学科核心素养与课程内容要求、具体任务、问题情境之间的关系。

地理学科核心素养主要包括人地协调观、综合思维、区域认知和地理实践力，它们是相互联系的有机整体。学业质量水平标准是以地理学科核心素养及其表现水平为主要描述维度的。高中地理学业质量标准将学业质量明确划分为不同水平，并从问题情境、知识和技能、思维方式、实践活动和价值观念等维度，描述了不同水平地理学科核心素养培育的具体成果。

高中地理课程需要理解、掌握和整合的知识点，地理课程标准在课程内容要求中都有明确说明。例如，地理必修1明确指出，学生要有理解自然地理现象的过程与原理的能力，有对生活中自然地理现象进行观察、识别、描述、解释、欣赏的能力；地理选择性必修1明确指出，学生要有理解自然环境及其演变过程对人类活动影响的能力等。这些课程内容要求也是地理学科核心素养测评的内容。

测试内容是测试地理学科核心素养表现的要求，具体任务是测试地理学科核心素养表现的具体方式，试题情境是测试地理学科核心素养表现的载体。因此，“确定考查测试内容→设定具体完成任务→选择合适试题情境→描述素养表现水平”是测量地理学科核心素养表现水平的基本路径，且因各自的难易、复杂程度不同，素养表现水平也由此递进。

本书从高中地理课程标准提出的“素养表现水平、测试内容、具体任务、试题情境”等维度对历年来地理高考有代表性的真题进行分析，同时与教材内容情境以及教学情境进行对照，旨在帮助地理教师和高中学生打通地理高考试题情境与平时地理课程教学中的问题情境，打通平时教学与高考复习的内在联系。

本书的地理高考真题取自近年来地理高考的全国卷以及2021年的河北、广东、浙江等地试卷的非选择题部分。对每道地理高考真题及其参考答案的命题依据、情境创设、思维路径、考生思维结构评价等作了深入分析。

高中地理课程人教版、中图版、沪教版、鲁教版、湘教版等五种新教材在对人地协调观、综合思维、区域认知和地理实践力四大地理学科核心素养的体现中各具特色，对高中地理课程标准内容要求的细化也各有千秋。本书尝试综合五种教材的内容及其表现形式，对照地理高考真题的内容及其表现形式，加深对高中地理课程标准内容要求的领会，从而更好地理解和把握地理新高考的评价体系、试题命制与高中地理新教材之间的内在联系，促进“教、学、考”的一致性。

由于作者的学识水平所限，本书对地理高考问题情境下的地理学科核心素养测评问题的探索仍然存在不足之处，恳请专家和广大读者批评指正！

目　录

第一章　基于情境的地理学科核心素养测评

当前，地理高考改革正在向全国推进，改革的主要趋势是与高中地理课程改革相向而行、相互促进。高中地理课程标准已成为新的地理高考命题与评价的依据。高中地理课程标准更新的关键之一是将地理学科核心素养广泛用于地理课程基本理念、课程目标、教材编写、学业质量水平和学业水平考试测评。而学生地理学科核心素养水平的测评，必须“通过学生在应对复杂现实情境时的外在表现加以推断”（见高中地理课程标准）。所以，新的地理高考是基于情境的地理学科核心素养的测评。

第一节　地理高考试题情境与设问分析

根据高中地理课程标准的教学建议，高中地理课程的设施应重视问题式教学，而问题式教学中问题的设计有赖于问题情境的创设。高中地理教学设计与地理高考试题命制、考生分析解决问题以及考试成绩评定是一脉相承、相互引导、相互制约的。

一、地理高考试题情境的创设

地理高考评价体系中所谓的“情境”即“问题情境”，指的是真实的问题背景，是以问题或任务为中心构成的活动场域。“情境活动”是指人们在情境中所进行的分析和解决问题或探究和完成任务的活动。有研究者认为，“情境”与“情境活动”是实现高考考查内容与考查要求的基本载体，通过选取适宜的素材再现学科理论与实践产生的场景或者呈现真实的现实问题环境，在真实的背景下发挥核心价值的引领作用，让考生运用必备知识和关键能力去解决实际问题，全面综合展现学科核心素养的水平。

高中地理课程标准结合地理学科考试特点与中学地理教学实际，从考查内容、考查要求与考查载体 3 个维度构建地理考试评价体系。在研制学业水平考试的试题时，要求将课程标准中的学业质量标准细化为测试的目标，描述学生在特定情境中应达到的具体状态、水平表现。因此，确定测评地理学科核心素养及其表现水平，除地理学科核心素养这一关键维度外，还应从测试内容、具体任务、试题情境三个方面考虑测试的具体设计。

高考试题在命题环节，创设试题情境尤为重要。高中地理课程标准对地理学科核心素养进行分级描述时，将“情境”进行了分级，从“水平 1”到“水平 4”，分别使用了“生活中常见地理事象”“给定的地理事象”“给定的复杂地理事象”“现实中的地理事象”等对情境的复杂程度以及学生熟悉程度加以限定。从“生活中常见地理事象”到“现实中的地理事象”，是学生对所呈现情境由简单熟悉到复杂陌生，由经过加工的结构化良好情境到“鲜活”的结构不良情境的逐步进阶。

近年来，地理高考试题情境越来越多地依赖于创设合理的、真实的任务情境，来实现评价内容和任务。地理高考试题的真实情境可分为生活化情境、联系生产实际的情境和地理学术情境。生活化情境、联系生产实际的情境和地理学术情境都是基于真实的生活问题、社会现实问题和学术研究问题而产生的，与地理学科核心素养表现相对应。

地理高考试题往往注重挖掘真实情境与地理学科核心素养表现间的对应关系。地理学科核心素养水平是通过学生应对不同地理情境时表现出来的。地理情境绝大部分来源于生活，来源途径不同，学生的素养表现水平也有差异，表现在与学生生活联系密切的日常情境、与工农业生产联系密切的现实情境及与地理科学研究联系密切的学术情境，引发学生地理学科核心素养的表现和水平程度有着明显的差异。在地理试题命制时，充分发掘真实情境与地理学科核心素养表现之间的对应关系，并尽可能将地理生产情境表达生活化，将地理学术情境表达通俗化，拉近试题情境与学生的距离，同时赋予生活环境隐含的地理科学逻辑，能够通过情境的创设与引导，使学生形成用地理学科的思维思考问题的能力和习惯，就是新的高中地理课程所要求的新的教学方式。

二、地理高考有效设问的创建

问题情境复杂程度不同、解决问题的任务开放程度不同，学生的地理学科核心素养表现水平就有差异。地理高考试题往往以真实地理问题为素材创设问题情境，通过改变素材中地理要素的数量、内容之间的结构化程度，来改变试题情境的复杂程度，从而引发学生地理学科核心素养的不同表现水平。

在立足“素养立意”和情境创设的基础上，地理试题的命制思路由以往的“摊大饼”转向“小切口、新情境、多视角”。以最具地理地域性特点的“区域认知”地理学科核心素养来说，在命题中不可能动辄呈现大范围的空间，小区域往往是切入点，将分析和解决实际问题落实到某个具体的小区域，以此来创设新的情境，但在具体题目设计时可以跳出这个固定的小区域，从不同时期发展变化、地理空间对比、人与自然的关系等更多的角度进行知识和能力的迁移，进行多样化的创新。

设问是地理试题的关键部分，是学生由问题情境通往解题任务的桥梁。地理试题的设问，本质上是对考生受到情境图文材料刺激后，应该做出的反应所做的规定。以往的地理试题设问，要求考虑考查目标和内容领域，使用与考查目标相一致的动词，用语清晰明确等。在这些要求的基础上，强调体现素养立意的试题结构，设问环节比以往更加重要，有更加多样的要求。

现实中的地理事象和地理问题大多是复杂的、开放性的，近年来的地理高考中较少出现此类试题，试题情境与具体任务（设问）及答案之间都是高度结构化的。从目前地理试题的形式看，从选择题到非选择题之间，可形成一个由完全封闭到完全开放的任务结构逐渐递进的连续体系。因此，创设基于真实、复杂情境的开放性问题，将具体任务放在真实、复杂的现实地理问题情境中，提高学生完成任务的自由度，是评价学生地理学科核心素养较高水平表现的重要路径。

开放性设问，是启发学生主动思考，实现考查功能的关键一环。近年高考地理试题注重对试题设问思路和形式的探索和创新设计，或设置有限度的开放性设问，或设置可选择的问题，给予学生进行个性化表达的广阔空间。既保证学生有话可说，又使能力目标可测、答案可控，学生只要给出的证据能够支持所选择的态度即可达到要求。这样的试题使学生能够从标准答案的束缚中解放出来，鼓励学生进行主动思考，从不同角度认识和理解地理事物，充分考查学生思维的敏捷性和创新性。

第二节　基于课程标准的地理教学情境分析

一、课程标准对教学和教材情境创设的要求

不论是高考还是教学的情境创设，都离不开高中地理课程标准对教学与评价、教材内容的要求。

高中地理课程标准的教学与评价建议是，“要辅以必要的直观手段和生活经验，在地理情境中，强化学生的思维训练”“要重视问题式教学，将完整呈现问题和相应情境作为学生学习的基础和背景，避免将情境仅作为‘导入’的做法，要引导学生在充分理解情境的前提下展开学习”“为了评价学生的核心素养，要高度重视复杂、开放性真实问题情境的创设，即把具体任务尽可能放在真实、复杂性的现实情境之中”。

高中地理课程标准对教材编写的要求是，“在选择具体的地理学习内容时，还应注意联系学生熟悉的地理事物、现象和问题，并适当引入地理学科最新的研究成果”“要创新内容编排方式，可以采用问题、情境、案例等多种思路组织教学内容……将学生‘放’到情境中，增强他们分析和解决问题的能力”。

可见地理教材是教师教学和学生学习的主要依据，任何地理教学情境的创设都要与教材内容相契合，与课程标准内容要求相统一，避免出现淡化地理教学主题和重点的现象，若不能按要求实现教学目标，会直接影响教学效果。因此，教师创设情境内容要依据课程标准，深入分析教材，挖掘教材的内容实质和价值要求，并根据课程标准对教材内容有所取舍。近年来出现的“去教材化”的所谓“改革”倾向是错误的。

二、地理教学情境的特性与创设

地理情境教学，指依据地理教学内容创设具体、生动的教学情境，强调学习者与学习环境的互动性，通过特定的学习场景强化学生的学习体验，教师进一步对地理教学过程进行引导、控制和调节，使学生在积极主动的学习中达到地理认知、地理能力和地理学科核心素养的全面发展。教学情境包括情感和环境两方面。良好的地理教学情境有利于调动学生地理学习的主动性、积极性，启发学生思维，开发学生智力。创设地理教学情境要体现其生活性、形象性、学科性、问题性、情感性等特性。

▲生活性：联系学生的生活实际。挖掘和利用学生的地理学习经验，沟通将要学习的新内容与学生已有的学习经验，乃至提供地理实践力的应用机会。

▲形象性：解决形象思维和抽象思维、感性认识和理性认识的关系。为此，教学情境需要感性的、可见的、形象的、具体的地理素材支持，同时这些地理素材还要能够有效激发学生的想象和联想，提供从想象和联想到综合逻辑思维的可能。

▲学科性：体现地理学科特色、价值和魅力，不但要激发学生地理学习的动力和热情，还要紧扣地理课程标准的内容要求，凸显地理学科的区域认知和综合思维特性。

▲问题性：地理教学情境必须内含有价值的地理问题的情境，能有效地引导学生思考，并产生以解决地理问题为驱动力的地理学习渴望，同时满足解决地理问题后的地理学习成就感。

▲情感性：具有激发学生地理学习情感的功效。地理教学情境需要具备基于人地协调观的正确的地理学习价值观念、参与人地协调的责任感和积极性。

虽然通过设置真实的问题情境，要求考生灵活运用所学知识与原理，分析解决实际问题，已成为近年来高考地理试题命制的重要趋势，但在地理高考复习中，仍然存在学生陷于刷题过密的“题海”中，不能深度认知每道试题所构建的问题情境，形成狭隘的思维定势，只能用一种通用的答案或套路来应对类似的问题，导致复习效率和解题能力低下等地理学习问题。

对此，地理教师应当针对地理单元主题，挖掘源于学生生活经验的情境素材，或是针对高考地理试题的相似问题情境，相对应地设计和拓展真实的地理情境，引导学生在地理学习和复习中探究问题情境，将地理学科核心素养培养嵌入真实地理情境与真实地理问题的解决中。在此基础上选择相关的试题，提供多元情境载体，实现学生思维迁移与进阶，提高学生地理学习和复习的效率。

三、地理教学情境与地理高考试题情境的区别

综合分析多年来的地理高考试题，可以看出地理教学情境和地理高考试题情境虽然存在密切的关联，在很多方面也都指向一致的方向，但二者之间还是存在显著的差异，这些差异主要表现在以下四个方面。

第一，地理教学情境和地理试题情境虽然都是以课程标准为指导，以落实地理学科核心素养培育为导向，但地理教学情境是为学生开启地理学习过程而创设的，其创设的目的是引导学生由先前已有的地理学习基础向新提出的地理学习任务过渡，其中对地理学科核心素养培育的要求一般限于第一、二水平。而地理高考试题情境的创设则是基于学生已经完成了相关地理学习任务，情境创设的目的是检验学生如何应用已有地理学习成果解决实际地理问题、检测

地理学科核心素养的真实水平，其中对地理学科核心素养形成的要求可以达到第三、四水平。简而言之，地理教学情境重在引导学习，而地理高考试题情境重在检验测评。

第二，虽然地理教学情境和地理高考试题情境都可以实现对学生的评价，但二者关于评价的目的和方式不同。基于地理教学情境的评价着眼于地理学习过程中的学生表现，评价的主要方式是过程性的。而基于地理高考试题情境的评价着眼于应用地理学习成果解决真实地理问题过程中的学生表现，评价的主要方式是终结性的。

第三，虽然地理教学情境和地理高考试题情境都力求地理情境的真实性，但二者的作用和功能不同。地理教学情境主要是生活情境和社会情境，学术情境相对较少，学生熟悉的地理情境相对较多。而地理高考试题情境则包括生活情境、社会情境和学术情境，学生相对陌生的地理情境较多，对学生从熟悉情境到类似情境、再到陌生情境的创新迁移要求较高。

第四，虽然地理教学情境和地理高考试题情境都具有地理学科核心素养的培养功能，但二者当中地理学科核心素养的表现和层次是有差异的。地理教学情境中的地理学科核心素养主要是对人地关系的认知和评价，理解人地关系问题，对地理要素之间的相互关系作综合分析，认识区域地理特征，比较区域差异，进行初步的地理考察和调查，实施地理实践活动。而地理高考试题情境中的地理学科核心素养主要是基于地理教学情境中的地理学科核心素养，进一步评价和提出人地关系协调对策，解决人地关系问题，从时空叠加和地方综合的视角分析处理地理问题，协调区域之间的关联和互补，系统收集应用地理考察和调查获得的信息，提出地理实践活动方案。

第三节 地理学科核心素养测评的原则和路径

一、地理学科核心素养测评的原则

（一）以地理课程内容要求为依据

就高中地理课程而言，高中地理课程标准是落实地理学科核心素养的培养、完成“立德树人”根本任务的纲领性、指导性文件，是高中地理教材编写、高中地理课程实施与高中地理教学评价的根本依据。因此，地理学科核心素养测评必须坚持高中地理课程标准本位原则，评价内容、评价方式必须体现课程标准的基本理念，遵循课程标准的内容要求，全面体现课程标准在地理学科核心素养评价测评中的导向引领价值。尤其是综合思维测评的维度与水平的划分都必须以课程标准内容要求为依据，情境设置、问题设问指向学生地理学习过程中的综合思维水平拓展与进阶，促成地理学科核心素养的全面养成。

地理高考测评体系指向的地理学科素养包含地理学习掌握、地理实践探索和地理思维方法。地理学习掌握包含地理信息获取、地理知识理解和整合。至于地理信息获取需要哪些能力、地理学习掌握需要理解整合哪些地理知识、地理实践探索和地理思维方法需要哪些操作和思考能力，在高中地理课程标准的内容要求中都有明确说明。例如，必修 1 模块主要包括三方面内容：地球科学基础、自然地理实践、自然环境与人类活动的关系。地理学科核心素养测评，需要设计相关的地理问题，创设相关的地理问题情境。

遵照必修1模块对学习本模块后应具备的地理学科核心素养的明确要求，所创设的地理问题情境要能运用地理信息技术或其他地理工具，分别观察、识别、描述与地貌、大气、水、土壤、植被等有关的自然现象，从而概括自然地理特征，分析自然要素与环境的关系，综合分析自然地理成因，地理问题情境要能测评运用考察、实验、调查等方式进行科学探究的意识和能力（地理实践力）。问题情境的设问要能够运用地球科学的基础知识，说明自然现象之间的关系和变化过程（综合思维）。问题情境和设问要能够测评对特定区域自然现象的描述和解释，以及影响人类的说明（区域认知、人地协调观）。这些对地理学科核心素养的测评都是遵照高中地理课程标准的内容要求，创设合理情境和提出有效设问的。

高中地理教材是学生学习的教科书，书中有高中地理教学中创设问题情境的最重要、最基本的基础材料。尽管人教版、中图版、沪教版、鲁教版、湘教版等不同版本的地理教科书在问题情境创设上各有千秋，但它们都围绕高中地理课程标准的内容要求，在培育地理学科核心素养时可以择优参考。

综上所述，应按照高中地理课程标准新的内容要求，结合地理科学的新进展，创设地理高考和日常教学的问题情境，开展地理学科核心素养的培育和测评。

（二）以地理学科思想和方法为主线

高中地理课程内容反映地理学的本质，体现地理学的基本思想和方法，可引导学生运用地理思想和方法，创设地理问题情境，发现、分析和解决地理问题；运用地理学科的思想和方法，以综合的、区域的、动态的眼光看待世界。地理学科基本思想包括人地关系思想、尺度思想、整体性思想和因地制宜思想等，地理学科基本方法包括地图法、地理实验法、地理调查法和区域比较法等。这些地理学科思想和方法，与地理学科核心素养有着紧密的联系。基于地理学科思想方法创设地理问题情境，可以有效测评地理学科核心素养。

例如，运用地理学科思想和方法，将自然地理环境看成是由大气圈、水圈、岩石圈和生物圈组成的具有密切联系并相互作用的整体。气候、地形、土壤、水文和生物五大自然要素密切联系、相互作用，共同组成了自然地理系统。运用地理系统的原理和方法，创设大问题情境，可以测评高水平的地理学科核心素养。

又如，高中地理课程中的区域发展，要求运用综合的观点认知区域的整体性，即从区域地理要素关联、区域地理事象过程关联、区域整体关联的视角，创设区域地理情境，可以因地制宜地测评地理学科核心素养。

此外，地理学科核心素养要求运用空间—区域观点认知地理事象，是基于地理学的时空尺度思想，即从空间尺度、时间尺度、时空尺度认知区域特征、区域差异、区域联系和区域发展，体现地理学的地域性与整体性、变动性与时空耦合性特点。遵循这样的地理学科思想和方法，创设时空演变问题情境，可以在不同时空动态测评地理学科核心素养。

二、地理学科核心素养测评的路径

（一）评价路径框架

高中地理课程标准提出，要构建能够科学测评地理学科核心素养发展水平的框架，核心是测评地理学科核心素养的表现水平。除地理学科核心素养这一关键维度外，还应从测试内容、具体任务、试题情境三个方面考虑测试的具体设计。

测试内容是学科核心素养表现的基础，具体任务是学科核心素养的驱动，试题情境是引发学科核心素养表现的载体。因此，“确定考查测试内容→设定具体完成任务→选择合适试题情境→描述素养表现水平”是测评学科核心素养表现水平的基本路径，且因各自的难易、复杂程度不同，素养表现水平也由此递进。

地理学科测试的考查要求包括基础性、综合性、应用性和创新性，与布鲁姆教育目标等级相对应，体现课程标准的学业质量水平。“基础性”强调基础扎实，关注解决问题所需的地理概念与技能，大致对应识记、理解的层级；“综合性”强调融会贯通，形成符合学理逻辑的地理知识体系，注重知识、能力与素养的综合，多维信息的整合，考点之间、学科之间的关联，大致对应分析、综合的层级；“应用性”强调学以致用，聚焦当前人口、资源、环境与发展问题，关注学生日常生活实践、国家经济社会发展与科学技术进步等议题，大致对应应用的层级；“创新性”强调创新意识与思维，考查学生进行推测和设想，并进行周密地论证以及探索使用新方法积极主动解决问题的能力，涉及批判性思维与创新思维，大致对应设计、评价、反思的层级。

（二）水平测评标准

传统的综合题评分方式是采点给分，即将学生答案和标准答案进行比较，寻找关键词，符合标准答案要点的就可以得分，这样的评分方式可以极大地提高阅卷效率，避免主观性评分。从地理学科的特点来讲，采点给分将答案机械地分成几个要点，忽略了要点之间的联系，并没有真正反映问题的本质和学生的思维过程。从学生来讲，只要有关键词就得分的方式使学生长期机械式地记忆答题要点，教师也热衷于总结不同问题得分点的答题套路，而不是真正去认识和分析问题，地理学科核心素养的培养难以实现。

地理学科核心素养测评的试题命制在答案设置和评分标准上应该采用思维结构评价法，突破原有的采点给分形式，转向分级评分，将参考答案进行逻辑编码，分成不同的水平，在阅卷时，将学生答案根据其逻辑和表达与参考答案的不同水平进行对比，最终给出学生的水平层级。

综合等级评分方法以比格斯提出的“SOLO”（Structure of the Observed Learning Outcome）分类评价法为基础。有研究表明该方法与“PISA”（Program for International Student Assessment）科学素养的等级水平划分基本保持一致。“SOLO”分类评价法将学生的学习结果由低到高分为 5 个不同的层次：前结构、单点结构、多点结构、关联结构和拓展抽象结构，这 5 种结构的基本含义见下表，可以结合“SOLO”分类评价法进行综合等级评分。利用“SOLO”分类评价法进行试题评分，有利于整合学生的碎片化知识，从整体而非局部考虑问题，以这样的“SOLO”分类评价法为基础的综合等级评分更加切合以学科核心素养和学业质量标准为特色的课程评价改革理念。

“SOLO”分类评价法的结构、含义及评分参考

结　构	含　义	综合等级评分参考
前结构	没有形成对问题的理解，回答问题逻辑混乱，或同义反复。	1级（0分）
单点结构	回答问题时，只能联系单一事件，找到一个线索就立即跳到结论上去。	2级（1～2分）
多点结构	回答问题时，能联系多个孤立事件，但未形成相关问题的知识网络。	3级（3～6分）
关联结构	回答问题时，能够联想多个事件，并能将多个事件联系起来。	4级（7～8分）
拓展抽象结构	回答问题时，能够进行抽象概括，结论具有开放性，使得问题本身的意义得到拓展。	5级（9分）

新一轮高中地理课程改革与地理测试（学业水平测试、高考等）改革都立足于地理学科核心素养测评。高中地理学科诸方面素养交叉贯穿于整个地理课程教学和评价中，也交叉贯穿于地理高考试题中。在命题时，往往不可能同时兼顾每一个素养，又不会只局限于某一个素养，所以就需要在命题时首先确定这道题目所要考查的主要素养是什么。

以最具逻辑性的地理学科核心素养“综合思维”为例，它是地理学的基本思维方法，是指全面、动态、系统的认识地理事物和现象的思维品质的能力，不仅包含要素综合，还包含时空综合、地方综合。在命题时，就要改变以往的只注重学科知识，如地理要素的记忆式罗列，地理现象的单一因果解释等，而要从素养立意的角度出发，考虑各地理要素之间的联系和时间空间上的变化和联系，“一因多果”“一果多因”“多因多果”“互为因果”地分析和解决实

际地理问题。因此，可以考虑以综合思维为主测评地理学科核心素养，围绕综合思维，关联其他地理学科核心素养，创设问题情境，提出设问，设计综合性的评分标准。

第二章　自然地理高考试题案例分析

第一节　地质地貌高考试题案例分析

案例 1　2021 年全国甲卷地理试题第 37 题

阅读图文材料，完成下列要求。

下图所示的我国祁连山西段某山间盆地边缘，山坡、冲积扇和冲积平原的植被均为草原，其中冲积平原草原茂盛。山坡表面多覆盖有沙和粉沙物质。附近气象站（海拔 3 367 米）监测的年平均气温为 −2.6℃，年降水量约 291 毫米，集中在夏季，冬春季多风。

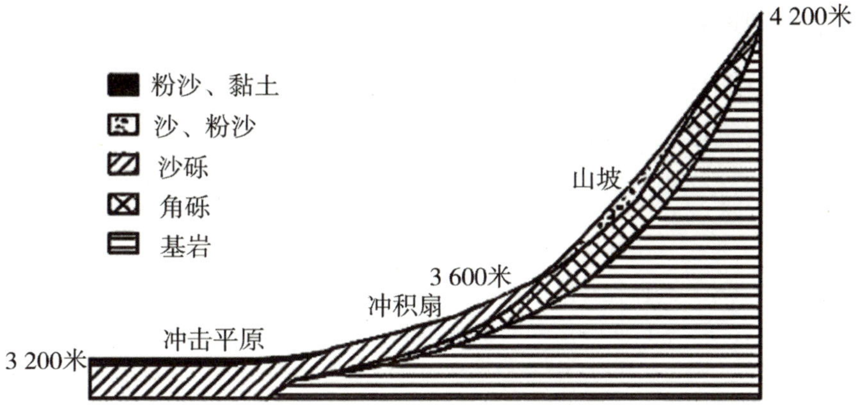

设问：（1）说明冲积扇和山坡堆积物中砾石的差异及其原因。（8分）

【评分参考】

冲积扇：以沙砾为主，砾石分选较好，有一定的磨圆度；由流水搬运、沉积而成。（3分）山坡：以角砾为主，砾石分选较差（大小混杂），磨圆度较差（棱角分明）；（3分）主要由重力作用形成（海拔较高处可能有冰川作用）。（2分）

一、命题依据与测评目标

（一）课程标准内容要求*

1.4 运用图像，识别地貌，描述其景观的主要特点。

Ⅰ1.3 结合实例，解释内力和外力对地表形态变化的影响。

Ⅰ1.9 运用图表并结合实例，分析自然环境的整体性和地域分异规律。

★在地形图上识别某区域的主要地形类型，并描述区域的地形特征。

★举例说明区域内自然地理要素的相互作用和相互影响。

（二）地理学科核心素养测评主要目标

1. 不同地形部位堆积物的比较认知。
2. 外力作用下堆积物成因的综合分析。
3. 地质剖面图的判读。
4. 自然环境物质运动观。

---

* 1.1 表示高中地理课程必修 1 的第一项内容要求；Ⅰ1.1 表示高中地理课程选择性必修 1 的第一项内容要求；Ⅱ1.1 表示高中地理课程选修 1 的第一项内容要求；★表示初中地理课程的内容要求。此项内容仅呈现课程标准中与高考试题相关的内容要求。下同。

二、问题情境

（一）高考试题情境

此题以我国祁连山西段某山间盆地边缘的地貌为载体，创设问题情境，考查外力作用对地表形态塑造的相关知识，重点考查获取和解读信息的能力、论证和探讨地理问题的能力以及区域认知、综合思维等学科素养。以砾石为分析对象，学生要先分析不同空间位置砾石形态的差异，再分析两种不同类型砾石的分布与何种自然地理环境要素相关。

（二）教材问题情境

人教版教材的教学情境，主要讲述风化、侵蚀、搬运和堆积是外力塑造地表形态的基本过程，以及对地表形态造成什么影响。在温度、水、大气、生物等因素的作用下，地表或接近地表的岩石发生破碎崩解、化学分解和生物分解等，这一过程叫风化作用。物理风化和化学风化是风化作用的两种基本类型。风化作用产生的松散物质残留在地表，为其他外力作用创造了条件。流水、波浪、风、冰川等外力也对地表进行破坏，这一过程称为侵蚀作用。比如物理风化作用，岩石是热的不良导体，由于温度变化，岩石表层与内部受热不均，产生差异膨胀和收缩，容易崩解破碎。岩石中水的冻融、植物根系的生长等，也都会对岩石起破坏作用。

中图版教材介绍了三种风化作用，在教学情境中，让学生对物理风化、化学风化、生物风化进行比较分析，了解它们的作用过程和特点以及影响因素等。风化作用指地表岩石和矿物在太阳辐射、大气、水和生物参与下物理性状和化学性质发生变化的过程。说明风化作用的结果可以使得地壳表层坚硬的岩石变成松散的碎屑状风化物。风化作用后的风化产物是土壤母质的来源，它对土壤的形成起到一定作用。

沪教版教材在外力作用与地表形态变化的教学中，举了球状风化体的例子，说明风化作用的过程和影响。泰山中天门阜虎石是球状风化的典型产物。由于昼夜温差大，表层岩石不断热胀冷缩，在长期的风化作用下，岩石由表及里层层剥落。为探究温度变化对岩石造成的影响，教学过程中还设计了加热页岩投入冷水的小实验，让学生通过观察，了解风化作用等外力对岩石的作用及影响。

鲁教版教材以球状分化过程创设教学情境，介绍风化在地表形态形成过程中的影响作用。把风化作用定义为：在温度变化、水、大气及生物的作用下，地表或接近地表的岩石常发生性状或组成变化的过程。风化作用通常分为物理风化、化学风化和生物风化三种类型。风化作用的结果是使岩石变成松散的碎屑风化物，若风化物残留原地，则称为风化壳。风化作用为侵蚀作用准备了条件。风化产物也为土壤的形成提供了物质基础。

湘教版教材提到风化壳的概念。风化壳是指由岩石风化产物在大陆岩石圈表层所构成的、呈不连续分布的疏松表层。它是岩石圈、水圈、大气圈、生物圈相互作用的产物。物理风化的产物是粗细不等、棱角分明的碎块。在干旱地区或寒冷地区，物理风化产物常在坡度较平缓的坡麓地带堆积形成倒石堆（岩屑堆）。化学风化的产物一部分溶解于水，随水流失；部分难溶物质则多残留在原地。在教学情境中，还引导学生思考：风化作用与气候有什么关系？哪些地区物理风化比较强烈，哪些地区化学风化比较强烈？哪些地区的风化壳比较厚，为什么？

（三）问题式教学问题情境

综上所述，教材中的问题情境与高考试题情境相一致，围绕外力作用对地表形态塑造中的风化作用以及气候条件对风化作用的影响展开，通过风化作用过程示意图以及具体实例，引导学生提升对地表形态影响力的综合认知。

三、思维路径与结构

（一）思维路径

基于上述深度分析，本试题地理学科核心素养测评的思维路径如下图所示。

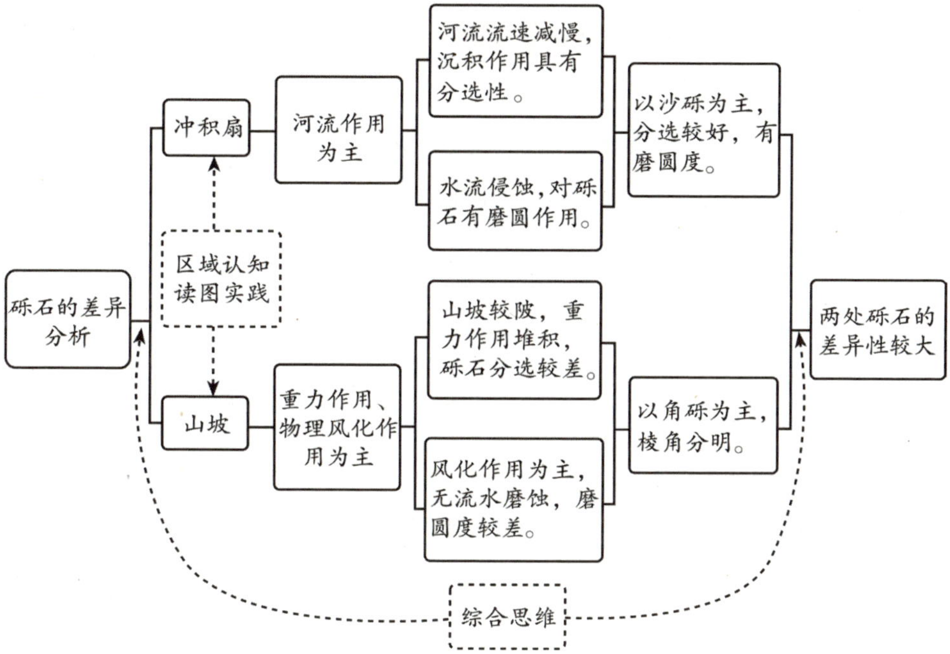

由上图可见，该试题全面考查了地理学科核心素养。以区域认知和综合思维统领地理学科核心素养测评，基于地质剖面图的判读和区域空间位置的理解，考查对外力作用、地质作用过程的认知，实施地理学科核心素养测评。以各级水平的综合思维开展地理学科核心素养测评，从所处冲积扇和山坡的不同位置影响因素等多要素综合分析，到砾石形成过程推导的时空综合，最终到给定的祁连山某地的地理环境、气候条件的地方综合，实现综合思维素养进阶测评。

（二）思维结构

依据考生对地理学科核心素养测评的反应，反映出思维结构和学业质量水平如下表所示。

学生测评反应	思维结构	学业质量水平
冲积扇砾石较小较圆。	单点结构	水平 1
冲积扇砾石较小较圆，山坡砾石形状不规则。	多点结构	水平 2
冲积扇水流侵蚀作用明显，砾石较小较圆，山坡重力作用明显，砾石形状不规则。	关联结构	水平 3
冲积扇：以沙砾为主，砾石分选较好，有一定的磨圆度；由流水搬运、沉积而成。山坡：以角砾为主，砾石分选较差（大小混杂），磨圆度较差（棱角分明）；主要由重力作用形成（海拔较高处可能有冰川作用）。	拓展抽象结构	水平 4

从上表可见，该试题地理学科核心素养测评水平 1 表明：读图实践和区域认知的能力薄弱，综合思维限于单点结构。该试题地理学科核心素养测评水平 2 表明：具有一定程度的读图实践和区域认知能力，综合思维扩展到多要素综合。该试题地理学科核心素养测

评水平 3 表明：读图实践和区域认知比较翔实，综合思维扩展到时空综合。该试题地理学科核心素养测评水平 4 表明：读图实践和区域认知规律化，综合思维进阶到地方综合。

设问：（2）分析分布在山坡表面的沙和粉沙的空间迁移过程。（8分）

【评分参考】

沙和粉沙物质主要来源于冲积扇。（2分）春季、风力强劲。冲积扇地表干燥，地表沙粒易启动。（3 分）风沙沿着山坡爬升，到达一定位置后携沙能力减弱，沙和粉沙沉积在山坡上。（3 分）

一、命题依据与测评目标

（一）课程标准内容要求

1.4 运用图像，识别地貌，描述其景观的主要特点。

Ⅰ1.3 结合实例，解释内力和外力对地表形态变化的影响。

Ⅰ1.9 运用图表并结合实例，分析自然环境的整体性和地域分异规律。

★在地形图上识别某区域的主要地形类型，并描述区域的地形特征。

★举例说明区域内自然地理要素的相互作用和相互影响。

（二）地理学科核心素养测评主要目标

1. 地质剖面图的判读。
2. 风沙运动时空综合分析。
3. 不同地形部位风沙运动状态比较认知。
4. 自然环境物质运动观。

二、问题情境

（一）高考试题情境

此题以我国祁连山西段某山间盆地边缘的地貌为载体，创设问题情境，考查外力作用对地表形态塑造的相关知识，需要学生探究分布在山坡表面的沙和粉沙的空间迁移的动力机制，在可能引发其迁移的流水、风力、冰川等动力要素中做出合理的推断和分析。

（二）教材问题情境

人教版教材对动力机制的描述中，以冰川的作用为主要载体创设情境，介绍了其详细的作用过程。冰川是数百年乃至数千年形成的巨厚冰块，具有强大的侵蚀和搬运能力。山地冰川在重力作用下一般处于缓慢移动的状态。它在移动中能够拔起大块岩石，加速岩石裂解，并挟带这些物质一起运动。当冰川消融时，挟带的物质就会堆积下来。冰川不断地侵蚀、搬运、堆积，形成各种冰川地貌。

中图版教材介绍了风力、河流、冰川几种搬运作用，并对比它们之间的差异。搬运作用指经风化、侵蚀的物质被风、河流、冰川等转移而离开原来位置的作用。如风力搬运作用有两种主要形式：一种是悬浮形式，以尘粒和粉沙粒为主；另一种是滚动及跳动形式，以砂砾为主。风力搬运作用有时非常强烈，可用“飞沙走石”“天昏地暗”来形容。沙尘暴就是一种比较典型的形式。风力搬运作用在干旱、半干旱地区和海滨地区表现突出。河流搬运作用有两种主要形式：一种是悬浮形式；另一种是跳动、滚动和滑动形式。河流可以搬运泥沙和石块。河流的搬运作用可以使地表物质发生远距离的移动。河流搬运作用在湿润、半湿润地区表现突出。

沪教版教材以黄河输沙量的变化创设教学情境，说明河流搬运作用对地表形态形成的影响。对不同地区，不同搬运作用的表现进行对比和分析。在干旱地区，风力的搬运作用特别显著。在河流的中上游，河水流速快，搬运能力强；河流下游，河水流速减慢，搬运能力减弱。

鲁教版教材以沙丘移动示意图以及河流搬运、堆积示意图创设情境，引导学生探索侵蚀和搬运作用的过程和机制。阐明风可以吹起岩石的碎屑，并挟带碎屑磨蚀岩石，这说明风力侵蚀是与风力搬运相伴而行的。风沙流是一种常见的近地面沙粒搬运现象。由于沙粒集中分布于距地表较低的高度内，故磨蚀作用在近地面最为明显。除常见的流水和风力作用外，冰川和波浪等也会产生侵蚀和搬运作用。其中，冰川的侵蚀、搬运作用主要发生在高纬度地区和高原、高山地区。

湘教版教材对风积作用和河水的横向环流作了介绍。风所搬运的沙粒由于条件改变而发生堆积，称为风积作用。在风沙搬运的过程中，当风力变弱，或遇到障碍物（如山体阻挡，或地面草丛、建筑物阻碍），或下垫面性质发生改变时，会对风沙流产生影响，导致沙粒从气流中跌落堆积，从而形成各种形态的沙丘。横向环流是指河水流过弯曲的河谷，其主流线因惯性作用而向凹岸偏移，受到较强离心力作用的上层河水会加速流向凹岸，使凹岸水面变高，产生向下水流。凹岸下降水流沿河床底部向凸岸推移，即底层水流由凹岸流向凸岸，以维持水流的连续性，这样就使河床水流构成连续的螺旋状推进的横向环流系统。底层水流由凹岸流向凸岸时，把泥沙也带到了凸岸。

（三）问题式教学问题情境

综上所述，教材中的问题情境与高考试题情境相一致，围绕外力作用中搬运作用的过程和机制创设情境，有的教材还提出风积作用、河水横向环流等概念，引导学生对地表形态影响力的原因和过程进行更深一步的探究。

三、思维路径与结构

（一）思维路径

基于上述深度分析，本试题地理学科核心素养测评的思维路径如下图所示。

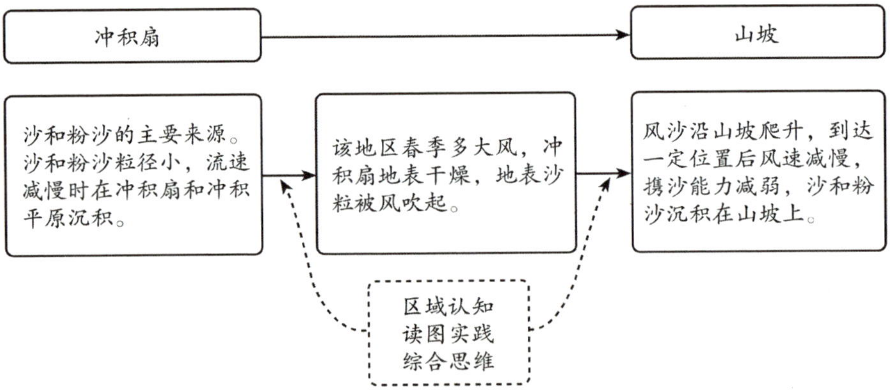

由上图可见，该试题全面考查了地理学科核心素养。以区域认知和综合思维统领地理学科核心素养测评，基于地质剖面图的判读和区域空间位置的理解，考查外力作用对地表形态塑造影响因素的

认知。以各级水平的综合思维开展地理学科核心素养测评，从所处冲积扇、山坡的地理环境特点等多要素综合分析，到沙石从冲积扇到山坡搬运过程推导的时空综合，最终到动力机制形成原因分析的地方综合，实现综合思维素养进阶测评。

（二）思维结构

依据考生对地理学科核心素养测评的反应，反映出思维结构和学业质量水平如下表所示。

学生测评反应	思维结构	学业质量水平
风力吹动沙到山坡上。	单点结构	水平 1
风沙沿着山坡爬升，到达一定位置后携沙能力减弱，沙和粉沙沉积在山坡上。	多点结构	水平 2
冲积扇地表干燥，地表沙粒易启动。风沙沿着山坡爬升，到达一定位置后携沙能力减弱，沙和粉沙沉积在山坡上。	关联结构	水平 3
沙和粉沙物质主要来源于冲积扇。春季、风力强劲。冲积扇地表干燥，地表沙粒易启动。风沙沿着山坡爬升，到达一定位置后携沙能力减弱，沙和粉沙沉积在山坡上。	拓展抽象结构	水平 4

从上表可见，该试题地理学科核心素养测评水平 1 表明：读图实践和区域认知的能力薄弱，综合思维限于单点结构。该试题地理学科核心素养测评水平 2 表明：具有一定程度的读图实践和区域认知能力，综合思维扩展到多要素综合。该试题地理学科核心素养测评水平 3 表明：读图实践和区域认知比较翔实，综合思维扩展到时空综合。该试题地理学科核心素养测评水平 4 表明：读图实践和区域认知规律化，综合思维进阶到地方综合。

设问：（3）说明冲积平原水分条件比山坡和冲积扇好的原因。（8分）

【评分参考】

地势较低，山坡和冲积扇流水在此汇集，（冲积扇前沿）地下水出露；（2分）地表物质颗粒较细，利于保水；（3分）深层土壤冰冻时间较长，利于蓄水。（3分）

一、命题依据与测评目标

（一）课程标准内容要求

1.4 运用图像，识别地貌，描述其景观的主要特点。

1.7 运用示意图，说明水循环的过程及其地理意义。

Ⅰ1.5 运用示意图，分析气候对自然地理景观形成的影响。

★在地形图上识别某区域的主要地形类型，并描述区域的地形特征。

★阅读世界年降水量分布图，归纳世界降水分布特点。

（二）地理学科核心素养测评主要目标

1. 地质剖面图的分析。
2. 陆地水循环成因的多要素综合分析。
3. 不同地形部位水分状况比较认知。
4. 自然环境物质运动观。

二、问题情境

（一）高考试题情境

此题以我国祁连山西段某山间盆地边缘的地貌为载体，创设问题情境，考查对冲积平原的水分特征的分析，涉及空间综合，如陆地水与大气水、地表水与地下水，均要考虑处于不同空间位置的水之间的联系。冲积平原的水分条件较好与当地海拔较高，年平均气温在 0℃以下，地下有冻土层分布并起到保水作用有密切关系。由此可见，学生是否善于运用地方综合思维会直接影响问题解决的系统性、全面性和完整性。

（二）教材问题情境

人教版教材在教学中对冲积扇和冲积平原的形成过程进行了分析，从中可以看出水分条件的差异。在山区，由于地势陡峭，洪水期水流速度快，携带了大量砾石和泥沙。当河流流出山区进入平原，由于地势趋于平缓，河道变得开阔，水流速度减慢，河流搬运的物质逐渐在山前沉积下来，形成扇状堆积地貌，称为冲积扇。几条河流的冲积扇不断扩大而彼此联合，就形成了广阔的山前冲积平原。冲积平原是由河流携带的泥沙大量堆积而成的。其山前部分坡度较大，沉积物颗粒较粗；主体部分坡度较缓，沉积物颗粒较细，湖沼较多；接近河口部分，坡度很缓，沉积物颗粒很细。

中图版教材描述了陆地水体间的相互关系，创设了陆地水体之间可以相互转化、相互补给的教学情境。自然界的水处于永不停息的循环运动之中，陆地水体也在不断地运动更新和相互转化。例如，湖泊水、河流水等地表水经过下渗，可以转化为地下水，地下水也可以出露于地表或被植物吸收，转化为河流水、湖泊水、生物水等地表水。陆地水体之间的相互补给关系是它们之间相互关系的主要表现。河流是各种陆地水体中流动性较大的水体，在水循环的过程中，起着十分重要的作用。河流与其他陆地水体之间的关系最为密切，相互补给关系也最为普遍。

沪教版教材介绍了河流、湿地、冰川等陆地水及其相互之间的关系，还指出地下水是陆地水中最大的水体。地下水更新缓慢、水量稳定、水质好，是农业灌溉、工业用水和居民生活用水的重要水源。教材还介绍了潜水和承压水的概念，描述了水体间的相互补给关系。储存地下水必须有含水层和隔水层。埋藏在地表以下第一个隔水层之上的地下水，称为潜水，也叫浅层地下水。人们凿井取用的地下水，通常是潜水。潜水的水量主要依靠大气降水和地表水入渗补给。因此潜水位具有明显的季节变化特点。储存于两个稳定隔水层之间，具有一定压力的地下水，称为承压水，也叫深层地下水。承压水的补给区和分布区往往不一致。因上面有隔水层的保护，承压水受季节变化的影响小。

鲁教版教材描述了水循环使地表不同区域的各种水体相互联系、相互转化，使水体得以更新。不同水体循环更新周期不同，大气水、河流水、土壤水等更新循环速度较快；深层地下水等水体循环更新的周期很长、速度很慢，一旦污染很难在短期内净化。水循环促进了水圈、大气圈和生物圈之间的能量交换，对地表温度具有一定的调节作用。蒸发、蒸腾有利于减缓地面或者植物温度升高的速度和幅度，降水也可降低地面和近地面大气的温度。

湘教版教材主要介绍了陆地各类水体间的水循环。陆地水因空间分布的不同，可分为地表水和地下水。地表水包括河水、湖泊水、沼泽水、冰川、生物水等地表水体。地下水是指埋藏于地表以下的水。大气降水和地表水下渗到地下的土层和岩石空隙中，成为地下水。还有少量地下水由空气中的水汽进入地下凝结而成。陆地水体间的相互关系，是指陆地水体之间的运动、转化及其水源补给关系。自然界的水处在永不停息的循环运动之中，各类陆地水体也在不断地运动更新和相互转化。各类陆地水体之间具有水源相互补给的关系，河流的补给充分体现了陆地水体间的相互关系。

（三）问题式教学问题情境

综上所述，教材中的问题情境与高考试题情境有所差异，试题考查冲积平原的水分条件与山坡、冲积扇相比存在的差异，是对具体案例情境下的具体分析。教材是介绍了水循环和各类水体间的循环补给关系，虽没有具体分析冲积平原与山坡、冲积扇水分条件的案例，但各类相关知识已在教学情境中体现，需要学生在试题中灵活应用。

三、思维路径与结构

（一）思维路径

基于上述深度分析，本试题地理学科核心素养测评的思维路径如下图所示。

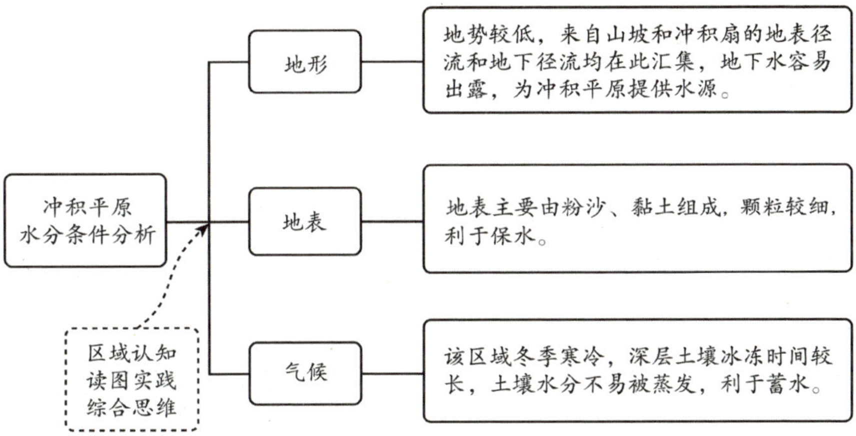

由上图可见，该试题全面考查了地理学科核心素养。以区域认知和综合思维统领地理学科核心素养测评，基于地质剖面图的判读

和区域空间位置的理解，考查从水循环的视角分析自然界中的水分运动与地质、地貌、地形和生物等要素之间的联系。以各级水平的综合思维开展地理学科核心素养测评，从所处冲积扇、山坡的地理环境特点等多要素综合分析，到与大气水、地表水、地下水等因素的时空综合，最终到区域特征相互比较的地方综合，实现综合思维素养进阶测评。

（二）思维结构

依据考生对地理学科核心素养测评的反应，反映出思维结构和学业质量水平如下表所示。

学生测评反应	思维结构	学业质量水平
地势较低，山坡和冲积扇流水在此汇集。	单点结构	水平 1
地势较低，地下水出露。	多点结构	水平 2
地势较低，流水在此汇集；（冲积扇前沿）地下水出露；地表物质颗粒较细，利于保水。	关联结构	水平 3
地势较低，山坡和冲积扇流水在此汇集，（冲积扇前沿）地下水出露；地表物质颗粒较细，利于保水；深层土壤冰冻时间较长，利于蓄水。	拓展抽象结构	水平 4

从上表可见，该试题地理学科核心素养测评水平 1 表明：读图实践和区域认知的能力薄弱，综合思维限于单点结构。该试题地理学科核心素养测评水平 2 表明：具有一定程度的读图实践能力和区域认知能力，综合思维扩展到多要素综合。该试题地理学科核心素养测评水平 3 表明：读图实践和区域认知比较翔实，综合思维扩展到时空综合。该试题地理学科核心素养测评水平 4 表明：读图实践和区域认知规律化，综合思维进阶到地方综合。

案例2 2020年全国Ⅰ卷地理试题第37题

阅读图文材料，完成下列要求。

形成玄武岩的岩浆流动性好，喷出冷凝后，形成平坦的地形单元。如下图所示，某海拔500米左右的玄武岩台地上，有较多海拔700米左右的玄式岩平顶山，及少量海拔900米左右的玄武岩尖顶山，调查发现，构成台地、平顶山、尖顶山的玄武岩分别形成于不同喷发时期。

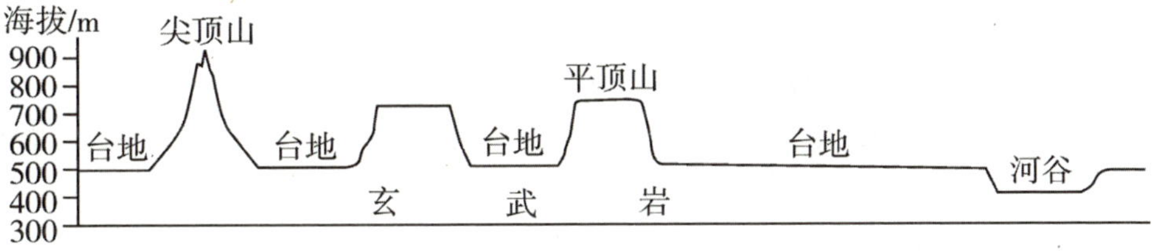

设问：（2）根据侵蚀程度，指出构成台地、平顶山、尖顶山的玄武岩形成的先后次序，并说明判断理由。（12分）

【评分参考】

形成的先后次序：构成尖顶山的玄武岩、构成平顶山的玄武岩、构成台地的玄武岩。（4分）理由：地貌侵蚀程度越严重，说明岩石暴露时间越长，形成时间越早。（4分）台地受侵蚀轻，构成台地的玄武岩形成时间最晚；平顶山保留台地的部分特征，构成平顶山的玄武岩形成时间较晚；尖顶山已经没有台地的特征，构成尖顶山的玄武岩形成时间最早。（4分）

一、命题依据与测评目标

（一）课程标准内容要求

1.4 运用图像，识别地貌，描述其景观的主要特点。

Ⅰ1.3 结合实例，解释内力和外力对地表形态变化的影响。

★在地形图上识别某区域的主要地形类型，并描述区域的地形特征。

（二）地理学科核心素养测评主要目标

1. 地形剖面图的判读。
2. 地貌景观比较认知。
3. 地貌内、外力塑造综合分析。
4. 自然环境形态演变观。

二、问题情境

（一）高考试题情境

此题主要考查岩石圈的物质循环和地貌形成的相关知识，考查学生通过阅读地形剖面图，获取所在地经历的地质事件信息的能力，进而重建当地在内、外力作用下的环境演变过程。此题着重于综合思维的考查。从认识区域特征到反演区域特征的形成过程，体现全面、系统和动态的思维品质和能力。图中台地上有河谷，暗示河流对玄武岩的侵蚀作用。材料中“喷出冷凝后，形成平坦的地形单元”告诉我们刚开始形成时是平坦的，越不平坦说明河流侵蚀越厉害，反推其形成越早。“形成于不同喷发时期”说明台地、平顶山和尖顶山不是同一时期形成的。串联这些碎片化的材料，让学生获取和解读地理信息，再调动和运用所学地理知识，通过地理要素综合和时空综合，推演出地理事物的形成过程。

（二）教材问题情境

人教版教材在地貌形成情境的教学中，介绍了多种地貌，包括喀斯特地貌、河流地貌、风沙地貌、海岸地貌等。这些地貌的形成过程都是地球内力和外力综合作用的结果。内力作用的能量主要是来自地球内部的热能。在自然界中，有些内力作用进行得很快，如火山喷发和地震，可以瞬间改变地表形态；有些内力作用则进行得极其缓慢，不易被人们所察觉。但是，经过漫长的地质年代，会使地表形态发生显著的变化。内力作用主要表现为地壳运动、岩浆活动和变质作用。外力作用的能量来自地球外部，主要是太阳辐射能。外力作用对地表形态的塑造主要有风化、侵蚀、搬运、堆积等方式。外力通过风化、侵蚀作用不断对地表进行破坏，并把风化、侵蚀的产物搬运并堆积起来。

中图版教材明确讲述了地壳运动等内力作用以及流水侵蚀、搬运等外力作用。介绍了三大类岩石——岩浆岩、沉积岩和变质岩的形成以及特点，玄武岩属于岩浆岩的一种。岩浆岩是岩浆顺着某些地壳软弱地带或地壳裂隙运移和聚集，侵入地壳或喷出地表，最后冷凝形成的岩石。当岩浆沿着岩石圈的破裂带上升侵入地壳时，冷凝结晶形成侵入岩，如花岗岩；喷出地表迅速冷却凝固，形成喷出岩，如玄武岩。岩石圈的物质循环过程，也是地表形态形成和变化的过程。它们存在的基础是岩石圈中岩浆岩、沉积岩和变质岩的相互转化。

沪教版教材描述了内力塑造地表山地的过程。当岩浆沿着岩石圈破裂带上升侵入地壳，在地下冷凝结晶而形成的岩石，称为侵入岩。由于冷却缓慢，结晶充分，侵入岩的矿物晶体颗粒较粗。色泽较浅的花岗岩是最常见的侵入岩。我国的华山、衡山、普陀山等都是花岗岩山体。岩浆冲破上覆岩层，在地表冷却凝固而形成的岩石称为喷出岩或火山岩。由于冷却迅速，喷出岩的矿物晶体颗粒细小，甚至不成晶体，岩石中多气孔。我国的长白山、日本的富士山等都是喷出岩山体。在喷出岩中分布最广的是色泽较深的玄武岩。大洋底部几乎全部由玄武岩构成，部分陆地也覆盖有玄武岩。印度德干高原上的一些地区，玄武岩厚达 3 000 米。

鲁教版教材不仅介绍了内力和外力共同作用对地表形态塑造的影响，还介绍了地貌的“侵蚀循环”理论，说明在内力和外力的共同作用下，地表形态处在不断的变化之中。根据地貌学家的研究，当一个地块在内力作用下抬升达到相当的海拔高度之后，由于该地块与周边的高差增大，流水侵蚀作用加强。地面受到流水侵蚀切割，相继经历山平谷窄的幼年期、山高谷深的壮年期，最后进入山缓谷宽、地面平坦的老年期。如果该地块再次被抬升，又会再次经历类似的变化过程，因而称其为侵蚀循环。“侵蚀循环”理论，对人类认识地表形态的时间演变过程具有重要的意义。

湘教版教材描述岩石圈物质循环，是地球上规模最大、历时最长、影响最为深远的地质运动。岩浆在一定的条件下侵入或喷出地表，形成新的岩浆岩，并与其他岩石一起再次接受外力的风化、剥蚀、搬运和沉积。如此，周而复始，使岩石圈的物质处于不断的循环转化之中。火山喷发是地球内部能量强烈的释放形式，裂隙式喷发的火山，熔岩物质往往形成宽广的玄武岩高原，如美国哥伦比亚高原、印度西部高原等。在内力作用的基础上，地球表面大多数地区受到流水作用的塑造。在构造抬升区，河流以侵蚀切割作用为主，如青藏高原在抬升的同时，周边区域受流水作用不断下切，造就了高原周边山高谷深、水拍云崖的雄奇景观。在构造稳定区或构造沉降区，则以沉积作用为主，形成开阔的冲积平原，在河口地区出现三角洲。

（三）问题式教学问题情境

综上所述，教材中的问题情境与高考试题情境较为接近，围绕岩石圈的物质循环和地貌的形成创设相关情境，引导学生通过案例资料，具体剖析某一地质地貌形成或演变的过程，进而掌握内、外力作用的影响。

三、思维路径与结构

（一）思维路径

基于上述深度分析，本试题地理学科核心素养测评的思维路径如下图所示。

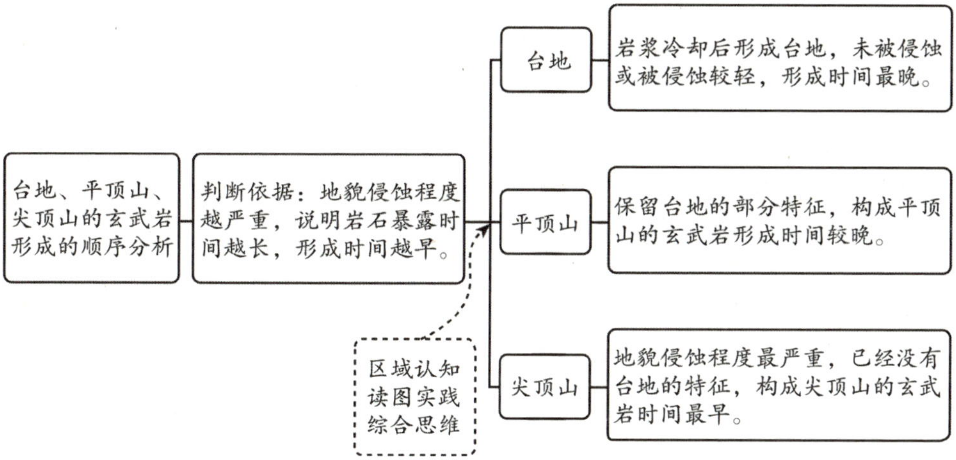

由上图可见，该试题全面考查了地理学科核心素养。以区域认知和人地协调观统领地理学科核心素养测评，基于地质剖面图的判读和区域空间位置的理解，考查在内、外力影响下地质地貌演变的过程。以各级水平的综合思维开展地理学科核心素养测评，从判断依据以及相应结果的对应要素综合分析，到台地、平顶山、尖顶山等不同地貌的形成特点对比和演变过程推导的时空综合，最终到区域特征相互比较的地方综合，实现综合思维素养进阶测评。

（二）思维结构

依据考生对地理学科核心素养测评的反应，反映出思维结构和学业质量水平如下表所示。

学生测评反应	思维结构	学业质量水平
形成的先后次序：尖顶山的玄武岩、构成平顶山的玄武岩、构成台地的玄武岩。	单点结构	水平 1
形成的先后次序：尖顶山、平顶山、台地。地貌侵蚀程度越严重，说明岩石暴露时间越长，形成时间越早。	多点结构	水平 2
形成的先后次序：尖顶山、平顶山、台地。地貌侵蚀程度越严重，说明岩石暴露时间越长，形成时间越早。尖顶山侵蚀最严重。	关联结构	水平 3
形成的先后次序：尖顶山、平顶山、台地。理由：地貌侵蚀程度越严重，说明岩石暴露时间越长，形成时间越早。台地受侵蚀轻，构成台地的玄武岩形成时间最晚；平顶山保留台地的部分特征，构成平顶山的玄武岩形成时间较晚；尖顶山已经没有台地的特征，构成尖顶山的玄武岩形成时间最早。	拓展抽象结构	水平 4

从上表可见，该试题地理学科核心素养测评水平 1 表明：读图实践和区域认知的能力薄弱，综合思维限于单点结构。该试题地理学科核心素养测评水平 2 表明：具有一定程度的读图实践和区域认知能力，综合思维扩展到多要素综合。该试题地理学科核心素养测评水平 3 表明：读图实践和区域认知比较翔实，综合思维扩展到时空综合。该试题地理学科核心素养测评水平 4 表明：读图实践和区域认知规律化，综合思维进阶到地方综合。

案例 3　2020 年全国Ⅱ卷地理试题第 37 题

阅读图文材料，完成下列要求。

研究表明，金沙江流域金矿较多，多呈带状分布，并与断裂的空间分布一致，金沙江因河中有大量沙金（河床沉积物中的金）而得名。下图示意金沙江云南段。

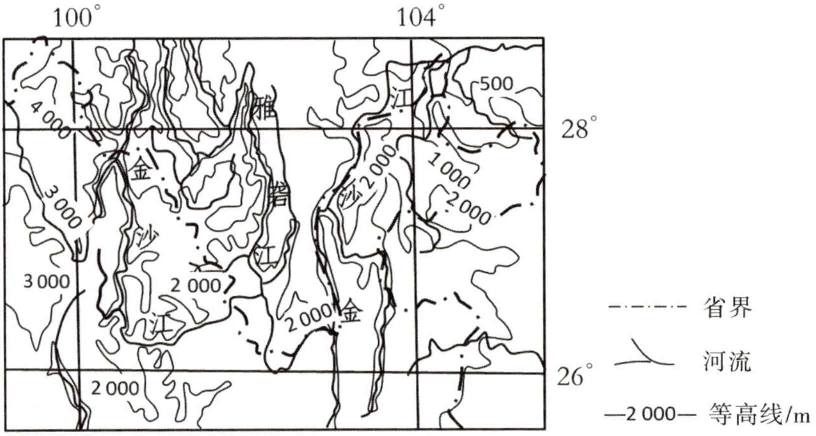

设问：（4）说明出露的金矿石转变成金沙江中沙金的地质作用过程。（8 分）

【评分参考】

金沙江及其支流两岸出露的金矿石，在外力作用下风化，或崩塌、破碎，随流水进入金沙江，（3 分）金沙江比降大，水流急，搬运能力强，磨蚀矿石，使矿石进一步破碎。（3 分）当河流流速减小时，河流挟带的金在河床不断沉积、富集，形成沙金。（2 分）

一、命题依据与测评目标

（一）课程标准内容要求

1.4 运用图像，识别地貌，描述其景观的主要特点。

Ⅰ1.3 结合实例，解释内力和外力对地表形态变化的影响。

★在地形图上识别某区域的主要地形类型，并描述区域的地形特征。

★举例说明区域内自然地理要素的相互作用和相互影响。

（二）地理学科核心素养测评主要目标

1. 等高线地形图的判读。
2. 沙金成因内、外力作用综合分析。
3. 河床不同坡度地段流水作用比较认知。
4. 自然环境物质运动观。

二、问题情境

（一）高考试题情境

此题考查运用板块构造理论解释地貌的成因，金沙江中沙金形成的地质作用过程。通过对出露的金矿石转变成金沙江中沙金的地质作用过程的分析，引导学生重视地理过程的探究。此题突出对综合思维的考查，要求说明沙金地质作用过程，除了要素综合，还从时空综合的角度进行分析。区域认知和地理实践力的考查方面，此题将地理事象置于特定的区域进行分析，包括所处板块位置、山河分布地理环境等，显现出金沙江的区域特色。学生要获取和解读图中的地理信息，调动和运用地理知识，包括横断山区的区域背景知识、板块的分布、地质作用等。

（二）教材问题情境

人教版教材介绍了风化、侵蚀、搬运和堆积是外力塑造地表形态的基本过程。在不同的地区，水热组合状况不同，塑造地表形态的主要外力及其作用的方式、强度等存在差异，从而形成具有不同特征的地表形态。如降水充沛的热带、温带地区，以流水作用为主，流水地貌发育。河流是塑造地表形态的重要外力，它在流动过程中改造所流经的河谷，使得河谷加深、拓宽、延长，河谷横剖面由“V”形向槽形演化。被河流搬运的物质，在河流搬运能力减弱的情况下，会沉积下来，形成堆积地貌。冲积平原是一种比较典型的河流堆积地貌。

中图版教材在介绍流水侵蚀作用时指出，流水侵蚀作用根据侵蚀作用方式分为机械侵蚀和化学溶蚀。机械侵蚀指流水及其携带的泥沙、砾石等物质对所经地区产生的冲刷和摩擦作用。化学溶蚀指流水经过石灰岩或其他可溶性岩石地区时对可溶性岩石的破坏和改造作用。在流水的侵蚀作用下，会形成各种各样的流水地貌，如河谷、沟壑等。

河流搬运作用有两种主要形式，一种是悬浮形式，另一种是跳动、滚动和滑动形式。河流可以搬运泥沙和石块。河流的搬运作用可以使地表物质发生远距离的移动。河流搬运作用在湿润、半湿润地区表现突出。

沪教版教材介绍了河流地貌的主要表现形式。由于河流上、中、下游各河段的流水作用差异明显，从而表现为不同地貌形态。河流上游多地处山地和高原，高差大、水流急，流水向下侵蚀强烈，河谷深切而狭窄，多发育峡谷和瀑布。当水流流出山口进入平地时，因高差骤减，流速减缓，河流搬运的物质在山麓地带沉积，形成冲积扇。河流中游一般河道变得宽阔，流水的侧向侵蚀强烈，往往形成曲流。河流下游则是堆积作用占主导地位，往往形成广阔的冲积平原和河口三角洲。

鲁教版教材将侵蚀和搬运作用相结合进行描述。侵蚀作用是指流水、风、波浪和冰川等外力对地表岩石及其风化产物的破坏过程。这些外力继续作用于风化和侵蚀作用产生的各种物质，使它们发生位移的过程，就是搬运作用。流水侵蚀作用是一种常见的侵蚀作用。在河流中，除流水本身的冲蚀作用外，其挟带的泥沙等物质也对河床和地表进行撞击和磨蚀。山区河流坡度较大，河床下蚀作用强；在河流转弯处，侧蚀作用加强。一般情况下，凹岸侵蚀，凸岸堆积，导致河流越来越弯曲。坡面水流冲刷地面并下切，会形成沟谷，如黄土高原千沟万壑的地表形态，就是流水强烈侵蚀的结果。

湘教版教材在内力作用的基础上，地球表面大多数地区受到流水作用的塑造。教材围绕流水作用创设情境，当河流进入海洋时，河水很快分散，由于流速突然降低而产生沉积作用，同时河水与海水混合，海水中的离子使河水中不易沉积的胶体物质絮凝沉降。在大河河口，尤其是河流泥沙含量高的河口，因泥沙大量沉积而形成三角洲。据此引导学生讨论三角洲形成的物质条件和动力条件。

（三）问题式教学问题情境

综上所述，教材中的问题情境与高考试题情境基本一致，围绕内、外力对地表形态塑造的影响，对水流作用的侵蚀、搬运和堆积等方面进行介绍，引导学生对实际案例进行具体剖析，进而掌握地表形态变化的原因和过程。

三、思维路径与结构

（一）思维路径

基于上述深度分析，本试题地理学科核心素养测评的思维路径如下图所示。

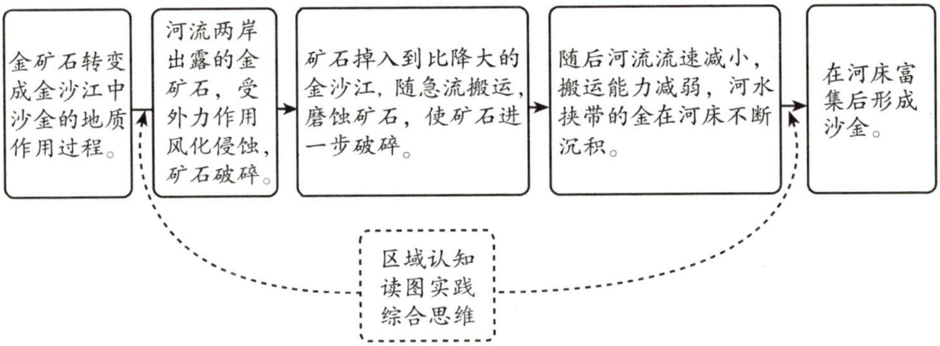

由上图可见，该试题全面考查了地理学科核心素养。以区域认知和人地协调观统领地理学科核心素养测评，基于等高线地形图的判读和区域空间位置的理解，考查内、外力影响下河流地貌的变化过程。以各级水平的综合思维开展地理学科核心素养测评，从风化、侵蚀、搬运、堆积作用的多要素综合，到金矿石的河流上游到下游的过程的时空综合，最终到结合金沙江区域特征的地方综合，实现综合思维素养进阶测评。

（二）思维结构

依据考生对地理学科核心素养测评的反应，反映出思维结构和学业质量水平如下表所示。

学生测评反应	思维结构	学业质量水平
金矿石风化后，由河水冲到下游河滩。	单点结构	水平 1
金矿石风化后，由河水侵蚀、分选，聚集到下游河滩。	多点结构	水平 2
金矿石风化后，被水流进一步磨蚀破碎，在水流变缓后，沉积在河床。	关联结构	水平 3
金沙江及其支流两岸出露的金矿石，在外力作用下风化，或崩塌、破碎，随流水进入金沙江，金沙江比降大，水流急，搬运能力强，磨蚀矿石，使矿石进一步破碎。当河流流速减小时，河流挟带的金在河床不断沉积、富集，形成沙金。	拓展抽象结构	水平 4

从上表可见，该试题地理学科核心素养测评水平 1 表明：读图实践和区域认知的能力薄弱，综合思维限于单点结构。该试题地理学科核心素养测评水平 2 表明：具有一定程度的读图实践和区域认知能力，综合思维扩展到多要素综合。该试题地理学科核心素养测评水平 3 表明：读图实践和区域认知比较翔实，综合思维扩展到时空综合。该试题地理学科核心素养测评水平 4 表明：读图实践和区域认知规律化，综合思维进阶到地方综合。

案例 4　2019 年全国Ⅰ卷地理试题第 37 题

阅读图文材料，完成下列要求。

随着非洲板块及印度洋板块北移，地中海不断萎缩，里海从地中海分离。有学者研究表明，末次冰期晚期气候转暖，里海一度为淡水湖。当气候进一步转暖，里海北方的大陆冰川大幅消退后，其补给类型发生变化，里海演化为咸水湖，但目前湖水盐度远小于地中海的盐度。下图示意里海所在区域的自然地理环境。

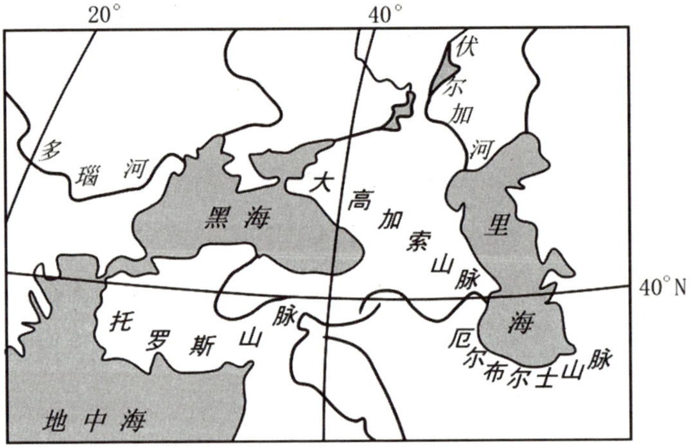

设问：(1) 板块运动导致的山脉隆起改变了区域的地貌、水文和气候特征，分析这些特征的变化对里海的影响。(6 分)

【评分参考】

山脉隆起，里海与海洋分离，形成湖泊(湖盆)。(2 分) 山脉隆起，导致里海汇水面积缩小，湖泊来水量减少，湖泊面积缩小。(2 分) 山脉隆起，阻挡湿润气流，导致干旱，推动湖泊向内陆湖演化。(2 分)

一、命题依据与测评目标

（一）课程标准内容要求

1.2 运用示意图，说明地球的圈层结构。

1.4 运用图像，识别地貌，描述其景观的主要特点。

I 1.3 结合实例，解释内力和外力对地表形态变化的影响。

★在地形图上识别某区域的主要地形类型，并描述区域的地形特征。

★举例说明地球表面海洋和陆地处在不断的运动和变化之中。

★知道板块构造学说的基本观点，说出世界著名山系及火山、地震分布与板块运动的关系。

（二）地理学科核心素养测评主要目标

1. 地图的分析。

2. 地理特征演变的区际关联认知。

3. 水域特征演变成因多要素综合分析。

4. 自然环境地域特征演变观。

二、问题情境

（一）高考试题情境

此题以湖泊演化为线索，将构造运动、地貌、水循环和水平衡、气候自然变化（冰期、间冰期）联系在一起。试题材料充分体现了各种自然体（地壳、湖泊、地形、气候）都处于不断变化之中的理念，说明了目前的区域特征只是自然地理过程的即时表现，展现了各要素（地貌、水文和气候）之间的相互作用；同时，将区域联系（褶皱山、地对湖泊的影响）和区域过程（里海、黑海、地中海将依次成湖）展示给学生，要求学生具有要素综合，空间综合与时间综合能力。以此，全面考查学生的综合思维素养。

（二）教材问题情境

人教版教材围绕“陆地上大规模的山系、高原，海底延绵的山脉和狭长的海沟是如何形成的”这一问题，介绍构造地貌的形成。用板块构造学说作为较为合理的解释理论，具体提及板块构造学说，地球岩石圈是刚性的，破碎成为多个不规则的块体，即板块。这些板块上覆于熔融的软流圈之上，一直处于缓慢的、不断的运动之中。板块间的相互运动主要有相向、相离等形式，并因此产生不同的地貌形态。板块内部相对稳定，两个板块之间的交界处是地壳比较活跃的地带。教材以“红海的形成及扩张”为案例，分析红海是位于非洲东北部和阿拉伯半岛之间的狭长海域。早在 2 000 万年前，阿拉伯半岛整体还与非洲大陆连在一起，红海自然也不存在。之后，阿拉伯半岛从非洲板块中分裂出来，它们之间形成裂谷带。大陆继续开裂，裂谷变长、深度加深，成为带有通向大洋出口的海峡。红海还在不断扩张，有人预测几千万年后红海将成为新的大洋。

中图版教材以红海的扩张真实情境，引导学生建立基本的时空观念，整体要求学生能够认识地理事物和现象的基本过程和原理。板块运动的机理属于地质学的研究范畴，这里的过程和原理主要是指板块运动对地表形态的影响，立足点在地表形态，即板块运动是如何塑造地表形态的。因此教材在介绍板块构造学说如何解释全球构造地貌的基础上，以板块运动的两种常见形式——相向运动和相离运动为例，用模式图和注释文字相结合的方式帮助学生进一步理解板块边界各类地貌形态的成因。

沪教版教材介绍水循环的主要环节有：蒸发、降水、水汽输送、地表径流、下渗、地下径流、植物蒸腾等。教材以示意图结合真实情境，解释水循环的过程及类型。如青海湖的形成过程和水循环分析，作为类似的真实情境。青海湖的形成过程：在两亿三千万年前，青藏高原是一片浩瀚无际的古海洋。200 万年前，剧烈的造山运动使得这片古海洋逐渐隆起形成世界屋脊，青海湖是被山脉堵塞而形成的一个巨大湖泊，是一个外泄湖，周围有 100 多条河流注入湖中，同时湖水从东面注入黄河。大约距今 100 万年前，青海湖东面的日月山发生强烈的隆起，拦截了青海湖的出口，原本从青海湖向东流出的河流，被迫向西流入青海湖，形成了我国罕见的自东向西流的倒淌河，青海湖成为只入不出的闭塞湖。由于青海湖位于西北气候干燥地区，湖水蒸发量大于湖水注入量，因此湖水水位不断下降，湖面逐渐缩小，于是变成咸水湖。

鲁教版教材介绍，板块构造学说较好地刻画了构造运动的规律和机制。该学说认为地球的岩石圈不是整体一块，而是被海岭、海沟等断裂构造带分割成若干单元，称为板块。全球岩石圈主要分为六大板块，各大板块又可以划分为若干小板块。板块处于不断的运动之中。一般来说，板块内部构造运动比较平缓，板块交界处构造运动比较活跃，火山、地震主要集中分布于板块交界处。板块相对移动，彼此碰撞或张裂，形成地球表面的基本面貌。在两个大陆板块碰撞处，则形成高大的山脉和高原，如阿尔卑斯—喜马拉雅山脉的形成。在板块张裂地区，常形成裂谷或大洋中脊，如东非大裂谷、大西洋中脊等。全球海陆分布和陆地上的宏观地貌格局，大都是板块运动的结果。

湘教版教材的情境中，描述在山区河谷或公路两侧的裸露岩壁上，经常可以看到岩层倾斜弯曲，甚至是断裂错开的情形。这些由地壳运动留下的“痕迹”，叫作地质构造。从地质构造与地形的关系中，能够看出地质构造对地形的形成和发育的影响。两条平行断层之间的岩块相对上升，两边岩块相对下降，相对上升的岩块叫作地垒，它常形成断块山，如我国的华山、庐山、泰山等。两条平行断层之间的岩块相对下降，两边岩块相对上升，相对下降的岩块叫作地堑，它常形成狭长的凹陷地带，如我国的吐鲁番盆地、渭河谷地、汾河谷地等。

（三）问题式教学问题情境

综上所述，教材中的问题情境与高考试题情境基本一致，通过板块运动学说的相关理论和山脉、河谷等地貌的演变过程，结合地形对水文的影响，引导学生理解地理环境是由多要素组成的，对要素的综合分析往往是我们认识地理环境特点或地理现象成因的最基本的方法。

三、思维路径与结构

（一）思维路径

基于上述深度分析，本试题地理学科核心素养测评的思维路径如下图所示。

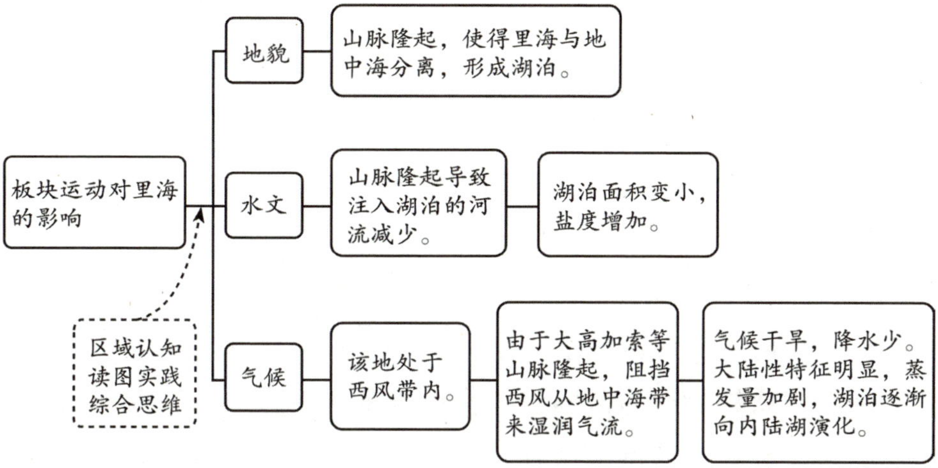

由上图可见，该试题全面考查了地理学科核心素养。以区域认知和人地协调观统领地理学科核心素养测评，基于地图的判读和区域空间位置的理解，考查内力、外力影响下板块运动和构造地貌的形成。以各级水平的综合思维开展地理学科核心素养测评，从地貌、水文、气候的影响的多要素综合，到里海形成过程推导的时空综合，最终到里海区域特征的地方综合，实现综合思维素养进阶测评。

（二）思维结构

依据考生对地理学科核心素养测评的反应，反映出思维结构和学业质量水平如下表所示。

学生测评反应	思维结构	学业质量水平
山脉隆起，里海与海洋分离。	单点结构	水平 1
山脉隆起，里海与海洋分离，湖泊形成。	多点结构	水平 2
山脉隆起，里海与海洋分离，湖泊面积缩小，河流补给水量变少。	关联结构	水平 3

续表

学生测评反应	思维结构	学业质量水平
山脉隆起，里海与海洋分离，形成湖泊（湖盆）。山脉隆起，导致里海汇水面积缩小，湖泊来水量减少，湖泊面积缩小。山脉隆起，阻挡湿润气流，导致干旱，推动湖泊向内陆湖演化。	拓展抽象结构	水平 4

从上表可见，该试题地理学科核心素养测评水平 1 表明：读图实践和区域认知的能力薄弱，综合思维限于单点结构，人地协调观尚不能用于分析。该试题地理学科核心素养测评水平 2 表明：具有一定程度的读图实践和区域认知能力，综合思维扩展到多要素综合，人地协调观具备一定认知。该试题地理学科核心素养测评水平 3 表明：读图实践和区域认知比较翔实，综合思维扩展到时空综合，人地协调观尚可用于实际分析。该试题地理学科核心素养测评水平 4 表明：读图实践和区域认知规律化，综合思维进阶到地方综合。

第二节　气象气候高考试题案例分析

案例 1　2018 年全国Ⅲ卷地理试题第 37 题

阅读图文材料，完成下列要求。

下图为春季 T 时刻亚洲部分地区的海平面气压分布图。

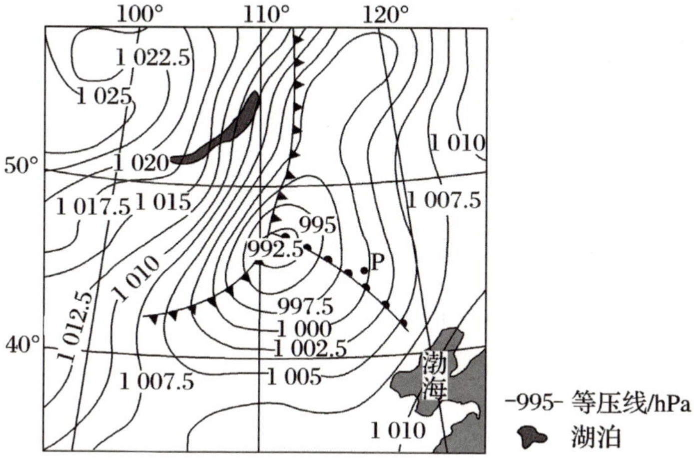

设问：（2）T 时刻该区域的锋面数量发生了变化。推测 T 时刻前该区域锋面的数量，并分别说明锋面形成的原因。（8 分）

【评分参考】

数量：3 个。（2 分）在低压（气旋）中，四周空气汇集，北上的暖空气与南下的冷空气之间形成锋面，气旋逆时针旋转，形成冷锋和暖锋两个锋面。（3 分）（冷）高压内的冷空气东移南下，形成冷锋。（3 分）

一、命题依据与测评目标

（一）课程标准内容要求

1.6 运用示意图等，说明大气受热过程与热力环流原理，并解释相关现象。

Ⅰ1.4 运用示意图，分析锋、低压（气旋）、高压（反气旋）等天气系统，并运用简易天气图，解释常见天气现象的成因。

★举例说明纬度位置、海陆分布、地形等因素对气候的影响。

★运用世界气候类型分布图说出主要气候类型的分布。

（二）地理学科核心素养测评主要目标

1. 等压线图的分析。
2. 不同锋面形成的区域气流比较认知。
3. 锋面形成的要素分析。
4. 自然环境物质运动观。

二、问题情境

（一）高考试题情境

此题考查的是常见天气系统，锋面、高低压系统以及锋面与气旋辐合——锋面气旋及其带来的天气现象。重点考查学生的读图技能和地理事物空间格局的观察能力，指向区域认知和人地协调观素养的考查，同时考查学生推演地理事物空间动态过程的发展、变化，指向综合思维素养的考查。

（二）教材问题情境

人教版教材以雨、雪、台风等天气现象为情境，介绍关于天气系统的相关知识。大气中经常发生的阴、晴、风、雨、雪等天气现象，都与天气系统的活动有密切关系。锋、气旋与反气旋是常见的天气系统。水平方向上温度、湿度等物理性质比较均匀，垂直方向上物理性质也很相似的大范围空气，叫作气团。气团的水平范围在几百千米到数千千米，厚度在几千米到十几千米。受同一气团控制的地区，天气现象也大致一样。当冷、暖两种性质不同的气团接触时，它们之间就会出现一个交界面，叫作锋面。锋面与地面相交而成的线，叫作锋线。一般把锋面和锋线统称为锋。锋面一般为一个狭窄而倾斜的过渡地带。锋面两侧的温度、湿度、气压差别很大。

中图版教材系统介绍了气团的特征，冷锋、暖锋、准静止锋对天气产生的影响，气旋、反气旋、锋面气旋各自的特征以及对天气有何影响等知识。教材还以昆明准静止锋为案例，分析锋线两侧不同天气的成因。冬季冷锋行至云贵高原地区时，由于受一系列山脉的层层阻挡，冷空气渐渐地静滞下来，由冷锋转变为准静止锋。锋面西南侧受单一暖气流控制，阳光灿烂；东南侧则阴雨连绵。

沪教版教材介绍了冷锋是影响我国最重要的天气系统之一。在秋冬季节，冷锋活动频繁，影响遍及我国绝大部分地区，北方地区更为常见。冷气团主动向暖气团移动形成的锋称为冷锋。冷气团的前缘插入暖气团的下面，暖气团被迫抬升，并逐渐冷凝，形成降水。冷锋过境时，常出现大风、降温、雨雪等天气。冷锋过境后，在冷气团的控制下，气温降低，气压升高，天气转好。气旋是全球最常见的天气系统之一。由于底层气流从四周向中心汇聚，迫使中心空气作上升运动，所含水汽容易成云致雨。当气旋过境时，云量增多，常出现阴雨天气。

鲁教版教材介绍了冷锋、暖锋、准静止锋的影响和作用，以我国受锋作用影响的天气实例创设学习情境，让学生进一步分析锋的作用。如我国秋末、冬季和春初，经常受到冷锋影响。若受冷锋影响导致24小时内降温幅度超过8℃，或48小时内降温幅度超过12℃，且最低气温下降到4℃以下，则形成寒潮天气。由寒潮引发的大风、霜冻、雪灾、雨凇等灾害，对农业、交通、电力、航海以及人们的健康都有很大影响。有时候冷气团与暖气团相遇，双方势均力敌，锋相对静止，称为准静止锋。准静止锋常形成连续性阴雨天气，如江淮准静止锋形成梅雨天气。

湘教版教材介绍了冷锋、暖锋、准静止锋对天气产生的影响，气旋、反气旋、锋面气旋各自的特征。如气旋常常与锋面联系在一起，形成锋面气旋。锋面气旋从平面看，北半球锋面气旋气流呈逆时针方向旋转，中心气压最低，自中心向前方伸展出一条暖锋，向后方伸展出一条冷锋，冷、暖锋之间是暖空气，冷、暖锋以外（在北半球为冷、暖锋以北）是冷空气。锋面气旋经常出现在中纬地区。气旋是气流辐合上升系统，尤其是锋面上气流上升更为强烈，往往产生云、雨，甚至造成暴雨、雷雨、大风天气。

（三）问题式教学问题情境

综上所述，教材中的问题情境与高考试题情境基本一致，通过实际天气案例分析，帮助学生对锋、低压（气旋）、高压（反气旋）等天气系统进行理解，并运用简易天气图解释常见天气现象。

三、思维路径与结构

（一）思维路径

基于上述深度分析，本试题地理学科核心素养测评的思维路径如下图所示。

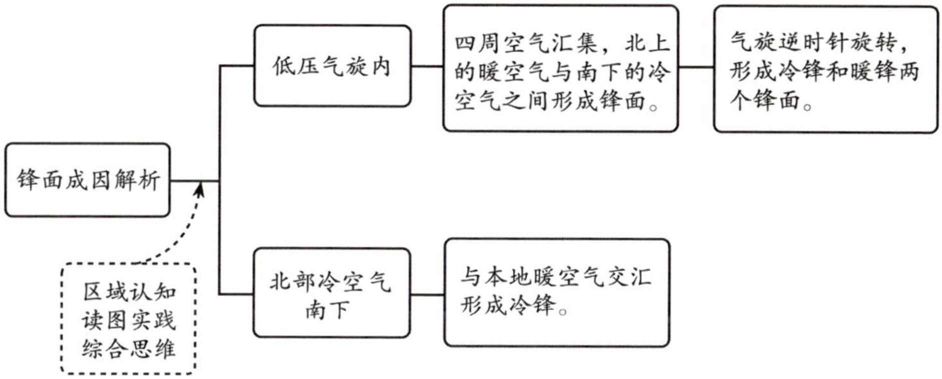

由上图可见，该试题全面考查了地理学科核心素养。以区域认知和人地协调观统领地理学科核心素养测评，基于气压分布图的判读和区域空间位置的理解，考查气压分布图的解读和锋面形成的机制。以各级水平的综合思维开展地理学科核心素养测评，从锋面形成不同机制的多要素综合，到不同锋面形成过程推导的时空综合，最终到特定区域地理环境的地方综合，实现综合思维素养进阶测评。

（二）思维结构

依据考生对地理学科核心素养测评的反应，反映出思维结构和学业质量水平如下表所示。

学生测评反应	思维结构	学业质量水平
数量：3个。	单点结构	水平1
数量：3个。冷锋2个和暖锋1个。	多点结构	水平2
数量：3个。在本地低压（气旋）中形成冷锋和暖锋两个锋面。冷空气东移南下，形成一个冷锋。	关联结构	水平3
数量：3个。在低压（气旋）中，四周空气汇集，北上的暖空气与南下的冷空气之间形成锋面，气旋逆时针旋转，形成冷锋和暖锋两个锋面。（冷）高压内的冷空气东移南下，形成冷锋。	拓展抽象结构	水平4

从上表可见，该试题地理学科核心素养测评水平1表明：读图实践和区域认知的能力薄弱，综合思维限于单点结构，人地协调观尚不能用于分析。该试题地理学科核心素养测评水平2表明：具有一定程度的读图实践和区域认知能力，综合思维扩展到多要素综合，人地协调观具备一定认知。该试题地理学科核心素养测评水平3表明：读图实践和区域认知比较翔实，综合思维扩展到时空综合，人地协调观尚可用于实际分析。该试题地理学科核心素养测评水平4表明：读图实践和区域认知规律化，综合思维进阶到地方综合。

设问：（3）预测P点将要发生的天气变化。（8分）

【评分参考】

暖锋过境，降水概率高，气温升高；（2分）暖空气控制，天气转好，气温较高；（2分）冷锋过境，气温下降，可能有降水，风力加强；（2分）冷空气控制，晴朗，气温较低。（2分）

一、命题依据与测评目标

（一）课程标准内容要求

1.6 运用示意图等，说明大气受热过程与热力环流原理，并解释相关现象。

Ⅰ1.4 运用示意图，分析锋、低压（气旋）、高压（反气旋）等天气系统，并运用简易天气图，解释常见天气现象的成因。

★举例说明纬度位置、海陆分布、地形等因素对气候的影响。

★运用世界气候类型分布图说出主要气候类型的分布。

（二）地理学科核心素养测评主要目标

1. 等压线图的分析。
2. 不同锋面过境的区域天气特征比较认知。
3. 不同锋面过境区域天气成因要素分析。
4. 自然环境物质运动观。

二、问题情境

（一）高考试题情境

此题以现实中的真实地理事象为试题情境，配以简易天气图，考查学生综合运用地理知识，进行天气系统的演化发展及其成因的分析能力。涉及区域为亚洲的东北区域，包括中国、蒙古和俄罗斯部分地区，南北、东西跨越较大，为较大尺度区域，图中西北部的狭长湖泊是俄罗斯贝加尔湖，其以（西）北地区是俄罗斯西伯利亚地区，有大面积的内陆，每年冬季会形成强大的冷高压（亚洲高压）。

（二）教材问题情境

人教版教材以亚洲部分地区海平面等压线分布图为背景创设情境，要求学生根据图文资料进行分析，探讨气旋东、西部水平气流的运动方向，比较乌兰巴托和北京风力的强弱，判断不同锋的类型并说明判断理由，以及预测某地在锋过境前后的天气变化。比如暖湿空气在锋面上常有大规模的上升运动，所以锋面附近常伴有云、大风、降水等天气现象。

中图版教材介绍了天气系统的相关知识，引导学生解释常见天气现象的成因，以及气候在自然地理环境中起到的作用。教材描述天气是区域短时间内冷暖、干湿等状况及其变化，包括天气现象和天气过程。天气现象指雨、雪、大风等物理现象；天气过程指区域内各种天气现象随时间变化的过程。天气系统指引起天气变化的气旋、反气旋、锋面等处于不断变化之中的运动系统。教材还建议开展小气候调查，指出小气候是由于局部区域下垫面结构和性质不同，造成热量和水分收支差异，从而在小范围内形成的一种与大气候不同特点的气候。让学生去调查分析，说明差异存在的原因。

沪教版教材在“常见的天气系统”专题中，引导学生访问中央气象台网站，在网站上查找我国近地面天气形势图，判读图上气温和等压线的分布状况、气压中心的位置等，再结合天气预报和卫星云图，理解实时天气状况的差异及原因。我国长江中下游地区盛夏的伏旱天气，就是在副热带高气压暖性反气旋控制下形成的。反气旋的范围一般都很大，直径可达数千千米。小的反气旋直径也往往有数百千米。冬季，形成于蒙古、西伯利亚的强大高气压冷性反气旋的面积能占据整个亚洲大陆面积的3/4以上，是强冷空气形成寒潮侵袭我国广大地区的重要源地。

鲁教版教材在“常见的天气系统”章节中，设问“黄梅时节家家雨，青草池塘处处蛙”的景象会在哪里出现，是如何形成的？通过设问逐步展开对天气系统的介绍和相关成因的分析。教材还对一些天气成因进行解析。由于气旋和反气旋的气压、气流状况存在明显差异，因此其控制地区的天气状况明显不同。夏秋季节，我国东南沿海地区经常出现的台风，就是热带气旋强烈发展的结果。我国北方广大地区在秋季经常出现的秋高气爽天气就是在反气旋控制下形成的。

湘教版教材描述了天气系统遵循一定的规律，始终处于生成、发展、移动、消亡的运动过程之中，每个阶段都伴随着不同的天气。各地天气有阴、晴、雨、雪等变化，同一时间不同地区的天气也各不相同。这是受不同天气系统的影响，或处于天气系统不同部位的缘故。如我国北方夏季的暴雨，多是由冷锋形成的锋面雨；我国冬季暴发的寒潮，就是冷锋南下时形成的灾害性天气。其原因在于，冷气团的前缘插入暖气团的下面，使暖气团被迫抬升，暖气团在抬升过程中冷却，其中的水汽容易凝结成云。冷锋过境时，如果暖气团中水汽充足，可能出现雨、雪天气；如果冷锋移动速度较快，常带来较大的风。

（三）问题式教学问题情境

综上所述，教材中的问题情境与高考试题情境基本一致，通过天气系统中冷锋、气旋等内容的学习，结合现实生活中的天气现象、天气预报等创立情境，引导学生将所学知识用于分析实际生活中的天气现象，以及天气预测，达到学以致用。

三、思维路径与结构

（一）思维路径

基于上述深度分析，本试题地理学科核心素养测评的思维路径如下图所示。

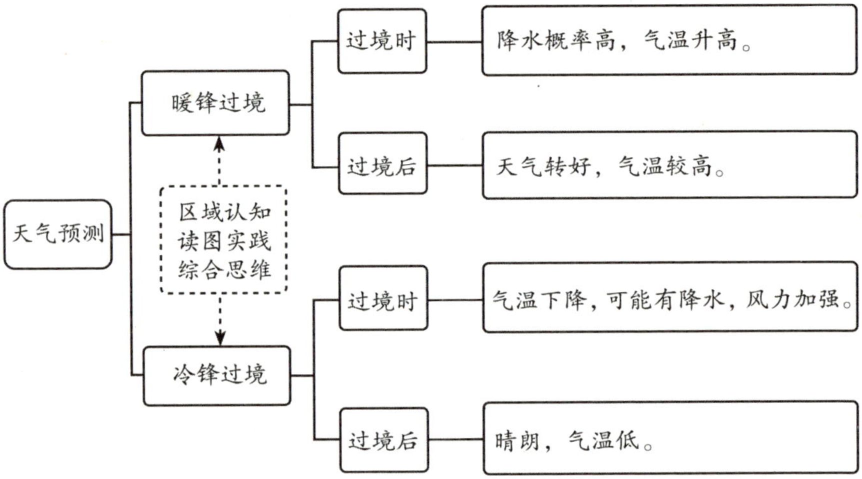

由上图可见，该试题全面考查了地理学科核心素养。以区域认知和人地协调观统领地理学科核心素养测评，基于气压分布图的判读和区域空间位置的理解，考查锋面过境时天气变化过程的推导。以各级水平的综合思维开展地理学科核心素养测评，从冷锋、暖锋不同作用影响的多要素综合，到锋面过境前后过程推导的时空综合，最终到特定区域地理特征分析的地方综合，实现综合思维素养进阶测评。

（二）思维结构

依据考生对地理学科核心素养测评的反应，反映出思维结构和学业质量水平如下表所示。

学生测评反应	思维结构	学业质量水平
冷锋过境，气温下降。	单点结构	水平 1
暖锋过境，气温升高；冷锋过境，气温下降，可能有降水。	多点结构	水平 2
先是暖锋过境，降水概率高，气温较高；冷锋过境，气温下降，可能有降水，风力加强。	关联结构	水平 3
暖锋过境，降水概率高，气温升高；暖空气控制，天气转好，气温较高；冷锋过境，气温下降，可能有降水，风力加强；冷空气控制，晴朗，气温较低。	拓展抽象结构	水平 4

从上表可见，该试题地理学科核心素养测评水平 1 表明：读图实践和区域认知的能力薄弱，综合思维限于单点结构，人地协调观尚不能用于分析。该试题地理学科核心素养测评水平 2 表明：具有一定程度的读图实践和区域认知能力，综合思维扩展到多要素综合，人地协调观具备一定认知。该试题地理学科核心素养测评水平 3 表明：读图实践和区域认知比较翔实，综合思维扩展到时空综合，人地协调观尚可用于实际分析。该试题地理学科核心素养测评水平 4 表明：读图实践和区域认知规律化，综合思维进阶到地方综合。

案例 2　2021 年广东卷地理试题第 17 题

阅读图文材料，完成下列要求。

从冰架分离后漂浮在海上的冰山被形象地称为冰筏。罗斯海拥有世界上面积最大的冰架——罗斯冰架，是南极大陆周边冰山输出最强的海区，洋流环境复杂。随着全球变暖，近年来罗斯冰架崩离、消融明显。模拟结果表明，若变暖进一步增强，南极地区的降水会更多地以降雨的形式出现。下图示意罗斯海所在区域的地理环境。

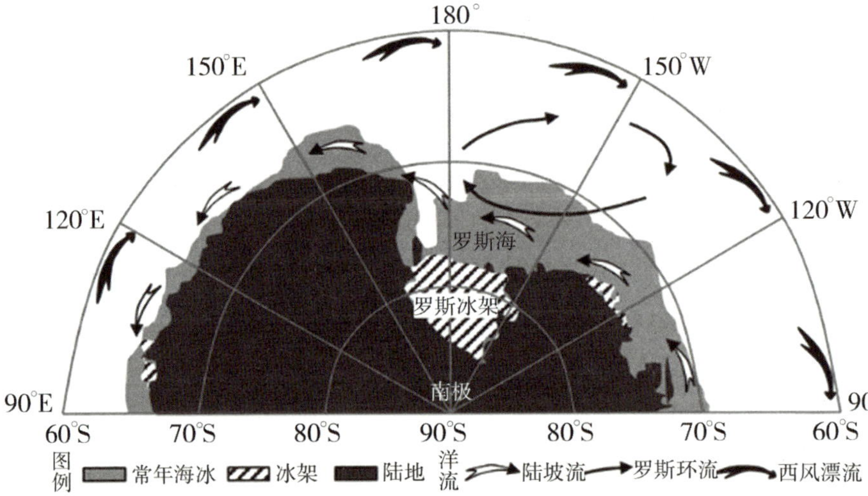

设问：（1）简述罗斯环流形成的主要影响因素。（8 分）

【评分参考】

影响因素：盛行风、海陆轮廓、洋流等。（2 分）南极高纬地区盛行东南风，表层海水受东南风的吹拂从罗斯湾东岸向西岸运

动；（2分）到西岸后受地形影响向低纬运动；（2分）到60° S附近受西风漂流影响形成环流。（2分）

一、命题依据与测评目标

（一）课程标准内容要求

Ⅰ1.5 运用示意图，说明气压带、风带的分布，并分析气压带、风带对气候形成的作用，以及气候对自然地理景观形成的影响。

Ⅰ1.7 运用世界洋流分布图，说明世界洋流的分布规律，并举例说明洋流对地理环境和人类活动的影响。

★运用地图和其他资料，归纳某大洲地形、气候、水系的特点，简要分析其相互关系。

★说出南、北极地区自然环境的特殊性，认识开展极地科学考察和保护极地环境的重要性。

（二）地理学科核心素养测评主要目标

1. 地图的分析。
2. 区域环境特征认知。
3. 洋流成因时空综合分析。
4. 自然环境物质运动观。

二、问题情境

（一）高考试题情境

此题的情境创设取材于近年持续关注的全球变暖问题，罗斯冰架是世界上最大的冰架，也是全球科学家研究的焦点。在极地东风的引导下，南极洲沿岸形成了向西推行的陆坡流。纬度较低地区，在盛行西风的作用下，形成了西风漂流。在南北寒流夹击地带，产生了诸多环流，如罗斯海附近的环流，即罗斯环流。其中罗斯环流形成的主要影响因素，可以参考借鉴北印度洋（季风）环流，二者的成因虽不尽相同，但有互通之处。

（二）教材问题情境

人教版教材以玩具随着海水漂流为情境，介绍了世界洋流的形成和分布规律。盛行风吹拂海面，推动海水随风漂流，并且使上层海水带动下层海水流动，在海洋表层形成规模很大的洋流。洋流运动的方向还受海陆分布、地转偏向力等因素的影响。南极大陆外围，海面广阔。这里终年受西风影响，形成西风漂流。北印度洋海区，冬季盛行东北风，海水向西流动，呈逆时针方向旋转；夏季盛行西南风，海水向东流动，呈顺时针方向旋转。全球海洋是连通的，漂浮在海面上的物质会随着洋流作环球旅行。散落在海面的玩具鸭可能随着洋流到达全球不同地区的海岸。

中图版教材介绍了洋流按成因可分为风海流、密度流和补偿流。盛行风吹拂海面，推动海水随风漂流，并且使上层海水带动下层海水流动，形成规模很大的洋流，叫作风海流。世界大洋表层的海流系统，按其成因来说，大多属于风海流。总的来说，洋流的形成往往不是只受单一因素影响，而是多种因素综合作用的结果。在南极大陆外围的海域分布着环绕地球一周的绕极环流。它由方向相反的两圈环流组成：紧靠南极大陆边缘在极地东南风的作用下形成自东向西绕极一周的环流，其范围较为狭窄；外围的大部分海域在盛行西风的作用下形成自西向东的绕极一周的西风漂流。在地转偏向力的影响下，两圈环流形成了海水的辐散带，从而引起深层海水的上升。

沪教版教材以北印度洋季风洋流这一案例，分析洋流形成的原因。每年 10 月至来年 3、4 月，北印度洋海面盛行东北季风，海水主要向西南流动。南赤道暖流的北分支与沿非洲东海岸南下的洋流汇合后向东偏转，形成赤道逆流。因此，冬季北印度洋洋流呈逆时针方向流动。每年 5 月至 9 月，北印度洋盛行西南季风，驱使海水向东北方向流动。此时，南赤道暖流的北分支在季风作用下越过赤道，进入北印度洋，沿索马里海岸向东北流动，赤道逆流消失。因此，夏季北印度洋洋流呈顺时针方向流动。

鲁教版教材介绍了世界大洋环流体系。从海洋垂直空间看，世界大洋环流是一个庞大而复杂的系统，由表层洋流、中层洋流和底层洋流组成。表层洋流系统主要是风海流，中层和底层主要是密度流。密度流是由于海洋表层冷热不均、蒸发降水不均所产生的温度和盐度变化，导致密度分布不均匀而形成的海洋环流系统。大洋环流将大洋表层水和深层水以及各大洋联系在了一起，构成了一个环流体系。科学家研究认为，大洋环流体系可能在驱动气候变化方面发挥了重要的作用。

湘教版教材阐明，世界洋流分布虽然复杂，但还是有规律可循的。在赤道两侧，东北信风与东南信风驱动表层海水自东向西流动，形成赤道洋流，北支为北赤道暖流，南支为南赤道暖流。赤道洋流到达大洋西岸，受到陆地阻挡，一小股回头向东形成赤道逆流；大部分沿海岸向较高纬度流去，至中纬度地区受西风吹动，形成西风漂流。南半球因三大洋彼此相连，风力强劲，所以西风漂流得到了充分的发展，从 30°　S 一直扩展到 60°　S 左右。当西风漂流到达大洋东岸时，其中一部分折向低纬度，成为赤道洋流的补偿流。这样，在热带和副热带海区，就形成了以副热带为中心的大洋环流。这种大洋环流受地转偏向力的影响，在北半球做顺时针方向流动，在南半球做逆时针方向流动。

（三）问题式教学问题情境

综上所述，教材中的问题情境与高考试题情境基本一致，通过对风力、陆地形状、地转偏向力等因素的分析，了解洋流的成因、类型以及分布规律，洋流对地理环境的影响。

三、思维路径与结构

（一）思维路径

基于上述深度分析，本试题地理学科核心素养测评的思维路径如下图所示。

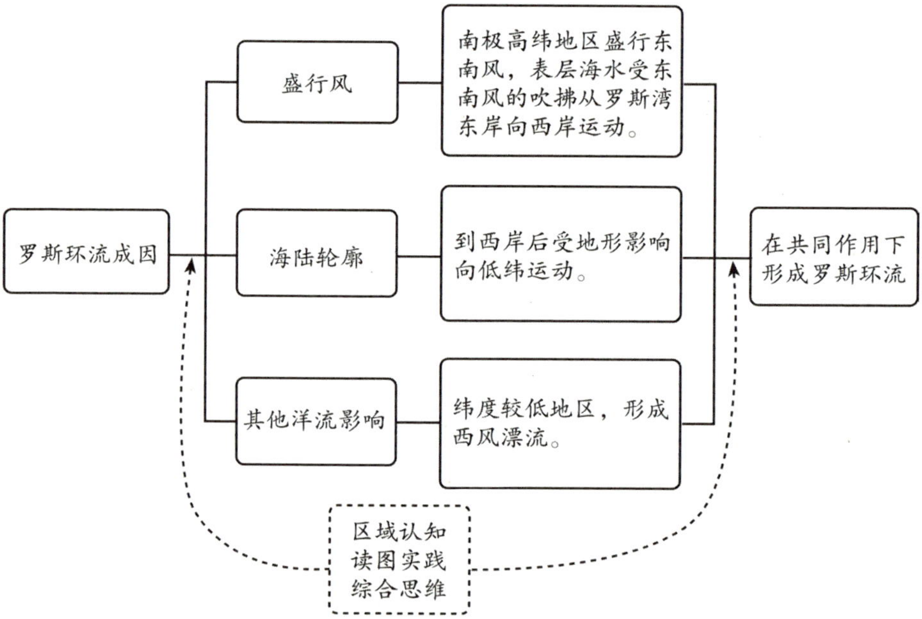

由上图可见，该试题全面考查了地理学科核心素养。以区域认知和人地协调观统领地理学科核心素养测评，基于地图的判读和区域空间位置的理解，考查罗斯环流形成过程的推导。以各级水平的综合思维开展地理学科核心素养测评，从洋流形成因素的风、地形、地转偏向力等多要素综合，到环流形成过程推导的时空综合，最终到南极附近特定区域地理特征分析的地方综合，实现综合思维素养进阶测评。

（二）思维结构

依据考生对地理学科核心素养测评的反应，反映出思维结构和学业质量水平如下表所示。

学生测评反应	思维结构	学业质量水平
影响因素：盛行风。	单点结构	水平 1
影响因素：盛行风、海陆轮廓、洋流等。	多点结构	水平 2
影响因素：盛行风、海陆轮廓、洋流等；南极高纬地区盛行东南风，到 60° S 附近受西风漂流影响形成环流。	关联结构	水平 3
影响因素：盛行风、海陆轮廓、洋流等；南极高纬地区盛行东南风，表层海水受东南风的吹拂从罗斯湾东岸向西岸运动；到西岸后受地形影响向低纬运动；到 60° S 附近受西风漂流影响形成环流。	拓展抽象结构	水平 4

从上表可见，该试题地理学科核心素养测评水平 1 表明：读图实践和区域认知的能力薄弱，综合思维限于单点结构，人地协调观尚不能用于分析。该试题地理学科核心素养测评水平 2 表明：具有一定程度的读图实践和区域认知能力，综合思维扩展到多要素综合，人地协调观具备一定认知。该试题地理学科核心素养测评水平 3 表明：读图实践和区域认知比较翔实，综合思维扩展到时空综合，人地协调观尚可用于实际分析。该试题地理学科核心素养测评水平 4 表明：读图实践和区域认知规律化，综合思维进阶到地方综合。

案例 3　2021 年浙江卷地理试题第 27 题

阅读图文材料，完成下列要求。

［材料一］ 当暖湿空气流经冷的下垫面时，空气中的水汽易冷却凝结成雾，大多数海雾均属此类。风力过大或过小都不利于海雾的形成。西北太平洋是全球海雾频发的海区之一。

［材料二］ 图 1 为世界某区域略图，图 2 为图 1 中甲地不同风向下成雾频次图，图 3 为西北太平洋沿 145° E 经线上成雾频次时空分布图。

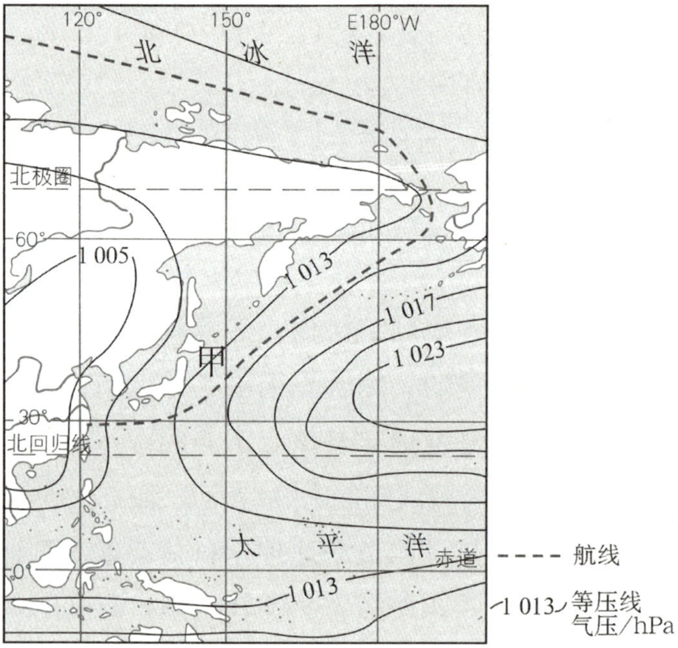

图 1

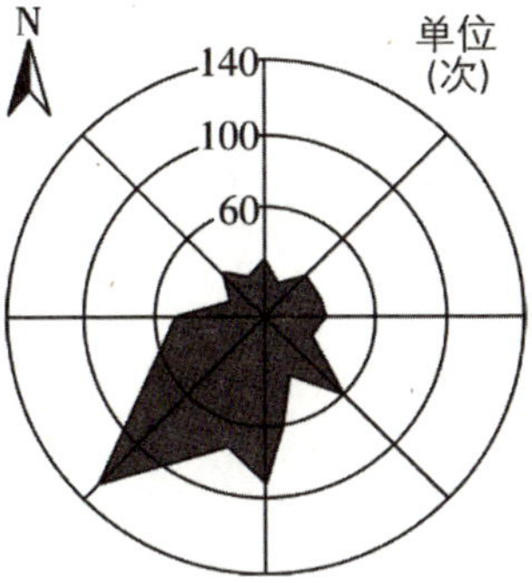

图 2

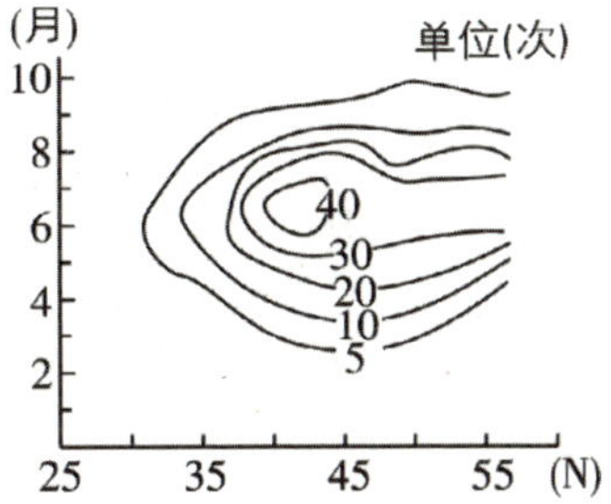

图 3

设问：（3）从水汽来源的角度，分析甲地夏季海雾频发的原因，并说出甲地所在海区夏季海雾对海运影响较大的理由。（6 分）

【评分参考】

原因：暖流表面温度更高，蒸发量大；（2 分）多偏南风，利于暖湿空气输送。（2 分）

理由：夏季航运繁忙；海雾范围广。（2 分）

一、命题依据与测评目标

（一）课程标准内容要求

1.7 运用示意图，说明水循环的过程及其地理意义。

Ⅰ1.5 运用示意图，说明气压带、风带的分布，并分析气压带、风带对气候形成的作用，以及气候对自然地理景观形成的影响。

1.6 运用示意图等，说明大气受热过程与热力环流原理，并解释相关现象。

★举例说明纬度位置、海陆分布、地形等因素对气候的影响。

★举例说明气候对生产和生活的影响。

（二）地理学科核心素养测评主要目标

1. 等压线图、频次玫瑰图、时空频次图的分析。
2. 区域天气认知。
3. 海雾成因多要素综合分析。
4. 自然环境物质运动观、自然环境影响观。

二、问题情境

（一）高考试题情境

此题以西北太平洋海雾较多的现实中的地理事象为试题情境，以世界某区域略图、不同风向下成雾频次图、成雾频次时空分布图等一组示意图，为学生提供一个材料丰富的试题情境，考查学生综合运用大气、洋流、海气等相互作用的知识，解释和探究海雾形成和演化发展的综合分析能力。多图表的运用和解析，是本题的特色，着重考验学生的读图能力。海雾形成原因通常与海面温度、海气温差、气流风场等有关。第三问提到“所在海区夏季海雾对海运影响较大”，让学生认识到人类生产生活与自然活动息息相关，处处渗透着人地协调观。

（二）教材问题情境

人教版教材介绍了海洋与大气之间进行着大量且复杂的物质和能量交换，海洋是大气最主要的水汽来源和热量储存库；大气为海水运动提供动能。海—气相互作用通过大气环流与大洋环流维持着地球上水分和热量的平衡，其中水热交换对气候乃至自然环境具有深刻的影响。厄尔尼诺和拉尼娜现象是赤道附近太平洋中东部表层海水温度出现异常的现象，与更广大范围的气候异常现象呈现出一定的相关性。厄尔尼诺现象表现为赤道附近太平洋中东部表层海水温度异常升高，赤道附近太平洋地区东部和西部海面温度差异减小。东部多雨，甚至引发洪涝灾害；西部干燥少雨，会带来旱灾或森林大火。拉尼娜现象的表现与厄尔尼诺现象相反。

中图版教材介绍了大气中的水汽和杂质含量很少，却在天气变化中扮演重要角色。水的相变，产生云、雨、雾、雪等一系列天气现象，同时伴随着热量的吸收和释放，直接影响地面和大气的温度。大气中的杂质作为凝结核，是成云致雨的必要条件。大气中的水汽和杂质含量，因时因地而异。对流层的大气上部冷、下部热，有利于大气的对流运动。低纬度地区受热多，对流旺盛，对流层所达高度就高。近地面的水汽和杂质通过对流运动向上输送，在上升过程中随着气温降低，容易成云致雨。云、雨、雾、雪等天气现象都发生在这一层。人类生活在对流层的底部。

沪教版教材介绍了季风环流与气候之间的联系。以亚洲东部为例，亚欧大陆与太平洋存在着巨大的热力性质差异，导致海陆气压分布的季节变化。夏季，亚欧大陆比同纬度的太平洋增温快、气温高，在太阳辐射最强的副热带附近形成强大的热低压中心（亚洲低压，也称印度低压）。这一热低压和北美大陆上的热低压将副热带高气压带切断，保留在北太平洋上的为北太平洋高压（夏威夷高压）。这样，在亚欧大陆与太平洋之间，因为强大的气压差产生了从海洋吹向陆地的稳定的东南风，这便是东亚的夏季风。

鲁教版教材描述在海—气相互作用的过程中，海洋对大气的主要作用是为大气提供热量和水汽，而大气主要通过风向海洋输送能量，使海水运动，形成风海流和海水的辐散与辐合，对沿岸地区甚至全球气候产生影响。

湘教版教材通过气压带、风带的季节移动与大气活动中心为背景创设情境，探究海陆热力性质的差异对海洋与陆地的气压分布的影响。冬季，大陆降温比海洋快，大陆上形成高气压；夏季，大陆增温比海洋快，大陆上形成低气压。北半球的陆地面积较大，而且海陆相间分布，使纬向的气压带被分裂成一个个高、低气压中心。随着气压带和风带的季节移动，高、低气压中心的实际分布状况也在变化。北半球的副热带高气压带被大陆上的低气压切断，其中亚洲低压（又称印度低压）最为突出，这就使副热带高气压带仅保留在海洋上。

（三）问题式教学问题情境

综上所述，教材中的问题情境与高考试题情境基本一致，尽管教材没有直接对海雾形成的情境进行描述，但通过大气运动、天气系统、洋流、海气相互作用等的教学，让学生掌握影响海雾形成和演化发展的相关基础知识，可以在具体的问题中进行分析。

三、思维路径与结构

（一）思维路径

基于上述深度分析，本试题地理学科核心素养测评的思维路径如下图所示。

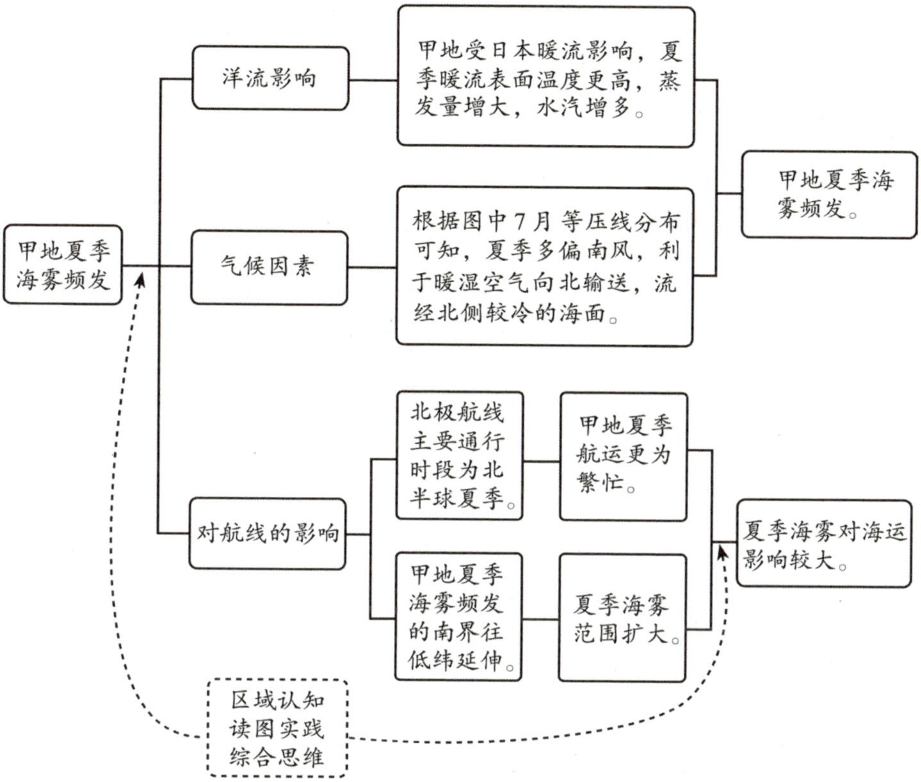

由上图可见，该试题全面考查了地理学科核心素养。以区域认知和人地协调观统领地理学科核心素养测评，基于地图的判读和区域空间位置的理解，考查海雾形成过程的推导。以各级水平的综合思维开展地理学科核心素养测评，从洋流、气候两种影响因素的要素综合，到海雾形成过程推导的时空综合，最终到北极航线特点和所处区域地理特征分析的地方综合，实现综合思维素养进阶测评。

（二）思维结构

依据考生对地理学科核心素养测评的反应，反映出思维结构和学业质量水平如下表所示。

学生测评反应	思维结构	学业质量水平
原因：水汽凝结快。 理由：海雾范围广。	单点结构	水平 1
原因：暖流表面温度更高，多偏南风。 理由：海雾范围广。	多点结构	水平 2
原因：暖流表面温度更高，蒸发量大；多偏南风，利于暖湿空气输送。 理由：海雾范围广。	关联结构	水平 3
原因：暖流表面温度更高，蒸发量大；多偏南风，利于暖湿空气输送。 理由：夏季航运繁忙；海雾范围广。	拓展抽象结构	水平 4

从上表可见，该试题地理学科核心素养测评水平 1 表明：读图实践和区域认知的能力薄弱，综合思维限于单点结构，人地协调观尚不能用于分析。该试题地理学科核心素养测评水平 2 表明：具有一定程度的读图实践和区域认知能力，综合思维扩展到多要素综合，人地协调观具备一定认知。该试题地理学科核心素养测评水平 3 表明：读图实践和区域认知比较翔实，综合思维扩展到时空综合，人地协调观尚可用于实际分析。该试题地理学科核心素养测评水平 4 表明：读图实践和区域认知规律化，综合思维进阶到地方综合。

第三节　水系水文高考试题案例分析

案例 1　2019 年全国Ⅲ卷地理试题第 37 题

阅读图文材料，完成下列要求。

发源于美国内陆高山，河流上游河段受季节性融雪和大气降水补给。7 月后主要受降水补给，降水多为暴雨。该河段流量和含沙量年内变化大，但河面宽度变化不明显。下图示意该河段典型河流断面不同时间的水体形态。

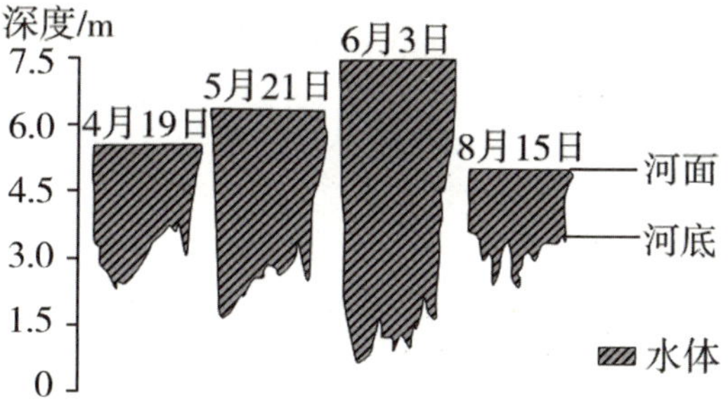

设问：（2）指出 4—6 月该断面河水深度的变化特征，并说明原因。（8 分）

【评分参考】

变化特征：深度增加。（2 分）原因：融雪补给为主，流量持续增长，水位上升；（3 分）融雪补给为主，含沙量低，流速持续加快，侵蚀河床。（3 分）

一、命题依据与测评目标

（一）课程标准内容要求

1.7 运用示意图，说明水循环的过程及其地理意义。

Ⅰ1.3 结合实例，解释内力和外力对地表形态变化的影响。

Ⅰ1.5 运用示意图，分析气候对自然地理景观形成的影响。

Ⅰ1.6 解释各类陆地水体之间的相互关系。

★运用地图和其他资料，归纳某大洲地形、气候、水系的特点，简要分析其相互关系。

★运用气温、降水量资料，说出气温与降水量随时间的变化特点。

（二）地理学科核心素养测评主要目标

1. 河流断面图的判读。
2. 河段补给认知。
3. 水文特征、流水作用变化多要素综合分析。
4. 自然环境物质运动观。

二、问题情境

（一）高考试题情境

此题以美国内陆高山河流的现实中的地理事象为载体，给定河流不同时间的水体形态图，创设试题情境考查学生对水系水文知识的实践运用，具体为河面宽度、河水深度、河底淤积程度等相关问题。试题渗透着“区域认知、综合思维和地理实践力”等核心素养的考核要求，特别是地理实践活动信息的处理与分析能力。要求学生在做题时对图文材料进行认真审读，结合所学原理、规律进行实际应用，考查学生解读和获取地理信息、调用和运用地理知识、论证和探究地理问题的能力，让学生在真实的情境中探讨地理问题，凸显了地理实践力的学科素养，旨在引导学生树立科学探究、学以致用的观念。

（二）教材问题情境

人教版教材相关章节对陆地水体的相互关系的介绍，主要是指不同类型陆地水体之间的相互转化与补给的关系，涉及不同的物质运动和能量交换过程。就某个水体类型而言，不需要系统而深入地讲述其组成、赋存空间和形态，而是能够从整体的视角分析它与其他陆地水体之间的相互关系及其区域表现，体现综合思维。考虑到河流是陆地水体中最重要的组成部分，循环速度快，更新周期短，与人类的关系最为密切，既可以兴利，也可能造成洪涝灾害。教材正是以河流为例，来阐明河流与湖泊、地下水、冰川和积雪之间的补给关系。

中图版教材介绍了河流的补给类型非常复杂，除少数地区存在只有一种补给类型的河流外，全世界几乎所有的河流都是以一种补给类型为主的混合补给类型。如以松花江为代表的我国东北地区的河流，河水来源主要是雨水，汛期主要出现在夏季，但是在春季气温回升时，由于季节性积雪融化，还会形成一次春汛，这种类型的河流可以归为季节性积雪融水和雨水补给类型，其河流径流量及其变化受流域内年降水量和气温两个因素共同影响。

沪教版教材介绍大气降水是世界上大多数河流最主要的补给形式。我国东部地区，尤其是南方地区的河流，以降水补给为主。以降水补给为主的河流，径流量的季节变化与降水量的季节变化基本一致。河流的洪水期多出现在夏季和秋季，枯水期多出现在冬季和春季。内陆地区的大部分河流以冰川和积雪融水补给为主，径流量随气温高低而变化。夏季气温升高，冰川、积雪大量融化，形成夏汛；冬季封冻，河流补给减弱甚至出现断流。如塔里木河夏季径流主要靠高山冰雪融水补给。温带和亚寒带的部分地区，如我国的东北地区，春季积雪融化，汇入河流，形成春汛；夏季降水增加，形成夏汛。河流径流量在一年之中出现春、夏两次峰值。

鲁教版教材指出，陆地上的各种水体是不断运动的，它们彼此之间通过补给而相互联系。河流的补给是指河水的来源，可分为雨水补给、冰雪融水补给、湖泊水补给、地下水补给等类型。河流补给是河流的重要水文特征之一（其他包括水情、水温、冰情、泥沙和水化学等水文特征），是认识河流水情特征（水位、流量、径流量、流速等）随着时间的变化情势和变化规律的重要依据。

湘教版教材表示陆地水体间的相互关系，是陆地水体之间的运动、转化及其水源补给关系。河流的季节性积雪融水补给一般是指流域地表冬季的积雪，至次年春季随着天气转暖而融化，对河流进行的补给。季节性积雪融水补给具有连续性和日变化的特点。积雪从太阳辐射、大气和地面得到热量慢慢融化，连续不断地补给河流。由于气温和太阳辐射的日变化，积雪融化与融水补给也有日变化，大致上与气温的变化一致，比雨水补给的河流的水量变化来得平缓。季节性积雪融水补给的河流的水量变化，与流域的积雪厚度、地形状态有关。

（三）问题式教学问题情境

综上所述，教材中的问题情境与高考试题情境基本一致，通过河流不同补给方式的案例，说明其补给类型、补给时间、补给特点及影响等。教材没有面面俱到地叙述河流补给的各种类型，而是聚焦于河流与湖泊、地下水、冰川等其他陆地水体之间的相互关系，方法是画示意图，所以需要让学生学会阅读河流径流量年内变化曲线或河流流量过程曲线。

三、思维路径与结构

（一）思维路径

基于上述深度分析，本试题地理学科核心素养测评的思维路径如下图所示。

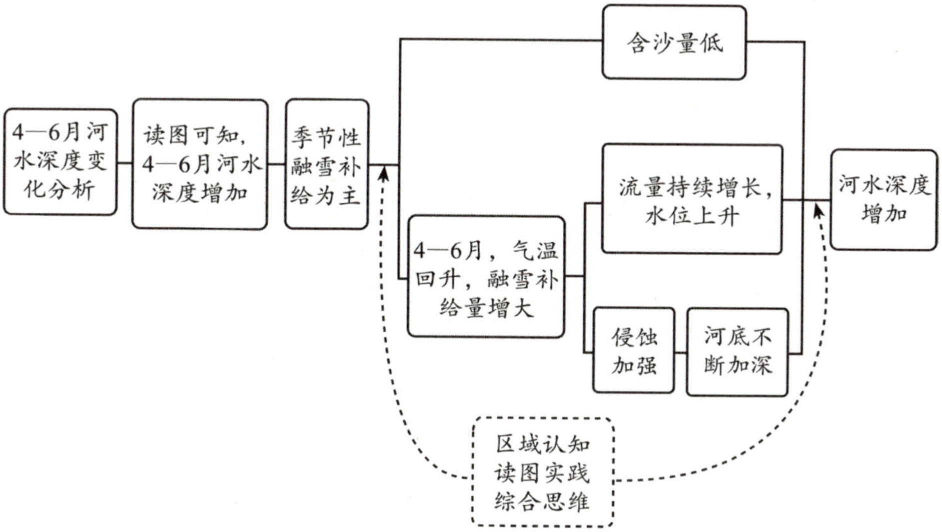

由上图可见，该试题全面考查了地理学科核心素养。以区域认知和人地协调观统领地理学科核心素养测评，根据水体形态图的判读，考查对水系水文知识的实践运用。以各级水平的综合思维开展地理学科核心素养测评，从河流侵蚀、流量、含沙量等因素的多要素综合，到河水深度增加过程推导的时空综合，最终到特定区域地理环境、气候特征分析的地方综合，实现综合思维素养进阶测评。

（二）思维结构

依据考生对地理学科核心素养测评的反应，反映出思维结构和学业质量水平如下表所示。

学生测评反应	思维结构	学业质量水平
变化特征：深度增加。	单点结构	水平 1
变化特征：深度增加。原因：融雪补给增加。	多点结构	水平 2
变化特征：深度增加。原因：融雪补给增加，侵蚀作用增强。	关联结构	水平 3
变化特征：深度增加。原因：融雪补给为主，流量持续增长，水位上升；融雪补给为主，含沙量低，流速持续加快，侵蚀河床。	拓展抽象结构	水平 4

从上表可见，该试题地理学科核心素养测评水平 1 表明：读图实践和区域认知的能力薄弱，综合思维限于单点结构。该试题地理学科核心素养测评水平 2 表明：具有一定程度的读图实践和区域认知能力，综合思维扩展到多要素综合，人地协调观具备一定认知。该试题地理学科核心素养测评水平 3 表明：读图实践和区域认知比较翔实，综合思维扩展到时空综合，人地协调观尚可用于实际分析。该试题地理学科核心素养测评水平 4 表明：读图实践和区域认知规律化，综合思维进阶到地方综合。

案例2　2017年全国Ⅲ卷地理试题第37题

阅读图文材料，完成下列要求。

白斑狗鱼肉质细嫩，营养丰富，有“鱼中软黄金”之称。白斑狗鱼是肉食性鱼类，适宜在16 ℃以下的水域产卵繁殖，分布于亚洲、欧洲和北美洲的北部冷水水域，栖息环境多为水质清澈、水草丛生的河流，在我国仅见于新疆的额尔齐斯河流域（下图）。该流域是我国唯一属北冰洋水系的河流。

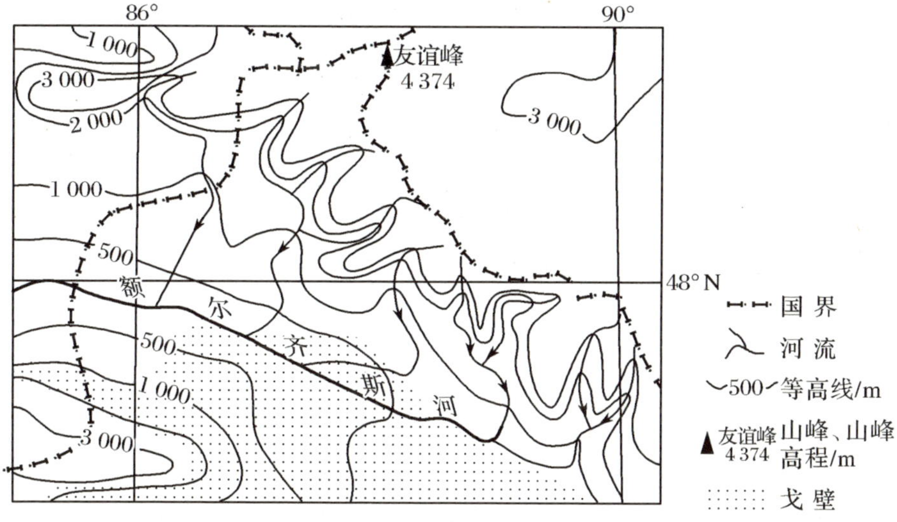

设问：（1）根据支流的分布特征，分析图示额尔齐斯河流域降水分布特点及成因。（8分）

【评分参考】

分布特点：该流域降水北多南少。（2分）

原因：地处大陆内部，气候干旱。（3分）但北部山地为（西风）迎风坡，山体高大，能拦截水汽。（3分）

一、命题依据与测评目标

（一）课程标准内容要求

1.7 运用示意图，说明水循环的过程及其地理意义。

Ⅰ1.3 结合实例，解释内力和外力对地表形态变化的影响。

Ⅰ1.5 运用示意图，分析气候对自然地理景观形成的影响。

★运用地图和其他资料，归纳某大洲地形、气候、水系的特点，简要分析其相互关系。

★运用气温、降水量资料，说出气温与降水量随时间的变化特点。

（二）地理学科核心素养测评主要目标

1. 等高线地形图的分析。
2. 区域水系、降水特征认知。
3. 区域降水特征成因多要素综合分析。
4. 自然环境物质运动观。

二、问题情境

（一）高考试题情境

此题主要考查学生的区域认知和综合思维，白斑狗鱼的生活环境是特定的区域，即额尔齐斯河流域，解题作答要在区域环境条件的基础上进行。要求分析该河流的降水分布特征及成因，分析降水的分布应具备综合思维从时间和空间进行，题中要求根据支流的分布特征进行分析，所以需从空间维度进行解题，在能力考查上要求具备综合思维，以培养学生的整体、全面、系统、动态的观念。

（二）教材问题情境

人教版教材以“塞纳河的水是从哪里来的”为问题情境，分析降水是河水的主要来源。法国人最早通过实地观测，计算出塞纳河流域的降水量，并估算出河流径流量。最后发现，塞纳河流城的年降水量是年径流量的6倍。水循环的过程可以概括为：地球上的各种水体，在太阳辐射作用下大量蒸发，形成水汽。水汽上升到空中，在一定条件下形成降水。降落到地面的水，或被蒸发，或沿地面流动形成地表径流，或渗入地下形成地下径流。两者汇集成河，最后又返回海洋。

中图版教材描述自然地理环境由地貌、气候、水文、土壤和生物等要素组成，每种自然地理要素都有各自的结构和功能，在自然地理环境的形成和演化过程中扮演着不同的角色。一方面地貌直接或间接影响其他自然地理要素，使它们发生不同的反应和变化，另一方面地貌又是其他自然地理要素进行物质交换和能量转化的主要场所。以地貌与气候的相互关系为例，地貌对气温和降水都会产生影响。一般而言，同一地点，海拔越高气温就越低；山地阳坡气温高于阴坡。通常来讲，迎风坡降水多于背风坡，且降水会随着海拔的变化而变化。

沪教版教材介绍自然环境由气候、地貌、水文、生物、土壤等自然地理要素构成。各要素之间相互影响、相互作用、相互联系，并通过水循环、生物循环等过程，进行物质迁移和能量交换，构成一个有机整体。任何一个地域的自然环境具有独特性，是区域内各要素之间相互作用、相互影响形成的。大气降水是大多数河流的补给形式，不同的气候、地形、地貌都会对降水量产生影响。

鲁教版教材介绍了地表环境的地域差异，主要表现在地表环境各组成要素及其组合上的差异。地表环境的地域差异有章可循，这个“章”就是地域分异规律。它体现了气候、植被、土壤等地表环境要素在空间分布上的规律性，主要包括水平地域分异规律和垂直地域分异规律。陆地环境地域分异规律的形成，主要取决于水热条件的地域组合及其变化。从区域角度来看，每个区域内部整体性特征的发生原因和发展过程也是统一的。如西北干旱区环境的形成，除了受深居欧亚大陆内部、远离海洋的影响外，还由于晚新生代青藏高原的隆升，阻挡了来自印度洋的水汽进入，并且导致了该区盛行下沉气流。

湘教版教材介绍了地方性分异，即较小尺度的地域分异，它是在地方地形、地方气候、较大范围地面组成物质等差异的影响下，自然环境各组成成分及其组合沿一定地势剖面发生变化的规律。地方性分异常发生在更小的尺度上。诸如坡麓、坡面、坡顶的地貌部位差别是最重要的小尺度地域分异。岩性和土质的差别是植被小尺度地域分异的重要原因。由于基岩风化壳直接影响土壤的发育，在相同的地貌部位，岩性的差别可以形成不同的小环境，生长不同的植物种类。

（三）问题式教学问题情境

综上所述，教材中的问题情境与高考试题情境较接近，通过现实中的地理事象，探究河流补给方式，以降水为主要补给，了解河流与冰川、地下水等陆地水体之间的相互关系，掌握其补给类型、补给时间、补给特点及影响等。

三、思维路径与结构

（一）思维路径

基于上述深度分析，本试题地理学科核心素养测评的思维路径如下图所示。

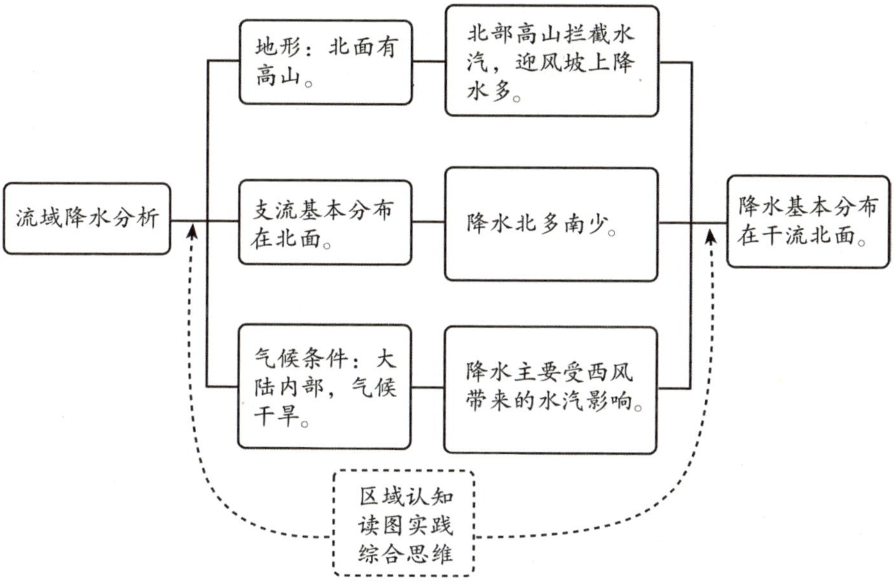

由上图可见，该试题全面考查了地理学科核心素养。以区域认知和人地协调观统领地理学科核心素养测评，根据河流支流的分布以及地形图的判读，反推降水分布的特点。以各级水平的综合思维开展地理学科核心素养测评，从影响降水的气候、地形、地貌等因素的多要素综合，到陆地水循环过程推演的时空综合，最终到新疆特定区域地理环境、气候特征分析的地方综合，实现综合思维素养进阶测评。

（二）思维结构

依据考生对地理学科核心素养测评的反应，反映出思维结构和学业质量水平如下表所示。

学生测评反应	思维结构	学业质量水平
分布特点：该流域降水北多南少。	单点结构	水平 1
分布特点：该流域降水北多南少。 原因：北部山体高大，能拦截水汽。	多点结构	水平 2
分布特点：该流域降水北多南少。 原因：北部山体高大，（西风）迎风坡，能拦截水汽。	关联结构	水平 3
分布特点：该流域降水北多南少。 原因：地处大陆内部，气候干旱，但北部山地为（西风）迎风坡，山体高大，能拦截水汽。	拓展抽象结构	水平 4

从上表可见，该试题地理学科核心素养测评水平 1 表明：读图实践和区域认知的能力薄弱，综合思维限于单点结构。该试题地理学科核心素养测评水平 2 表明：具有一定程度的读图实践和区域认知能力，综合思维扩展到多要素综合，人地协调观具备一定认知。该试题地理学科核心素养测评水平 3 表明：读图实践和区域认知比较翔实，综合思维扩展到时空综合，人地协调观尚可用于实际分析。该试题地理学科核心素养测评水平 4 表明：读图实践和区域认知规律化，综合思维进阶到地方综合。

案例 3　2021 年广东卷地理试题第 19 题

阅读材料，完成下列要求。

溶解氧是指溶解在水体中的分子态氧，其含量变化与水温、盐度、有机物质分解和生物活动等相关。自 20 世纪 50 年代以来，长江口外海域水体溶解氧低值区的面积和强度不断增加，夏季尤其显著，对海洋生态环境产生了许多现实和潜在影响。

设问：分析长江口外海域水体溶解氧低值区在夏季强度显著增加的原因。（10 分）

【评分参考】

夏季太阳直射北半球，太阳高度角大，水温高，溶解在水中的分子态氧相对较少；（2 分）夏季为长江汛期，河流流量大，入海口处盐度低，水体溶解氧相对较少；（2 分）夏季微生物分解速度快，生物循环速率相对较快，水体溶解氧消耗快；（2 分）夏季河流流量大，携带营养盐类较多，且水温适宜，生物量较大，生物对水体氧气消耗大；（2 分）近年来，长江水污染不断加剧，水中植物生长繁育受到影响，释放的氧气量逐渐减少，加剧溶解氧低值区的出现。（2 分）

一、命题依据与测评目标

（一）课程标准内容要求

1.7 运用示意图，说明水循环的过程及其地理意义。

1.8 运用图表等资料，说明海水性质和运动对人类活动的影响。

Ⅱ2.3 说明从近海到大洋海水水文特征以及海水运动形式。

★运用地图和其他资料，归纳某大洲地形、气候、水系的特点，简要分析其相互关系。

（二）地理学科核心素养测评主要目标

1. 区域地图再现。
2. 区域气候、水文、水生态特征认知。
3. 地方水质综合分析。
4. 自然环境物质运动观、人地协调观。

二、问题情境

（一）高考试题情境

此题以长江口外海域水体溶解氧低值区的变化这一现实中的地理事象为试题情境，涉及水文、海洋地理等相关知识，考查学生解读材料信息，运用所学知识综合解决问题的能力。题目中已提供信息，指明“溶解氧含量变化与水温、盐度、有机物质分解和生物活动等相关”，引导学生基于以上几个影响因素，结合学习过的地理知识，进行综合分析和论述。

（二）教材问题情境

人教版教材介绍了地球表面约有 71% 的面积被海洋覆盖。海水的温度、盐度和密度是海水最重要的理化性质。海水的温度反映海水的冷热状况，它主要取决于海洋热量的收支情况。太阳辐射是海洋的主要热量来源。海水蒸发消耗热量，是海洋热量支出的主要渠道。海洋中的总盐量基本稳定，但不同海域的盐度是不同的。在外海或大洋，海水的温度越高，盐度越高；蒸发量越大，盐度越高；降水量越大，盐度越低。世界大洋表层海水盐度以副热带海域最高；由副热带海域向赤道和两极，海水盐度逐渐降低。副热带海域炎热少雨，蒸发量大于降水量，因而盐度最高；赤道海域虽然温度最高，蒸发强烈，但降水丰沛，因此盐度并不是最高；从副热带海域向极地海域，海水温度渐低，盐度也渐低。

中图版教材说明海水是一个整体，它对人类活动有广泛、深刻的影响。同时，人类活动也会给海洋带来污染，如有机质和营养盐污染。海洋有机质污染主要来源于工业废水和生活污水，如造纸厂排放的含纤维素的废水、人们生活中排放的污水等。海洋营养盐污染主要包括随地表径流进入海洋的农药、化肥以及生活污水中的含磷洗涤剂等。而无机氮和无机磷大量增加，会导致海域的富营养化。此外，工业排放的热废水对海洋造成的危害也是极大的。热废水会造成局部海域的水温升高，并对海洋产生两种不利的影响，即减少水中的溶解氧和影响生物的新陈代谢。热污染对海洋生物的危害在于它会打乱原有海域的生态平衡，损害海洋生物的生理机制。

沪教版教材指出海水温度的时空变化，对气象、航海、捕捞业等有深刻的影响。如热带海面生成的台风给沿海地区带来暴雨，引发洪水，也带来丰沛的降水。海水密度变化对航行于海中，特别是深海中的探测船和潜艇有直接的影响，对设在海底的通信电缆也有重要的影响。与外海或大洋不同，近岸地区的海水盐度受到入海径流等因素的影响。有河流注入的海域，海水盐度一般较低。有些海域相对封闭，海水盐度受河流和气候的影响尤为明显。

鲁教版教材在海水性质的相关章节，介绍了海水的温度、盐度和密度等重要的理化性质。如海水热导率低，导致水温自表层向深层大体上呈不均匀递减的趋势。在表层区，水温基本上趋向于均匀分布；在温跃层（水温在垂向上存在显著差异的水层），水温随深度的增加而显著降低；在深水区，水温受外界的影响较小，变化缓慢，温度偏低。

湘教版教材指出海水温度的变化与我们的生活息息相关。海水能够调节大气温度。夏季海水增温慢于大气，会使沿海地区升温变缓；冬季海水降温慢于大气，会使沿海地区降温变缓。海水温度的变化也可能带来负面影响。据统计，以往100年间，由于表层水温上升，大西洋飓风发生的频率显著上升；1999—2004年，全球范围内海水温度明显升高，致使浮游生物数量显著下降，直接影响到鱼类、海鸟、海兽的食物供应，甚至威胁到它们的生存。此外，寒暖流对盐度的影响也很明显。暖流的盐度较高，寒流的盐度较低。在同纬度地带，暖流经过的海区，盐度偏高；寒流经过的海区，盐度偏低。在大陆沿海地区，因河流等淡水注入，盐度降低。

（三）问题式教学问题情境

综上所述，教材中的问题情境与高考试题情境基本一致，通过海水性质和相关环保知识的介绍，创设问题情境，引导学生深入了解和探究人类活动与海洋资源开发之间的关系，从区域认知和人地协调观的视角分析具体问题。

三、思维路径与结构

（一）思维路径

基于上述深度分析，本试题地理学科核心素养测评的思维路径如下图所示。

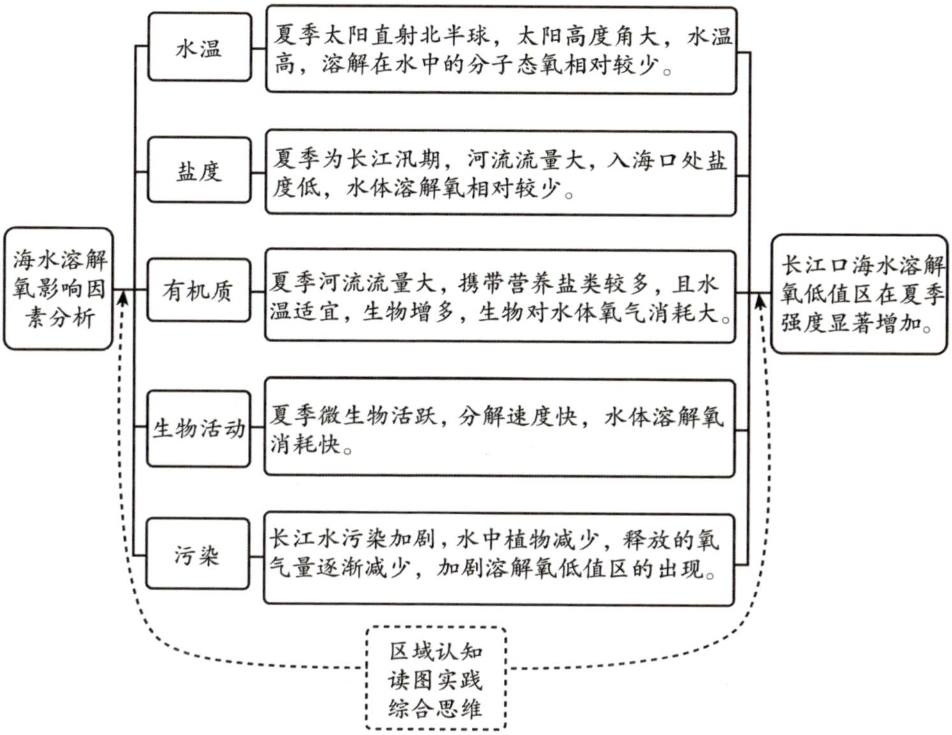

由上图可见，该试题全面考查了地理学科核心素养。以区域认知和人地协调观统领地理学科核心素养测评，根据试题提供的信息，从不同角度分析溶解氧低值区扩大的原因。以各级水平的综合思维开展地理学科核心素养测评，从影响溶解氧水温、盐度、有机质、生物活动、污染等多要素综合，到海水溶解氧变动过程推演的时空综合，最终到长江口特定区域地理环境、气候特征分析的地方综合，实现综合思维素养进阶测评。

（二）思维结构

依据考生对地理学科核心素养测评的反应，反映出思维结构和学业质量水平如下表所示。

学生测评反应	思维结构	学业质量水平
水温较高。	单点结构	水平 1
水温较高、盐度降低。	多点结构	水平 2
水温较高、盐度降低、生物消耗增加。	关联结构	水平 3
水温较高；盐度降低；河水携带营养多，生物数量增加；消耗增加；长江水污染导致水中植物减少。	拓展抽象结构	水平 4

从上表可见，该试题地理学科核心素养测评水平 1 表明：区域认知的能力薄弱，综合思维限于单点结构，人地协调观不足以应用于实践。该试题地理学科核心素养测评水平 2 表明：具有一定程度的区域认知，综合思维扩展到多要素综合，人地协调观具备一定认知。该试题地理学科核心素养测评水平 3 表明：区域认知比较翔实，综合思维扩展到时空综合，人地协调观可用于实际分析。该试题地理学科核心素养测评水平 4 表明：区域认知规律化，综合思维进阶到地方综合，人地协调观较完善。

第四节　植被土壤高考试题案例分析

案例 1　2021 年河北卷地理试题第 18 题

阅读图文材料，完成下列要求。

陕北延安至榆林间的森林草原区（下左图）黄土丘陵沟壑地貌发育，下右图为该区自沟壑底部到丘陵顶部自然植被分布的典型剖面示意图。长期的坡面耕作打破了生态平衡。1999 年以来，该区域实施了大规模退耕还林还草工程，大范围坡耕地转为林草地，在植被覆盖率提高、水土流失减弱的同时，坡面林地土壤也出现了明显干燥化趋势，给林木正常生长带来潜在威胁。

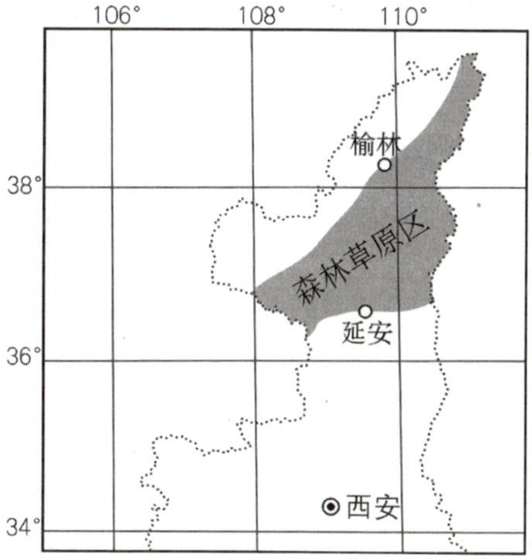

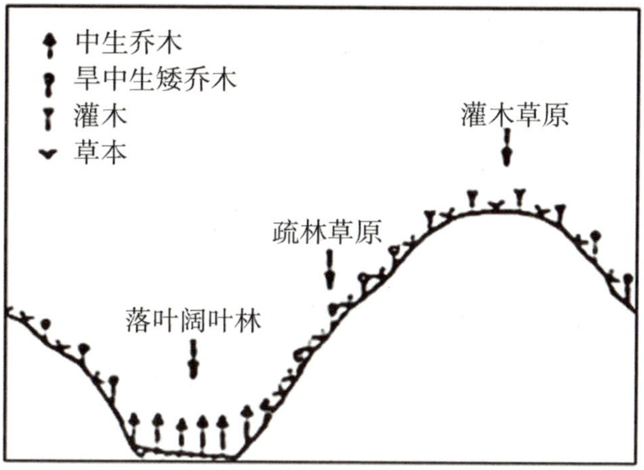

设问：（1）据左图分析该区自然植被空间分异的原因。（6 分）

【评分参考】

该地位于黄土高原地区，沟壑纵横，地势起伏大，水热变化大；

（3 分）谷地蒸发量小，土壤含水率高，土壤肥沃，以落叶阔叶林为主；（1 分）坡面坡度大，水土流失严重，蒸发量大，植被以疏林草原为主；（1 分）坡顶海拔高，水热条件差，植被以低矮的灌木丛和草本植被为主。（1 分）

一、命题依据与测评目标

（一）课程标准内容要求

1.10 识别主要植被，说明其与自然环境的关系。

Ⅰ1.5 说明气候对自然地理景观形成的影响。

Ⅰ1.9 结合实例，分析自然环境的整体性和地域分异规律。

★举例说明气候对生产和生活的影响。

★用事例说明四大地理单元自然地理环境对生产、生活的影响。

★举例说明区域内自然地理要素的相互作用和相互影响。

★以某区域为例，说明我国西部开发的地理条件以及保护生态环境的重要性。

（二）地理学科核心素养测评主要目标

1. 地图、地形剖面图的判读。
2. 不同地形部位环境特征比较认知。
3. 植被空间分异成因多要素综合分析。
4. 自然环境整体观与差异观。

二、问题情境

（一）高考试题情境

此题以黄土高原地区陕北延安至榆林间的黄土丘陵沟壑地貌为

素材，要求学生分析自然植被空间分异的原因，重点考查对地理要素综合，以及地理要素相互作用、相互影响的分析能力。

（二）教材问题情境

人教版教材指出，不同地域，自然环境特征存在差异。地域特征的形成是地域外部条件与内部物质、能量运动的结果。地域外部条件包括太阳辐射量、距海远近等，常常影响自然环境要素间物质、能量的交换。同纬度地区，自沿海到内陆，由湿润趋向干旱。在沿海地区，太阳辐射较多地用于蒸发，水循环强烈；在大陆内部，太阳辐射更多地转化为风能。因此，沿海地区与内陆地区自然环境要素间物质交换存在差异，自然环境演化过程也不相同，从而形成湿润区和干旱区不同的景观。同样，低纬地区与高纬地区吸收的太阳辐射量不同，使得水循环、生物循环等物质迁移的数量存在差异，从而形成热带与寒带不同的景观。

中图版教材说明自然环境的差异性体现在不同的空间尺度上，即规模的大小差异，山和谷的差异、山体阴坡和阳坡的差异都属于较小尺度的地域差异。在讲述垂直地域分异规律和地方性分异规律时，说明了海拔高度、南北坡的差异，以及山坡、谷地、平原等不同地域环境条件对植被分布的影响。在介绍主要地貌类型时，还对黄土地貌作了专门介绍，讲述了黄土高原水土流失影响人类的生产生活和生存环境，必须对黄土地貌进行治理。也提到近几十年来，随着因地制宜的生态建设、工程措施及农业耕作措施，黄土高原的生态环境已得到极大改善。

沪教版教材指出自然环境的区域差异主要表现为地带性分异规律和非地带性分异规律。垂直地带性分异是随着海拔变化呈带状递变的分异规律，其以热量为基础，降水、土壤、生物等地理要素随高度有规律的变化，自然带景观也相应发生变化。另一方面，由于成因不同，自然环境的非地带性在空间上表现出不同特征。有地形起伏改变自然带分布，如南美洲安第斯山脉南段东侧的巴塔哥尼亚高原，因受地形影响，处于西风的背风处，为温带荒漠带；而西侧处于西风带的迎风海岸，为温带落叶阔叶林带。

鲁教版教材在地表环境的地域差异章节中，描述地表环境的地域差异，主要表现在地表环境各组成要素及其组合上的差异。不同地域由于所处纬度位置和海陆位置不同，水热状况及其组合不同，形成了不同的代表性植被和土壤，并在地球上呈带状分布，构成自然带。由于自然植被能明显地体现自然环境的特征，所以自然带往往以植被类型命名。地表环境的地域差异有章可循，这个“章”就是地域分异规律。它体现了气候、植被、土壤等地表环境要素在空间分布上的规律性，主要包括水平地域分异规律和垂直地域分异规律。

湘教版教材分析地方性分异常常表现出有序性和重复性的规律。地方性分异还发生在更小的尺度上，如坡麓、坡面、坡顶的地貌部位差别是最重要的小尺度地域分异。岩性和土质的差别也是小尺度地域分异的重要原因。由于基岩风化壳直接影响土壤的发育，在相同的地貌部位，岩性的差别可以形成不同的小环境，生长不同的植物种类。如华北的石灰岩山坡，土壤呈碱性，多生长柏树；花岗岩风化的山坡，土壤呈酸性，多生长油松。认识自然环境的差异性，掌握地域分异规律，具有重要的实践意义。根据自然地理条件和地方分异状况，因地制宜部署农业生产，明确土地利用方式，确定农作物种植种类，确保农业生产顺利进行以及生态环境的良性循环，避免土地退化和环境恶化。

（三）问题式教学问题情境

综上所述，教材中的问题情境与高考试题情境基本一致，通过现实中的自然带分异案例，引导学生理解自然环境整体性和差异性，同时结合区域认知和人地协调观，学会分析如何利用不同自然地理条件和分异状况，因地制宜地进行自然资源的开发，实现生态与生产良性互动。

三、思维路径与结构

（一）思维路径

基于上述深度分析，本试题地理学科核心素养测评的思维路径如下图所示。

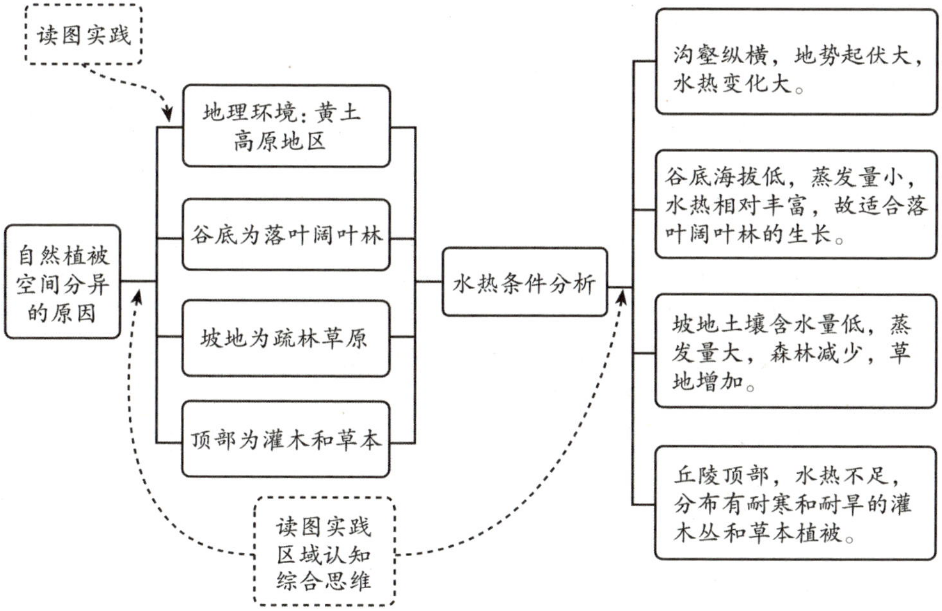

由上图可见，该试题全面考查了地理学科核心素养。以区域认知和人地协调观统领地理学科核心素养测评，考查对地形图和自然植被分布的典型剖面示意图的解读能力，以及对自然分异规律的掌握。以各级水平的综合思维开展地理学科核心素养测评，从影响自然分异规律的地形、土壤、降水等多要素综合，到不同空间不同条件影响因素的变迁过程的时空综合，最终到黄土高原区域地理环境、气候特征分析的地方综合，实现综合思维素养进阶测评。

（二）思维结构

依据考生对地理学科核心素养测评的反应，反映出思维结构和学业质量水平如下表所示。

学生测评反应	思维结构	学业质量水平
从坡顶到山谷的水热变化大。	单点结构	水平 1
谷地蒸发量小，土壤肥沃；坡顶水热条件差。	多点结构	水平 2
谷地蒸发量小，土壤肥沃；坡面水土流失，条件稍差；坡顶水热条件最差。	关联结构	水平 3
该地位于黄土高原地区，沟壑纵横，地势起伏大，水热变化大；谷地蒸发量小，土壤含水率高，土壤肥沃，以落叶阔叶林为主；坡面坡度大，水土流失严重，蒸发量大，植被以疏林草原为主；坡顶海拔高，水热条件差，植被以低矮的灌木丛和草本植被为主。	拓展抽象结构	水平 4

从上表可见，该试题地理学科核心素养测评水平 1 表明：读图实践和区域认知的能力薄弱，综合思维限于单点结构，人地协调观不足以应用于实践。该试题地理学科核心素养测评水平 2 表明：具有一定程度的读图实践和区域认知能力，综合思维扩展到多要素综

合，人地协调观具备一定认知。该试题地理学科核心素养测评水平 3 表明：读图实践和区域认知比较翔实，综合思维扩展到时空综合，人地协调观可用于实际分析。该试题地理学科核心素养测评水平 4 表明：读图实践和区域认知规律化，综合思维进阶到地方综合，人地协调观较完善。

设问：（2）说明该区坡面林地土壤干燥化过程。（9 分）

【评分参考】

退耕还林还草导致该地植被覆盖率增加，森林大量吸取地下水，导致地下水资源短缺；（3 分）坡面含水量下降，林地稀疏，地面接收太阳辐射增多，使蒸发加剧，土壤变干；（3 分）森林退化，含蓄水源能力降低，加剧土壤的干燥化。（3 分）

一、命题依据与测评目标

（一）课程标准内容要求

1.10 识别主要植被，说明其与自然环境的关系。

Ⅰ 1.5 说明气候对自然地理景观形成的影响。

Ⅰ 1.9 结合实例，分析自然环境的整体性和地域分异规律。

★举例说明气候对生产和生活的影响。

★用事例说明四大地理单元自然地理环境对生产、生活的影响。

★举例说明区域内自然地理要素的相互作用和相互影响。

★以某区域为例，说明我国西部开发的地理条件以及保护生态环境的重要性。

（二）地理学科核心素养测评主要目标

1. 地形剖面图的分析。
2. 区域环境特征认知。
3. 地方成土因素综合分析。
4. 自然环境整体观、人地协调观。

二、问题情境

（一）高考试题情境

此题以退耕还林还草工程为背景，从退耕还林还草实施后对自然环境的影响出发，让学生分析坡面林地土壤干燥化过程，重点考查学生从空间和时间维度分析地理事象的发展和演化过程。

（二）教材问题情境

人教版教材中描述，自然环境要素每时每刻都在演化，如地貌的侵蚀变化。在流水侵蚀下，高原的峡谷不断拓宽，高原面萎缩，逐步演化为山地；山地逐步侵蚀为丘陵，进而演化成平原。自然环境的演化，是要素间物质交换的结果，如水与岩石的物质交换导致了流水地貌的演化。一个要素的演化必然伴随着其他各个要素的演化，各个要素的演化是统一的。此外，人类对自然环境的干扰不断增强。通过自然环境要素连锁变化，干扰的后果常常被放大，环境变化也会越来越快。环境的快速变化往往不利于人类的适应。如森林被过度采伐导致东北自然环境的整体变化。森林面积锐减，一方面造成土壤缺乏枯枝落叶的补给，且水土流失加剧，土壤肥力下降；另一方面降低了森林滞留降水的功能，导致降水时易形成洪水，无降水时河流水量锐减甚至断流。水土流失加剧使地面沟谷纵横，土层变薄，岩石裸露，岩石的风化速度加快。

中图版教材指出整体性是自然地理环境的一个重要特征。认识自然地理环境的整体性，对于自然资源的开发利用、自然地理环境变化的预测、自然区划、生态环境保护和区域开发等方面都具有重要意义。因此，在认识、开发和利用自然地理环境时需要以系统、动态和普遍联系的观点进行综合分析。如山地演化为丘陵的过程中，坡面变缓，地表径流减少，水土流失减弱，在成土过程作用下土壤逐渐变厚，植被也更为发育，大气湿度也有所增加。在这一变化过程中，依次出现了不同的自然环境要素组合。

沪教版教材提出，认识自然环境的整体性具有重要的现实意义，它提示人类必须从系统出发，慎重对待自然环境的各个要素，综合利用和保护自然环境。在现实中，有许多忽视自然环境整体性的教训，如在河流上游滥垦坡地，破坏植被，造成水土流失，引发滑坡、泥石流等地质灾害，还导致河流含沙量增加、水库淤积。进而加剧下游的洪涝，往往产生一系列连锁反应，使整个流域生态环境恶化；另一方面，也有一些重视自然环境整体性的经验，如在山区环境建设中，实行“山、水、林、田、湖、草”综合治理方针，封山育林、植树种草，修筑梯田、堤坝，发展节水农业，综合治理，取得了良好的效果。

鲁教版教材阐明，地表环境由地貌、气候、水文、生物和土壤等要素组成。这些要素相互联系、相互影响，构成了一个有机整体。任何一个因素的变化，都可能导致其他因素的变化，并最终会导致地表环境的变化，即“牵一发而动全身”。如气候变干，不仅会导致河流流量减少、植被变稀疏、土壤有机质减少，甚至还会导致风沙地貌的发育，地表环境向着荒漠化方向发展。

湘教版教材分析，人类利用自然资源，其实就是利用自然地理系统中的某些要素，并对自然环境产生影响。某种单项资源，甚至单项资源的某一部分，都与其他自然要素相互联系、相互制约，构成一个整体系统。在资源开发利用的过程中，改变了某种要素，会影响到其他要素甚至自然环境。如改变了植被状况，引起土壤和径流的变化，破坏野生动物的生存环境，对小气候也会产生一定影响。全球森林尤其是热带雨林的减少，是影响全球环境变化的一个重要原因。各地区之间的环境状况是相互影响的。如黄土高原的过度垦殖，不仅使当地生态系统遭到了破坏，农业生产处于低产落后、恶性循环的状况，也使黄河下游地区洪涝、风沙、盐碱等灾害频发。

（三）问题式教学问题情境

综上所述，教材中的问题情境与高考试题情境基本一致，通过不同现实中的地貌案例分析，引导学生理解自然环境整体性，了解人类活动对自然环境的影响，结合区域认知和人地协调观，学会用因地制宜地的发展观分析自然资源开发的合理性。

三、思维路径与结构

（一）思维路径

基于上述深度分析，本试题地理学科核心素养测评的思维路径如下图所示。

由下图可见，该试题全面考查了地理学科核心素养。以区域认知和人地协调观统领地理学科核心素养测评，考查学生对坡面土地干燥化过程的推导能力，以及对自然环境整体性的理解。以各级水平的综合思维开展地理学科核心素养测评，从影响土壤的植被、地形、气候、降水等多要素综合，到干燥化过程的时空综合，最终到黄土高原区域地理环境、气候特征分析的地方综合，实现综合思维素养进阶测评。

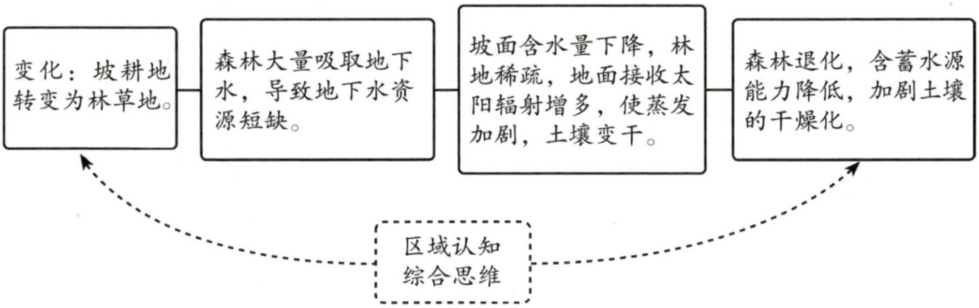

（二）思维结构

依据考生对地理学科核心素养测评的反应，反映出思维结构和学业质量水平如下表所示。

学生测评反应	思维结构	学业质量水平
坡面保水能力弱。	单点结构	水平 1
森林大量吸取地下水，导致地下水资源短缺。	多点结构	水平 2
森林大量吸取地下水，导致地下水资源短缺；坡面含水量下降，林地稀疏，地面接收太阳辐射增多，使蒸发加剧，土壤变干。	关联结构	水平 3
退耕还林还草导致该地植被覆盖率增加，森林大量吸取地下水，导致地下水资源短缺；坡面含水量下降，林地稀疏，地面接收太阳辐射增多，使蒸发加剧，土壤变干，森林退化，含蓄水源能力降低，加剧土壤的干燥化。	拓展抽象结构	水平 4

从上表可见，该试题地理学科核心素养测评水平 1 表明：区域认知的能力薄弱，综合思维限于单点结构，人地协调观不足以应用于实践。该试题地理学科核心素养测评水平 2 表明：具有一定程度的区域认知，综合思维扩展到多要素综合，具备一定人地协调观。该试题地理学科核心素养测评水平 3 表明：区域认知比较翔实，综合思维扩展到时空综合，人地协调观可用于实际分析。该试题地理学科核心素养测评水平 4 表明：区域认知规律化，综合思维进阶到地方综合，人地协调观较完善。

设问：（3）提出该区植被合理配置的原则与途径。（4 分）

【评分参考】

植被合理配置应符合因地制宜的原则；（1 分）根据水土资源分布的差异，谷底水土资源丰富以林地为主；（1 分）山坡蒸发量大，水土流失严重，应以耐旱的草本植物为主；（1 分）山顶水热较为缺乏，应以耐寒、耐旱的草本和灌木为主。（1 分）

一、命题依据与测评目标

（一）课程标准内容要求

1.10 识别主要植被，说明其与自然环境的关系。

Ⅰ1.5 说明气候对自然地理景观形成的影响。

Ⅰ1.9 结合实例，分析自然环境的整体性和地域分异规律。

★举例说明气候对生产和生活的影响。

★用事例说明四大地理单元自然地理环境对生产、生活的影响。

★举例说明区域内自然地理要素的相互作用和相互影响。

★以某区域为例，说明我国西部开发的地理条件以及保护生态环境的重要性。

（二）地理学科核心素养测评主要目标

1. 地形剖面图的分析。
2. 区域生态建设决策认知。
3. 地方植被环境优化成因综合分析。
4. 因地制宜观。

二、问题情境

（一）高考试题情境

此题以退耕还林还草工程为背景，点出坡面林地土壤干燥化趋势，引出设问，要求学生思考植被应如何进行合理配置。这是对退耕还林具体事件相关问题的探究。陕西退耕还林的实践证明：退耕还林表面上看是生态问题，实际上是利益问题，根本上是经济问题。将陡坡耕地和严重沙化耕地退耕还林，不仅能进一步遏制水土流失和风沙危害，改善生态环境，同时通过加强基本口粮田建设、农村能源建设、生态移民和后续产业发展等措施，扩大林业经济产业，带动农民增收致富，推动区域经济社会的协调发展。

（二）教材问题情境

人教版教材在自然环境的地域差异性章节，特别安排了一个拓展专题，即让学生探究“如何看待我国西北地区城市引进欧洲冷季型草坪”。从背景来看，为了绿化城市、改善生态环境，我国北方地区一些城市从欧洲引进了冷季型草坪。西北地区的一些城市也引进了这种草坪。但西北地区城市从欧洲引进冷季型草坪是否合适，需要学生自己去收集资料，了解欧洲冷季型草坪在改善欧洲城市生态环境中的作用。对比欧洲西部和中国西北地区城市的气候差异，设想在西北地区城市大量铺设欧洲冷季型草坪可能产生的问题，提出看法和建议。

中图版教材指出，地域分异规律是客观存在的，是认识地表自然地理环境特征的重要途径。掌握地域分异规律具有重要的实践意义。如可以合理安排农业生产的布局。农业生产的对象为动物和植物，动植物的生长、繁殖离不开气候、水、土壤等自然条件。这些自然条件在时间和空间上的不同组合将会影响到动植物的地域性差异，因此，必须因地制宜地安排农业生产，才能取得持续的经济效益和生态效益。教材还对不同植被的适宜生长环境特征进行了较全面的解析。一般而言，气温越高、降水量越多的地方，植被高度越大，植物种的数量越多，垂直结构越丰富。天然植被一般按类型有规律地分布在适宜其生长的地方，并具有适应当地环境的特征。

沪教版教材在介绍自然环境的垂直地带性分异时，指出其是自然环境及其组成要素具有随海拔变化呈带状递变的分异规律。垂直地带性以热量为基础，降水、土壤、生物等地理要素随高度有规律地变化，自然带景观也相应发生变化。一般情况下，纬度越低、相对高度越高的山地，其自然景观垂直变化层次越多。如位于赤道附近的非洲乞力马扎罗山海拔 5 895 米，从山麓的热带稀树草原，到常绿阔叶林、高山森林草原、高寒荒漠，到山顶积雪冰川，呈现出多个景观带变化。反之，纬度越高、相对高度越低的山地，其自然景观垂直变化层次越少。极地的山地从山麓到山顶都是单一的积雪冰川景观。

鲁教版教材指明，地貌、气候、水文、生物和土壤等要素相互联系、相互影响，构成了一个有机整体。如地貌会对气候、水文、生物和土壤产生影响，高原、平原、山地、盆地等不同的地貌单元往往对应不同的气候、水文、生物和土壤。气候会对地貌、水文、生物和土壤发生作用，湿润区、干旱区、温暖区、寒冷区等不同的气候区往往对应各自不同的水文、生物和土壤以及不同成因的地貌类型。当然，水文、生物和土壤的变化也会对地貌和气候产生一定影响。

湘教版教材以华北平原自然分异为例，说明不同的气候、水文、土壤等因素对植被分布造成的影响。华北平原的地形分异，从滨海到山麓依次为：滨海平原、冲积平原、洪积—冲积平原，其间还有两个过渡性洼地区。各部分的地表组成物质、地表水系、地下水位和矿化度、排水条件、土壤肥力、植被覆盖和土地利用等，都表现出明显的地域差异。在山区，气温和降水随着海拔的增加而发生变化，从而形成了不同的植被、土壤和动物组合类型。造成这种分异的主要原因是热量状况、水分条件及其组合的垂直变化。

（三）问题式教学问题情境

综上所述，教材中的问题情境与高考试题情境基本一致，通过不同植被分布自然环境差异以及自然环境分异规律的学习，针对具体现实中的自然资源利用或生产生活应用，引导学生理解自然环境的整体性和差异性，学会用因地制宜的发展观念合理开发自然资源。

三、思维路径与结构

（一）思维路径

基于上述深度分析，本试题地理学科核心素养测评的思维路径如下图所示。

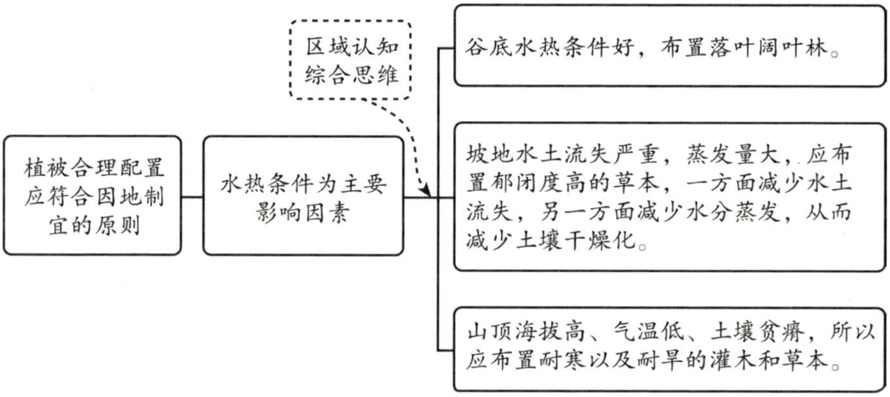

由上图可见，该试题全面考查了地理学科核心素养。以区域认知和人地协调观统领地理学科核心素养测评，考查学生对坡面土地干燥化的植被配置的选择，从而体现学生对自然环境整体性和差异性的理解。以各级水平的综合思维开展地理学科核心素养测评，从影响植被的土壤、地形、气候、降水等多要素综合，到不同地理位置植被选择的时空综合，最终到黄土高原区域地理环境、气候特征分析的地方综合，实现综合思维素养进阶测评。

（二）思维结构

依据考生对地理学科核心素养测评的反应，反映出思维结构和学业质量水平如下表所示。

学生测评反应	思维结构	学业质量水平
应符合因地制宜的原则。	单点结构	水平 1
应符合因地制宜的原则，谷底水土资源丰富以林地为主，山上以草本为主。	多点结构	水平 2
应符合因地制宜的原则。根据水土资源分布的差异，谷底水土资源丰富以林地为主；山坡以耐旱的草本植物为主；山顶应以耐寒、耐旱的草本和灌木为主。	关联结构	水平 3
植被合理配置应符合因地制宜的原则。根据水土资源分布的差异，谷底水土资源丰富以林地为主；山坡蒸发量大，水土流失严重，应以耐旱的草本植物为主；山顶水热较为缺乏，应以耐寒、耐旱的草本和灌木为主。	拓展抽象结构	水平 4

从上表可见，该试题地理学科核心素养测评水平 1 表明：读图实践和区域认知的能力薄弱，综合思维限于单点结构，人地协调观不足以应用于实践。该试题地理学科核心素养测评水平 2 表明：具有一定程度的读图实践和区域认知能力，综合思维扩展到多要素综合，具备一定人地协调观。该试题地理学科核心素养测评水平 3 表明：读图实践和区域认知比较翔实，综合思维扩展到时空综合，人地协调观可用于实际分析。该试题地理学科核心素养测评水平 4 表明：读图实践和区域认知规律化，综合思维进阶到地方综合，人地协调观较完善。

案例 2　2019 年全国Ⅲ卷地理试题第 43 题

阅读材料，完成下列要求。

农用大棚长期处于封闭或半封闭状态。随着使用年限增长，我国北方不少大棚内土壤次生盐渍化逐渐显现，影响作物产量和品质。究其原因主要有：灌溉水含盐量高；过量施用化肥；等等。

设问：提出治理大棚土壤次生盐渍化的合理建议。（10 分）

【评分参考】

减少化肥施用量、增施有机肥；（3 分）利用淡水灌溉淋溶（洗）；（3 分）夏季时去掉棚膜，利用雨水淋溶（洗）；（2 分）客土置换。（2 分）（4 项以上得 10 分）

一、命题依据与测评目标

（一）课程标准内容要求

1.9 说明土壤的主要形成因素。

Ⅰ2.6 以某生态脆弱区为例，说明该类地区存在的环境与发展问题，以及综合治理措施。

Ⅱ4.10 解释土壤污染的形成机理，说明常见的土壤污染类型。

Ⅱ4.11 学会土壤采集方法和方案设计，了解土壤污染的检测方法，以及常见污染土壤的修复方法和技术。

★举例说出某国家在自然资源开发和环境保护方面的经验、教训。

（二）地理学科核心素养测评主要目标

1. 地方成土因素认知。

2. 地方土壤修复综合考虑。

3. 人地协调观。

二、问题情境

（一）高考试题情境

此题以大棚土壤次生盐渍化这一现实中的地理事象，考查学生对土壤污染及解决方法等相关知识的掌握与运用，并用开放式的问题，让学生通过自己的角度分析，综合提出解决方案。通过对农用大棚土壤次生盐渍化问题解决方案的探讨，让学生意识到，不能片面追求经济发展，人类活动与地理环境必须协调发展。试题启发学生在劳动实践中主动运用创造性思维，帮助学生内化劳动认知、增强劳动感悟、形成劳动习惯，体现学以致用。

（二）教材问题情境

人教版教材以我国黄淮海平原盐碱地的综合治理的现实案例创设问题情境，探讨土壤的功能及其养护。有些土壤，不适于种植农作物，或者种植农作物产量较低，不能满足耕作的需要，人们就会设法对其进行改良或改造。如亚马孙河流域人们利用生物炭改良土壤。我国人民在改良土壤方面也积累了丰富的经验，山东禹城北丘洼曾经是土壤盐碱化严重的地区，盐碱化土壤占耕地总面积的91%，中国科学院地理科学与资源研究所在此建立综合试验站，对盐碱地进行综合治理，实现粮食高产。调节和控制水盐运动的方法包括：引淡水灌溉，降低作物土壤根区含盐量；井灌井排，抽取盐水补充淡水；选择适当覆盖物，抑制蒸发返盐；营造防护林带，果、棉间作等，巩固水盐调节效果。

中图版教材指出，人类活动也是重要的成土因素之一。人类活动可以通过改变某一种成土因素或各因素间的关系，来改变和控制土壤发育和演化的方向。如用人工栽培作物或人工植物取代原有的自然植被，会直接或间接地影响土壤生物循环的方向和强度；耕作、施肥、施石灰等农业措施，直接影响土壤的组成、性状和发育过程。人类活动对土壤的形成和发育的影响是双向的，既可通过合理利用土壤使之向良性循环的方向发展，也可因不合理利用引起土壤退化，如土壤侵蚀、沙化、荒漠化、次生盐渍化和土壤污染等。土壤的形成并非受单一要素影响，而是各要素间相互影响、相互制约、共同作用的结果。

沪教版教材在土壤章节中也提到，人类活动也会影响土壤的形成和发育。随着人类干扰强度的增加，土壤原来的基础性状发生改变，可能产生新的土壤类型（如水稻土）。人类活动对土壤造成的影响有时是有益的，如在盐渍化土壤区，通过深沟排水，降低地下水位，引淡水洗盐，改良土壤；有时则是有害的，甚至是灾难性的，如农业生产中大量施用农药，工业污水不经处理直接用于农田灌溉，造成土壤中有毒物质的残留，影响农作物生长和人类身体健康。

鲁教版教材也阐明，除自然因素外，人类活动对土壤的形成也产生了不可忽视的影响。人类的耕作活动，将自然土壤改造成各种耕作土壤（如水稻土），可以改善土壤的结构与性状，提高土壤的生产能力。当然，一些违反自然成土过程的人类活动，则会破坏土壤结构，造成土壤退化、肥力下降。如不合理灌溉导致土地盐碱化，大量施用化肥导致土壤板结。

湘教版教材指出，土壤和人类的关系十分密切，因为人类生存必须发展农业，以取得食物。人类种植农作物是以土壤为物质基础的；人类饲养动物，也主要以植物为饲料。可见，土壤不仅是自然环境的重要组成部分，也是人类可以利用的珍贵的自然资源，土壤功能的可持续性与农业乃至人类社会的可持续发展息息相关。因此，合理利用和保护土壤资源，对人类的生存和发展至关重要。耕作土壤的耕作层厚度一般为 15~30 厘米，尤其需要人类呵护。即使是优良的土壤，人们也会注重种养结合，以保持土壤持续提供高效肥力的能力。这方面常用的方法有休耕、种植绿肥、作物轮作、广施农家肥等。

（三）问题式教学问题情境

综上所述，教材中的问题情境与高考试题情境基本一致，从人类活动对成土的影响，到土壤改良的一些方法，以及人类活动与自然环境协调发展的理念，不断增加学生的人地协调观。

三、思维路径与结构

（一）思维路径

基于上述深度分析，本试题地理学科核心素养测评的思维路径如下图所示。

由下图可见，该试题全面考查了地理学科核心素养。以区域认知和人地协调观统领地理学科核心素养测评，考查学生对人类活动与土壤形成之间关系的认知，以及将因地制宜和人地协调观应用于现实生活具体地理事象分析的能力。以各级水平的综合思维开展地理学科核心素养测评，从减少盐分输入和加快排出等两要素综合，到不同方法、形式和过程理解的时空综合，最终到大棚特点和所在地区地理环境、气候特征分析的地方综合，实现综合思维素养进阶测评。

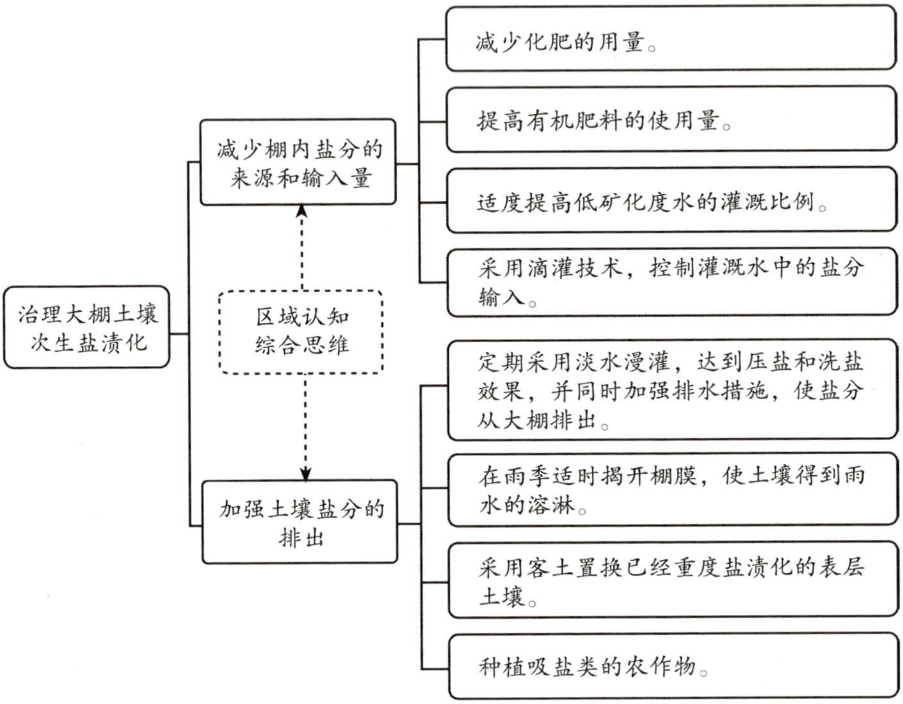

（二）思维结构

依据考生对地理学科核心素养测评的反应，反映出思维结构和学业质量水平如下表所示。

学生测评反应	思维结构	学业质量水平
减少化肥施用量。	单点结构	水平 1
减少化肥施用量；利用淡水灌溉淋溶。	多点结构	水平 2
减少化肥施用量；利用淡水灌溉淋溶；客土置换。	关联结构	水平 3

续表

学生测评反应	思维结构	学业质量水平
减少化肥施用量、增施有机肥；利用淡水灌溉淋溶（洗）；夏季时去掉棚膜，利用雨水淋溶（洗）；客土置换。	拓展抽象结构	水平 4

从上表可见，该试题地理学科核心素养测评水平 1 表明：区域认知的能力薄弱，综合思维限于单点结构，人地协调观不足以应用于实践。该试题地理学科核心素养测评水平 2 表明：具有一定程度的区域认知，综合思维扩展到多要素综合，具备一定人地协调观。该试题地理学科核心素养测评水平 3 表明：区域认知比较翔实，综合思维扩展到时空综合，人地协调观可用于实际分析。该试题地理学科核心素养测评水平 4 表明：区域认知规律化，综合思维进阶到地方综合，人地协调观较完善。

第五节　自然灾害与防治高考试题案例分析

案例 1　2016 年全国Ⅱ卷地理试题第 43 题

阅读图文材料，完成下列要求。

江苏省里下河地区总面积 1.35 万平方千米，平均海拔 2 ~ 3 米。其东面的通榆运河比里下河地区高 1 ~ 2 米，北面的黄河故道比里下河地区高 5 米，南面是新通扬运河和沿江高沙地，西面是高耸的京杭运河大堤，因此里下河地区易发洪涝灾害。下图示意里下河地区位置和河网分布。

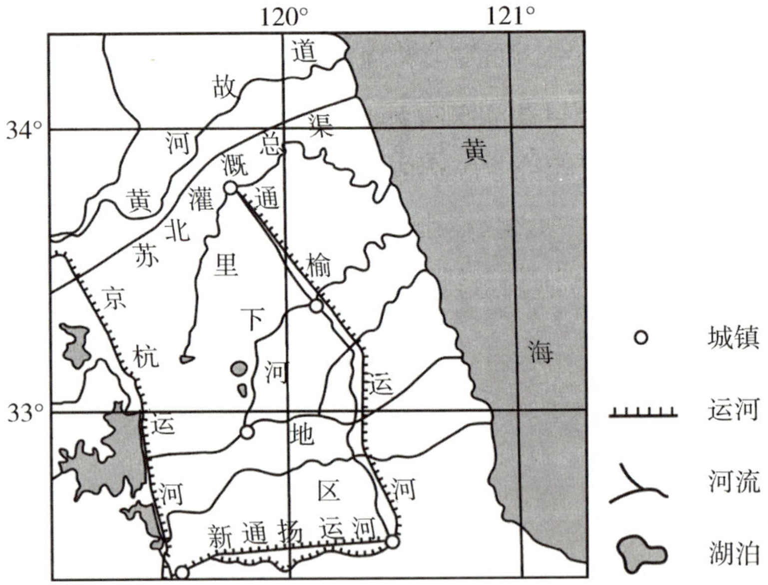

设问：提出里下河地区防治洪涝灾害的措施。（10分）

【评分参考】

开挖入海新河，改造河网，分散水流；建设水利枢纽工程，洪涝期间排水；修筑蓄洪（水库），加强湖泊对洪水的调节能力；退耕还湖；加强预报监测；加强宣传教育，提高防灾、减灾意识。（10分）

一、命题依据与测评目标

（一）课程标准内容要求

1.11 运用资料，说明常见自然灾害的成因，了解避灾、防灾的措施。

Ⅱ3.3 分析台风、寒潮、干旱、洪涝、风暴潮等气象灾害的成因与危害。

Ⅱ3.5 举例说明人类活动对自然灾害的影响。

★结合实例，说明我国自然灾害多发区的环境特点。

★运用地图和资料，说出长江、黄河的主要水文特征以及对社会经济发展的影响。

★了解我国是一个自然灾害频繁发生的国家。

★根据资料，分析某区域内存在的自然灾害与环境问题，了解区域环境保护与资源开发利用的成功经验。

（二）地理学科核心素养测评主要目标

1. 地图分析。
2. 流域水文特征认知。
3. 流域整治多举措综合分析。
4. 人地协调观。

二、问题情境

（一）高考试题情境

此题以江苏省里下河地区的地理环境特点为材料，考查该地区洪涝灾害易发的原因以及防治洪灾的措施。试题给出该地区的地形示意图，学生需要在所处地理区位的大背景下，综合所学的地形地貌、气候、水文、灾害防治等地理知识进行分析，从而体现对学生综合思维、区域认知和地理实践力的考查。经过多年治理，试题中提及的里下河腹部地区现已初步形成了“上抽、中滞、下排”的防洪排涝工程体系。上抽，是指结合引水工程，兴建江都水利枢纽、高港枢纽、宝应抽水站、大套抽水站以及通榆河沿线的贲家集、富安、安丰、东台等抽水站，在洪涝期间可帮助里下河腹部地区排涝。中滞，是指通过里下河腹部地区湖荡进行滞涝，湖荡滩地是里下河腹部地区天然的涝水承泄库。下排，是指里下河腹部地区涝水通过四个港闸门下排入海。

（二）教材问题情境

人教版教材在教学情境中，介绍了很多关于我国洪涝灾害的相关知识和相关情境。如我国洪涝灾害的分布，总体而言是东部多，西部少；沿海多，内陆少；平原湖区多，高原山地少；山脉东、南坡多，西、北坡少。我国洪涝最严重的地区包括东南沿海（多洪涝区）、长江中下游（湘赣地区）、淮河中下游、海河中下游。我国东部季风区，降水的年际变化大，且季节分配很不均匀。关于洪涝灾害的形成原因有很多，主要的原因包括：降水量大（气候异常导致长时间暴雨或短时间大暴雨）；上游地区植被破坏，涵养水源能力减弱，水土流失严重；中下游地区泥沙淤积、河床抬高、河流排水不畅；中下游地区围湖造田，湖泊调蓄洪水能力减小；地势低洼，排水不畅，雨季积水严重；河岸开发，水面养殖，排水不畅。

中图版教材说明气象灾害是因天气或气候异常而引起的灾害。主要的气象灾害有洪涝灾害、旱灾、台风、寒潮和暴风雪等。洪涝灾害即洪灾和涝灾。洪灾指因大雨或融雪引发水流泛滥所造成的灾害。涝灾包括涝害和内涝，涝害指因降水过多而淹没农田，造成农作物减产甚至绝收的灾害；内涝指由于雨量过多，地势低洼，积水不能及时排除而造成的灾害。洪涝灾害是一种常见的自然灾害，具有危害面积广、损失重的特点。凌汛、海啸和风暴潮等，有时也会引发洪涝灾害。在洪水多发区，需要做好防洪准备。首先要以防灾标准进行基础设施建设，如把房屋建在高处、修建防护堤、疏通水道等。此外，洪水多发区的人们还应该做以下三方面的准备：一是关注天气预报；二是注意自身技能的培训，如练习划船、游泳、人工呼吸等；三是熟悉逃生线路，储备逃生物资。

沪教版教材指出，人类对生态的破坏以及不尊重自然规律的活动也会在一定程度上诱发或者加剧洪涝灾害。如毁林开荒不仅会导致雨水的地面下渗减少，增加洪水形成的概率，而且还会造成水土流失、堵塞河道、减小湖泊及水库容量，从而加剧灾害程度。围湖造田会直接降低湖泊调节洪水的能力。此外，过度抽取地下水引发地面下沉、全球变暖导致海面上升，都会使得排洪不畅，加重洪涝灾害。如果城市排水系统的建设跟不上人口集聚与城市化的速度，也会加大城市洪涝灾害发生的可能性。

鲁教版教材介绍，河湖水位超过滩地或堤坝高度而发生溢流现象或堤坝溃决导致水流下泻称为洪水。若洪水冲毁道路、房屋、农田等，就会形成洪灾。若洪水或者雨水集聚，淹没城市或者乡村，就会形成涝灾。洪涝灾害是洪灾和涝灾的总称。洪水的发生是多种自然和人为因素共同作用的结果。一般来说，暴雨冰雪快速融化、河道堰塞、海啸、风暴潮等都可能导致洪水。涝灾的形成还与地势高低有关，通常洪水发生后在地势相对低洼的地方会产生涝灾。政府主导的防洪减灾措施主要分为工程措施与非工程措施。工程措施主要包括：兴建水库，退耕还湖，提高对洪水的调蓄能力；修筑堤坝，防止洪水漫溢；疏浚河道，加快泄洪速度；开辟分洪区，开挖分洪道，降低洪水水位；等等。非工程措施主要包括：增强人们对洪水灾害的认识，提高人们防洪减灾的意识；严格控制乱砍滥伐，逐步提高森林覆盖率，减少水土流失；建立统一的防洪减灾管理体制和抗洪抢险指挥管理系统；组织灾前水利建设与防洪减灾科技研究；等等。

湘教版教材阐明，洪涝灾害是我国发生频次高、危害范围广、造成损失最严重的自然灾害之一。我国每年都有不同程度的洪涝灾害发生，并且伴随着人口的增长、经济的发展和社会财富的增加，洪涝灾害造成的损失不断增大。从气候因素看，洪涝灾害集中分布在中低纬度地区，主要是季风气候区、亚热带湿润气候区和温带海洋气候区。从地形因素看，洪涝灾害多发生在江河的两岸，特别是河流的中下游和地势低洼的地区。

（三）问题式教学问题情境

综上所述，教材中的问题情境与高考试题情境基本一致，教材从现实的自然灾害案例出发，介绍灾害形成的原因以及地理分布情况，并就不同灾害提出相应的避防措施或建议，不仅让学生了解人类活动与自然灾害的关系，还教导学生在灾害来临时，如何自救，如何救灾，培养人地协调观和地理实践力。

三、思维路径与结构

（一）思维路径

基于上述深度分析，本试题地理学科核心素养测评的思维路径如下图所示。

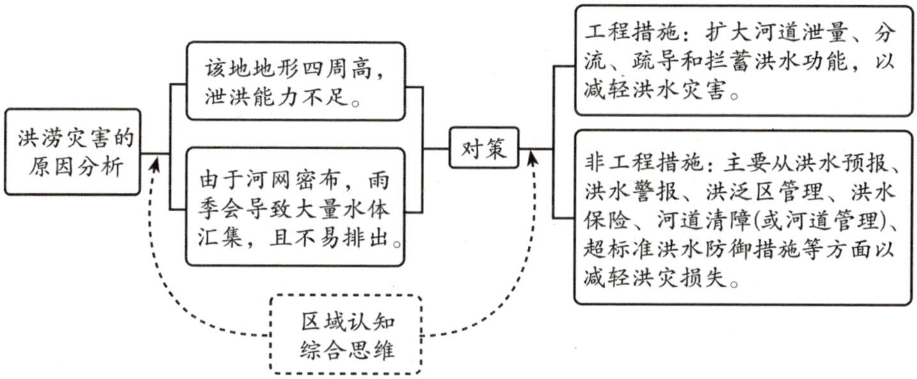

由上图可见，该试题全面考查了地理学科核心素养。以区域认知和人地协调观统领地理学科核心素养测评，考查学生对自然灾害形成及避防的认知。以各级水平的综合思维开展地理学科核心素养测评，从工程措施和非工程措施的两要素综合，到原因分析—对策分析过程的时空综合，最终到所在地区地理环境、气候特征分析的地方综合，实现综合思维素养进阶测评。

（二）思维结构

依据考生对地理学科核心素养测评的反应，反映出思维结构和学业质量水平如下表所示。

学生测评反应	思维结构	学业质量水平
建设水利枢纽工程，加强排水。	单点结构	水平 1
开挖入海新河，改造河网，建设水利枢纽工程，洪涝期间排水。	多点结构	水平 2
改造河网，分散水流；建设水利枢纽工程，洪涝期间排水；修筑蓄洪（水库）。	关联结构	水平 3
开挖入海新河，改造河网，分散水流；建设水利枢纽工程，洪涝期间排水；修筑蓄洪（水库），加强湖泊对洪水的调节能力；退耕还湖；加强预报监测；加强宣传教育，提高防灾、减灾意识。	拓展抽象结构	水平 4

从上表可见，该试题地理学科核心素养测评水平 1 表明：读图实践和区域认知的能力薄弱，综合思维限于单点结构，人地协调观不足以应用于实践。该试题地理学科核心素养测评水平 2 表明：具有一定程度的读图实践和区域认知能力，综合思维扩展到多要素综合，具备一定人地协调观。该试题地理学科核心素养测评水平 3 表明：读图实践和区域认知比较翔实，综合思维扩展到时空综合，人地协调观可用于实际分析。该试题地理学科核心素养测评水平 4 表明：读图实践和区域认知规律化，综合思维进阶到地方综合，人地协调观较完善。

案例2　2018年全国Ⅱ卷地理试题第37题

阅读图文材料，完成下列要求。

龙卷风是大气中强烈的涡旋现象。湿热气团强烈抬升，产生了携带正电荷的云团。一旦正电荷在云团局部大量积聚，吸引携带负电荷的地面大气急速上升，在地面就形成小范围的超强低气压，带动汇聚的气流高速旋转，形成龙卷风。下图示意美国本土龙卷风发生频次的分布。在美国龙卷风多发区，活跃着“追风人”，他们寻找、追逐、拍摄龙卷风，为人们提供龙卷风的相关信息。

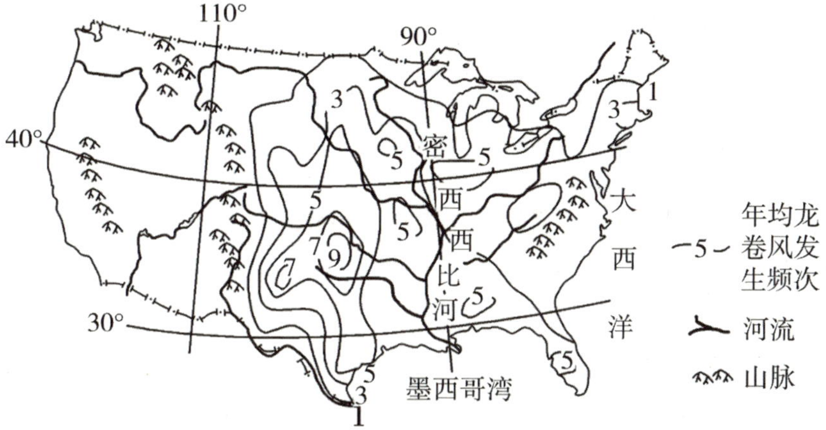

设问：（1）读图，指出龙卷风多发区湿热气团的主要源地、抬升的原因，以及气流发生旋转的原因。（8分）

【评分参考】

主要源地：墨西哥湾。（1分）

抬升原因：与北来的冷干气流（气团）交汇，湿热空气抬升；（2分）（地处中低纬，太阳辐射较强）下垫面温度较高，（湿热）空

气受热抬升；（2分）湿热空气抬升过程中，水汽凝结，释放热量，加热并进一步抬升空气。（2分）

旋转原因：地转偏向力的作用。（1分）

一、命题依据与测评目标

（一）课程标准内容要求

Ⅰ1.4 运用示意图，分析锋、低压（气旋）、高压（反气旋）等天气系统，并运用简易天气图，解释常见天气现象的成因。

Ⅱ3.3 分析台风、寒潮、干旱、洪涝、风暴潮等气象灾害的成因与危害。

★根据资料，分析某区域内存在的自然灾害与环境问题，了解区域环境保护与资源开发利用的成功经验。

★运用地形图和地形剖面图，归纳某地区地势及地形特点，解释地形与当地人类活动的关系。

（二）地理学科核心素养测评主要目标

1. 等频次线图分析。
2. 区域环境特征认知。
3. 地方天气成因综合分析。
4. 自然环境物质运动观。

二、问题情境

（一）高考试题情境

此题以美国龙卷风多发区域为背景，通过龙卷风发生频次分布示意图，考查学生对龙卷风形成条件、多发原因的分析。自然地理的综合性表现在自然要素的相互作用上。为了考查学生地理学科的综合分析素养，本题设计了自然要素的相互作用分析，主要为地貌对龙卷风形成条件的影响；同样，为了考查学生区域认知素养，本题设计了区域相互作用分析，分析墨西哥湾对龙卷风形成的影响。龙卷风是静电引起的地面低气压，这与气旋（包括台风）不同，但低压引起的旋转原理则是一致的。这也告诉学生，在地理学习的过程中，要时刻注意区分尺度。

（二）教材问题情境

人教版教材以台风的形成为案例进行分析。在等压线分布图上，凡等压线闭合，中心气压低于四周气压的区域，叫作低气压，简称低压。在水平气压梯度力的作用下，低压的气流由四周向中心流动。受地转偏向力影响，低压的气流在北半球向右偏转，按逆时针方向流动；在南半球向左偏转，按顺时针方向流动。大气的这种流动，很像江河中的漩涡，所以低压又叫气旋。低压中心形成上升气流。空气在上升过程中，温度降低，其中所含的水汽凝结成云和雨。因此，一个地方受低压控制时，常出现阴雨天气。

中图版教材在教学中引导学生通过天气图来判断天气。在天气图中，能够根据等压线的分布判断出不同的天气系统，以及天气系统中的气流状况，并由此判断气温和降水的分布状况。通常，高气压控制区域多为晴朗干燥的天气。由于高压控制区域，空气下沉，温度升高，水汽不易凝结，多干燥、晴朗天气。一般而言，低压控制的区域多为阴雨天气。此外，等压线分布密集的地区，气压梯度力较大，风速较大；等压线分布稀疏的地区，气压梯度力较小，风力较小。

沪教版教材在教学情境中描述，在大气圈中高低压的强弱及其控制范围的大小、持续时间的长短和移动路径的不同，都可能引起降水、气温等天气要素的频繁波动，产生突变，从而诱发热带气旋、干旱和寒潮等自然灾害。如热带气旋是发生在热带或副热带的深厚的低气压涡旋。西北太平洋海域上空是世界上热带气旋最多的地方，因为那里有广阔的暖洋面，海水通过蒸发，能向大气提供充足的水汽；还有下热上冷的不稳定大气层结，促使空气上升及水汽凝结致雨。

鲁教版教材介绍气旋、反气旋与低压、高压，分别是对同一个天气系统的不同描述。气旋、反气旋是对天气系统气流状况的描述；低压、高压是对天气系统气压状况的描述。由于气旋和反气旋的气压、气流状况存在明显差异，因此其控制地区的天气状况明显不同。低压地区的近地面气流在水平方向上由四周向中心辐合，北半球呈逆时针方向，南半球呈顺时针方向；中心气流则旋转上升，形成气旋。气旋过境时，常常出现阴雨天气。夏秋季节，我国东南沿海地区经常出现的台风，就是热带气旋强烈发展的结果。

湘教版教材在介绍气旋的知识时，指出等压线分布图上，凡等压线闭合，中心气压低于四周气压的区域，叫作低气压。以北半球为例，在水平气压梯度力的作用下，低气压的气流由四周向中心流动；受地转偏向力的影响，低压的气流在北半球向右偏转，按逆时针方向流动，在南半球向左偏转，按顺时针方向流动。实际上，在陆地上空运行的气旋，受到地面起伏等复杂因素的影响，封闭的等压线并不呈现为圆形。在等压线转折比较显著的地方，常形成锋面。也就是说，气旋常常与锋面联系在一起，形成锋面气旋。

（三）问题式教学问题情境

综上所述，教材中的问题情境与高考试题情境基本一致，教材介绍了气旋形成的原因，以及台风等具体灾害天气的成因及影响，其形成原理与龙卷风的形成原理是一致的。通过教学情境中学到的知识迁移，学生可以很快地推导出龙卷风的成因和形成过程的影响因素。

三、思维路径与结构

（一）思维路径

基于上述深度分析，本试题地理学科核心素养测评的思维路径如下图所示。

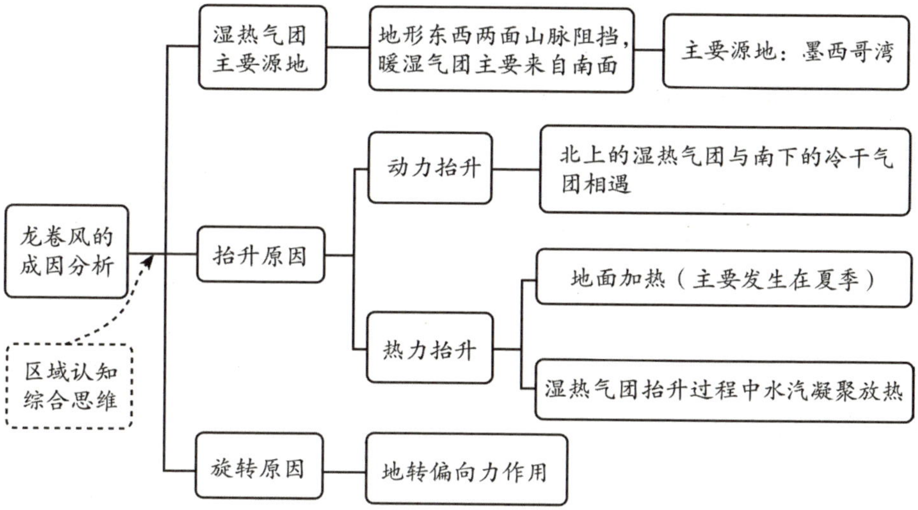

由上图可见，该试题全面考查了地理学科核心素养。以区域认知和人地协调观统领地理学科核心素养测评，考查学生对天气系统

的认知及龙卷风形成过程的分析。以各级水平的综合思维开展地理学科核心素养测评，从抬升原因的动力抬升、热力抬升和湿热气团源地、旋转原因的多要素综合，到原因旋转、抬升过程分析的时空综合，最终到所在地区地理环境、气候特征分析的地方综合，实现综合思维素养进阶测评。

（二）思维结构

依据考生对地理学科核心素养测评的反应，反映出思维结构和学业质量水平如下表所示。

学生测评反应	思维结构	学业质量水平
主要源地：墨西哥湾。 抬升原因：冷暖空气交汇。	单点结构	水平 1
主要源地：墨西哥湾。 抬升原因：冷暖空气交汇，湿热空气抬升过程中，释放热量。 旋转原因：地转偏向力的作用。	多点结构	水平 2
主要源地：墨西哥湾。 抬升原因：与北来的冷干气流（气团）交汇，湿热空气抬升；地处中低纬，太阳辐射较强；湿热空气抬升过程中，释放热量。 旋转原因：地转偏向力的作用。	关联结构	水平 3
主要源地：墨西哥湾。 抬升原因：与北来的冷干气流（气团）交汇，湿热空气抬升；（地处中低纬，太阳辐射较强）下垫面温度较高，（湿热）空气受热抬升；湿热空气抬升过程中，水汽凝结，释放热量，加热并进一步抬升空气。 旋转原因：地转偏向力的作用。	拓展抽象结构	水平 4

从上表可见，该试题地理学科核心素养测评水平 1 表明：读图实践和区域认知的能力薄弱，综合思维限于单点结构，人地协调观不足以应用于实践。该试题地理学科核心素养测评水平 2 表明：具有一定程度的读图实践和区域认知能力，综合思维扩展到多要素综合，具备一定人地协调观。该试题地理学科核心素养测评水平 3 表明：读图实践和区域认知比较翔实，综合思维扩展到时空综合，人地协调观可用于实际分析。该试题地理学科核心素养测评水平 4 表明：读图实践和区域认知规律化，综合思维进阶到地方综合，人地协调观较完善。

设问：（3）解释美国中部平原龙卷风春季高发的原因。（4 分）

【评分参考】

北美大陆春季中低纬升温快，南北温差加大，（2 分）气压梯度大，冷暖空气交汇频繁、强烈。（2 分）

一、命题依据与测评目标

（一）课程标准内容要求

Ⅰ1.4 运用示意图，分析锋、低压（气旋）、高压（反气旋）等天气系统，并运用简易天气图，解释常见天气现象的成因。

Ⅱ3.3 分析台风、寒潮、干旱、洪涝、风暴潮等气象灾害的成因与危害。

★根据资料，分析某区域内存在的自然灾害与环境问题，了解区域环境保护与资源开发利用的成功经验。

★运用地形图和地形剖面图，归纳某地区地势及地形特点，解释地形与当地人类活动的关系。

（二）地理学科核心素养测评主要目标

1. 等频次线图分析。
2. 区域气候特征认知。
3. 地方天气成因综合分析。
4 自然环境物质运动观。

二、问题情境

（一）高考试题情境

此题以美国龙卷风多发区域为背景，通过龙卷风发生频次分布示意图，考查学生对龙卷风形成条件、多发原因的分析。自然地理的综合性表现在自然要素的相互作用上。为了考查学生地理学科的综合分析素养，本题设计了自然要素的相互作用分析，主要为地貌对龙卷风形成条件的影响；同样，为了考查学生区域认知素养，本题设计了区域相互作用分析，分析墨西哥湾对龙卷风形成的影响。龙卷风是静电引起的地面低气压，这与气旋（包括台风）不同，但低压引起的旋转原理则是一致的。这也告诉学生，在地理学习的过程中，要时刻注意区分尺度。

（二）教材问题情境

人教版教材介绍了海陆分布对气压带乃至气候的影响。由于海陆分布的影响，大气环流实际情况比理想模式要复杂得多。海陆的热力差异影响海陆的气压分布。冬季，陆地降温比海洋快，陆地气温较低，出现冷高压。夏季，陆地增温比海洋快，陆地气温较高，出现热低压。北半球的陆地面积比南半球的陆地面积大，而且海陆相间分布，对气压的影响尤为显著，使纬向分布的气压带被分裂为一个个高、低气压中心。海陆上气压中心的季节变化，引起一年中盛行风向随季节有规律地变换，形成季风。亚洲东部季风环流最为典型。冬季，强大的亚洲高压与北太平洋副极地低压和赤道低压之间，形成势力强大、干燥寒冷、范围很广的冬季风。夏季，北太平洋副热带高压势力大大增强，亚洲大陆上形成印度低压，太平洋暖湿气流就沿着北太平洋副热带高压的西部边缘，以东南风吹到亚洲东南岸，即东亚的东南季风。

中图版教材阐述了海陆差异对气候的影响主要表现在两方面：一方面，由于海陆热力性质不同，夏季陆地比海洋增温快，冬季陆地比海洋降温快，因此一般同纬度地区陆地上比海洋上气温的年较差和日较差都较大；另一方面，海陆的水分条件也存在差异，海洋上水分的蒸发总量大于陆地上水分的蒸发总量，空气湿度及降水量一般也比陆地上大，而且海洋上降水量的全年分配也比较均匀，因此，海陆位置不同的地区水热状况存在明显差异。根据海陆水热特征的不同，可将气候划分为大陆性气候和海洋性气候两种类型。海陆的差异还形成了大规模的季风环流，以及地方性的局部环流，如海陆风等，也同样影响着气候的形成。

沪教版教材描述了风带对气候的影响。一般来说，从低纬度流向高纬度的气流，气温由高变低，水汽容易凝结，降水较多；从高纬度流向低纬度的气流，气温由低变高，水汽不易凝结，降水较少。从海洋吹向陆地的气流，水汽充沛，降水较多；从陆地吹向海洋的气流，水汽稀少，降水较少。教材以副热带高压带和西风带的交替控制与地中海气候为例，指出在影响气候的自然因素中，气压带和风带是非常重要的。一个地区气候的形成是太阴辐射、大气环流、海陆位置、地形、洋流等因素综合影响的结果。纬度 30°～40°之间的大陆西部，夏季受副热带高压控制，盛行下沉气流，炎热干燥；冬季受西风带控制，温和多雨，形成地中海气候。地中海气候的分布范围受海陆分布、地形等影响较大。地中海沿岸地区是世界上地中海气候最典型且分布范围最广的地区。

鲁教版教材指出气压带、风带及其季节移动对气候特征的形成具有重要作用，因此判断一个地点或地区的气候类型，可以根据该地所处的气压带、风带情况，进行分析、推断。如判断美国旧金山的气候类型，首先通过地图等资料明确其经纬度为 122° 26′ W、37° 46′ N，位于大陆的西海岸；根据气压带、风带的分布与移动规律，可知其夏季被副热带高气压带影响，气候炎热干燥，冬季受西风带影响，气候温和多雨，因此可判断其所属的气候类型为地中海气候。

湘教版教材介绍热力环流是一种常见的自然现象。如在陆地与海洋之间、山坡与山谷之间都可能形成热力环流。山谷风是在天气晴朗的山地区域，风向昼夜间发生反向转变的风。日出后山坡受热，空气增温快，空气密度变小，但山谷上方同高度的空气增温较慢，密度仍较大，因而空气自山谷沿山坡上升，形成谷风。相反，夜间山坡辐射冷却比山谷上方同高度的空气要快，因而气温下降、空气密度增大均较山谷上方同高度空气更快，使空气沿山坡流向山谷，形成山风。由于白天山坡受热所造成的温差，比夜间辐射冷却所造成的温差要大，因此谷风的风速大于山风。谷风沿山坡上行时，常可形成山顶积云，有时甚至出现阵雨。

（三）问题式教学问题情境

综上所述，教材中的问题情境与高考试题情境基本一致，教材中海陆差异以及温度变化对天气、气候产生的影响，可将相关的知识迁移运用于分析龙卷风形成的海陆差异、热量条件变化等原因和过程。

三、思维路径与结构

（一）思维路径

基于上述深度分析，本试题地理学科核心素养测评的思维路径如下图所示。

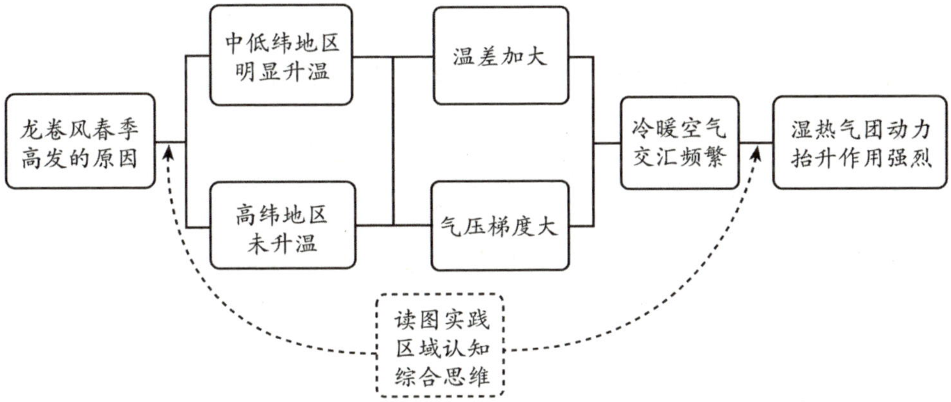

由上图可见，该试题全面考查了地理学科核心素养。以区域认知和人地协调观统领地理学科核心素养测评，考查学生对海陆差异对气压带、气候及龙卷风形成过程的影响。以各级水平的综合思维开展地理学科核心素养测评，从不同区域的温度差异分析的多要素综合，到温差导致气压梯度、冷暖空气交汇、抬升作用过程的时空综合，最终到所在地区地理环境、气候特征分析的地方综合，实现综合思维素养进阶测评。

（二）思维结构

依据考生对地理学科核心素养测评的反应，反映出思维结构和学业质量水平如下表所示。

学生测评反应	思维结构	学业质量水平
冷暖空气交汇频繁。	单点结构	水平 1
南北温差加大，冷暖空气交汇频繁。	多点结构	水平 2
南北温差加大，气压梯度大，冷暖空气交汇频繁、强烈。	关联结构	水平 3
北美大陆春季中低纬升温快，南北温差加大，气压梯度大，冷暖空气交汇频繁、强烈。	拓展抽象结构	水平 4

从上表可见，该试题地理学科核心素养测评水平 1 表明：读图实践和区域认知的能力薄弱，综合思维限于单点结构，人地协调观不足以应用于实践。该试题地理学科核心素养测评水平 2 表明：具有一定程度的读图实践和区域认知能力，综合思维扩展到多要素综合，具备一定人地协调观。该试题地理学科核心素养测评水平 3 表明：读图实践和区域认知比较翔实，综合思维扩展到时空综合，人地协调观可用于实际分析。该试题地理学科核心素养测评水平 4 表明：读图实践和区域认知规律化，综合思维进阶到地方综合，人地协调观较完善。

第三章 人文地理高考试题案例分析

第一节 人口、城市化高考试题案例分析

案例 1 2021 年河北卷地理试题第 16 题

阅读图文材料，完成下列要求。

旧石器时代的古人类以采集和狩猎（围猎）为主要谋生方式。20 世纪 70 年代初，在我国北方某地发现一处旧石器中期古人类遗址（下图）。该遗址地处山前冲积—洪积平原区，遗址北面为岩石裸露的山地（北山）。研究表明，古人类在该遗址区生存阶段正值冰期。

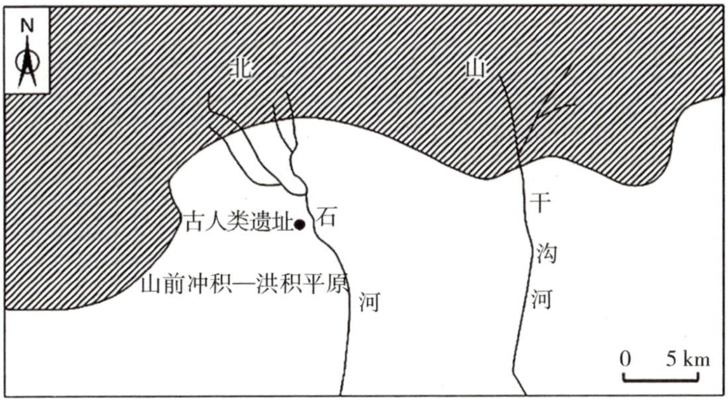

设问：（2）简析冰期气候下古人类选择该遗址区生存的原因。（8 分）

【评分参考】

位于北山南麓，海拔较低，且处于山地阳坡地带，北山岩石裸露，升温相对较快，北山对冷空气的阻挡较强，热量条件较好；（4 分）地处山前冲积—洪积平原区，水源相对充足，土壤相对肥沃，动植物资源相对较多，便于人类采集和狩猎活动的开展。（4 分）

一、命题依据与测评目标

（一）课程标准内容要求

2.1 运用资料，描述人口分布、迁移的特点及其影响因素。

Ⅰ3.1 结合实例，说明自然资源的数量、质量、空间分布与人类活动的关系。

★举例说明气候对生产和生活的影响。

★举例说出聚落与自然环境的关系。

★运用地形图，归纳某地区地势及地形特点，解释地形与当地人类活动的关系。

（二）地理学科核心素养测评主要目标

1. 地图判读分析能力。
2. 人口分布、迁移影响因素的认知。
3. 自然环境对人类活动的影响的认知。
4. 因地制宜、人地协调观在人类活动区位选择中的应用。

二、问题情境

（一）高考试题情境

此题以旧石器时代古人类生存环境为背景，以地形图等图文材料，带学生回到旧石器时代，考查自然地理环境对人类活动的影响，气候变化对人类的影响等相关知识。由于试题探讨的是旧石器时代古人类生存环境，与现实生活情境有较大差异，因此，需要学生加强对图文材料信息的获取与解读，根据材料给定的区域信息进行分析，突出对综合思维、区域认知和地理实践力的考查。

（二）教材问题情境

人教版教材在影响人口分布因素的章节中，阐明世界人口分布不平衡在很大程度上是由于自然环境所施加的种种影响造成的。自然环境对人口分布所施加的影响表现为两个方面：一是对人口居住地（生活）所提供的便利与所施加的限制；二是对生产所提供的便利与所施加的限制。通常，人们总是在自然界最容易提供食物或在生活条件最好的地方聚居。相反，人们一般不愿意前往条件艰苦的地方定居和繁衍后代。由于世界上近一半的人口依赖农业为生，自然条件从根本上说是极其重要的。因为它们在很大程度上决定了粮食生产的状况。生产力水平越低，自然环境因素对人口分布的影响就越明显。其中，自然环境因素中，以气候、地形、水源等因素对于人口分布的影响最为主要。在各种自然因素中，气候是对人口分布影响最大的因素，也是最直接的因素。一般来说，过于寒冷、干旱和湿热的气候均不适于大量的人口居住。

中图版教材以俄罗斯人口分布为案例，创设问题情境探讨俄罗斯人口分布西密东疏的自然原因，同时对比我国的人口分布分析存在的异同点及原因。选择俄罗斯作为分析对象，主要是因为俄罗斯横跨欧亚两洲，有四大地形区，从西至东依次为东欧平原、西西伯利亚平原、中西伯利亚高原和东西伯利亚山地。俄罗斯气候差异大且复杂多样，特别是西伯利亚地区，冻土广布、气候酷寒。

沪教版教材在分析影响人口分布的自然因素的地形因素时，指出一般情况下，宽阔的河谷和冲积平原地区人口分布比较稠密，山地和高原地区人口分布相对稀疏。这是因为平原地区地形平坦、土壤肥沃、交通便利，有利于发展农业，故有较多人口集聚。而山地和高原因海拔高、地形复杂、交通不便，人口比较稀疏。

鲁教版教材介绍了气候、水资源、土壤等影响人口分布的因素，指出自然条件为人类提供了基本的生存空间和生产、生活的物质资源，对人口分布的宏观格局产生重要影响。此外，给出东南亚人口分布图及相关资料，引导学生分析东南亚人口分布的特点及影响因素，同时以某一个国家为具体分析案例，说明影响人口分布的主要因素。

湘教版教材在介绍影响人口分布因素时，点明在实际人口分布中，要综合各种因素整体分析。在云南的热带及其边缘地区，人口垂直分布模式与中国其他地区有所差异。如南定河的河谷平原，尽管地势低平，但过热过湿，排水不畅，加上草木繁茂，特别是疟疾对人体健康的威胁很大，人口分布较少；元江中游的河谷平原，地处雨影区，气候干热，人口也不多；相反，在区内海拔适中的山区和高原，气温和降水适中，排水通畅，疟蚊危害明显减轻，人口分布较为稠密，从而与河谷地带形成鲜明对照。

（三）问题式教学问题情境

综上所述，教材中的问题情境与高考针对人口分布影响的试题情境相一致，都包含气候、土壤、地形、水资源等人类生产生活所需自然条件的选择因素，教材知识的综合应用足够用于学生解答过程。

三、思维路径与结构

（一）思维路径

基于上述深度分析，本试题地理学科核心素养测评的思维路径如下图所示。

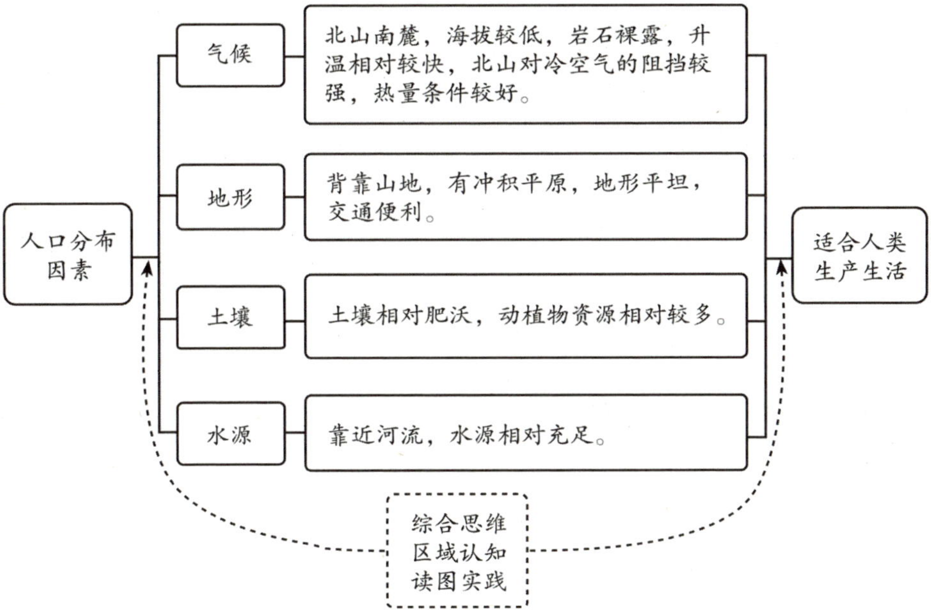

由上图可见，该试题全面考查了地理学科核心素养。以人地协调观统领地理学科核心素养测评，基于地图判读、区域空间位置和相关位置的认知，实施地理学科核心素养测评，从因地制宜的视角考查人口分布的影响因素。以各级水平的综合思维开展地理学科核心素养测评，从人口分布影响因素的气候、地形、土壤、水源等要素综合分析，到古人类冰期环境和生存条件的时空综合，最终到给定地图区域特征的地方综合，实现综合思维素养进阶测评。

（二）思维结构

依据考生对地理学科核心素养测评的反应，反映出思维结构和学业质量水平如下表所示。

学生测评反应	思维结构	学业质量水平
靠近水源。	单点结构	水平 1
靠近水源，地势平坦。	多点结构	水平 2
地势平坦，土壤肥沃，且靠近河流，灌溉便利。	关联结构	水平 3
位于北山南麓，海拔较低，且处于山地阳坡地带，北山岩石裸露，升温相对较快，北山对冷空气的阻挡较强，热量条件较好；地处山前冲积—洪积平原区，水源相对充足，土壤相对肥沃，动植物资源相对较多，便于人类采集和狩猎活动的开展。	拓展抽象结构	水平 4

从上表可见，该试题地理学科核心素养测评水平 1 表明：读图实践和区域认知的能力薄弱，人地协调观较为肤浅，综合思维限于单点结构。该试题地理学科核心素养测评水平 2 表明：读图实践和区域认知更进一步，综合思维扩展到多要素综合，人地协调观基本

可用于分析问题。该试题地理学科核心素养测评水平 3 表明：人地协调观基本形成，读图实践和区域认知比较翔实，综合思维扩展到时空综合。该试题地理学科核心素养测评水平 4 表明：比较熟练地应用人地协调观解决因地制宜问题，读图实践和区域认知规律化，综合思维进阶到地方综合。

案例2　2021年河北卷地理试题第17题

阅读图文材料，完成下列要求。

汉堡（州）是德国的金融中心、世界级城市，为进一步提升全球地位，在老港外迁后，启动汉堡新城建设项目（下图）。汉堡新城将半荒废的老港工业区设计成十大特色板块，在突出板块主要功能的基础上，融入居住、办公、零售、餐饮、休闲、教育等功能，保留较大面积的广场、步道、绿地，将红砖结构工业遗产重新改造利用。

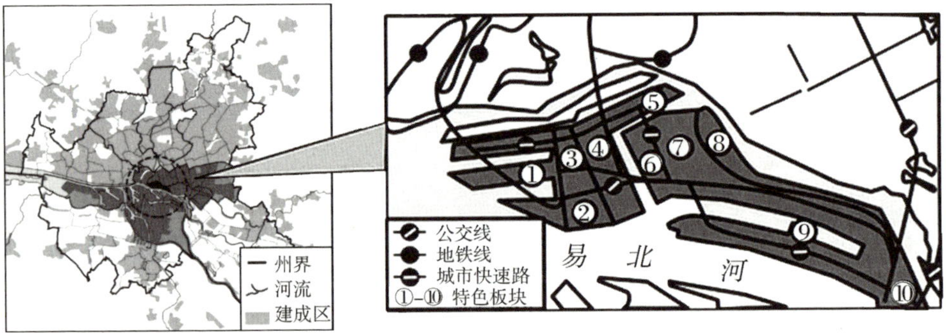

设问：（2）简述利于汉堡新城建设的区位条件。（8分）

【评分参考】

政策支持；（2分）老港区有一定的基础设施，有利于新城的建设；（2分）老港工业区地租低；（2分）新城紧邻易北河，水运条件好，有利于物资的输入与城市的建设。（2分）

一、命题依据与测评目标

（一）课程标准内容要求

2.6 结合实例，说明运输方式和交通布局与区域发展的关系。

Ⅰ2.2 结合实例，说明因地制宜对于区域发展的重要意义。

Ⅰ2.3 以某大都市为例，从区域空间组织的视角出发，说明大都市辐射功能。

Ⅰ2.4 以某地区为例，分析地区产业结构变化过程及原因。

★根据地图归纳某国家交通运输线路分布的特点。

★运用地图和其他资料说出某区域的产业结构与产业布局特点。

（二）地理学科核心素养测评主要目标

1. 地理位置图、项目示意图等判读分析能力。
2. 城镇功能区及都市空间结构的认知。
3. 影响产业区位因素的认知。
4. 因地制宜、人地协调观在城镇化、都市空间布局中的应用。

二、问题情境

（一）高考试题情境

此题以德国汉堡新城建设为背景，分析城市化过程中的地区产业结构，考查交通运输布局的变化、城市的区位条件以及城市的合理规划等相关知识。体现对区域认知、综合思维和地理实践力的考查。学生需要根据汉堡的区域特点，抓住图文材料关键信息，调动地理基本原理进行综合分析作答，对学生的综合思维能力要求较高。

（二）教材问题情境

人教版教材列举了长三角地区城镇化发展的案例，说明城镇化与工业发展、区域发展是紧密联系的。分析城镇化与工业化密切相关，是社会经济发展的必然结果，反映社会的进步。一个国家和地区城镇化的水平，体现在工业化程度和社会经济发展水平。城镇化和区域的发展是相互促进的。城镇是区域的中心，集中了大量的人口、工业、服务业和基础设施等，能带动区域经济发展、社会繁荣、环境改善。区域经济水平的提高，又为城镇的发展增添动力，推动城镇化进程。

中图版教材以北京城市功能区形成的历史和现状对比，创设问题情境，要求学生分析不同功能的特点以及形成的原因。介绍城市内部空间结构形成的原因，包括历史、交通、经济、社会、行政等。如经济方面，在城市内部，不同区域的土地利用价值（反映在土地价格上）相差很大。城市中心土地价格昂贵，一般为商业区。随着距离城市中心越来越远，土地价格逐渐降低，这里通常为住宅和工业的分布区。社会原因方面，由于各种社会群体的社会地位、生活方式和宗教信仰的不同而形成不同的居住区和活动区。如唐人街是华人在其他国家城镇聚居的地方。

沪教版教材详细介绍了上海大都市形成的过程、空间结构以及辐射功能，并与东京进行比较，创设问题情境，比较两大都市建设的区位异同，分析它们的辐射作用。区域空间组织是依靠行政机制、经济机制和社会文化交流机制等形成的区域之间的物流、人流、资金流和信息流的关联网络。从城镇建设的区位条件，综合考虑制造业、金融、交通、科技和文化等方面对周边地区的辐射作用。

鲁教版教材同样以上海都市化进程，说明城镇化发展过程中要考虑区域特征，采取适宜的发展策略。在城镇发展区位中，既要考虑位置、气候、地形、矿产资源等自然条件，也要考虑劳动力、市场、交通运输、政策和科技等社会经济因素，充分发挥各区域的优势，做到因地制宜、物尽其用。

湘教版教材以纽约、深圳的地理区位为背景创设问题情境，引导学生探索大城市多分布在中低纬度、平原河口的原因，分析城市发展与区位之间的关系。这里的区位既指某一事物的地理位置，又指该地理事物与其他地理事物之间的空间关系。城镇作为非农产业和非农人口高度集聚的聚落，是一定区域的社会、经济和文化中心，其区位的选择需要考虑城镇与外部的自然、社会、经济事物之间的空间关系。影响城镇形成和发展的区位因素主要包括自然地理因素和社会经济因素。自然地理因素主要包括地形、气候、水文等，社会经济因素主要包括资源、交通、政治、军事、宗教和文化等。这两者不是孤立存在的，而是互相影响的。

（三）问题式教学问题情境

综上所述，教材中的问题情境与高考针对人口分布影响的试题情境相一致，都围绕城镇化的区位因素以及城市空间结构的变化创设情境，分析自然地理因素、社会经济因素对城镇形成和发展的影响。

三、思维路径与结构

（一）思维路径

基于上述深度分析，本试题地理学科核心素养测评的思维路径如下图所示。

由下图可见，该试题全面考查了地理学科核心素养。以人地协调观统领地理学科核心素养测评，基于城市地图和项目示意图的判读，以及区域空间位置的认知，实施地理学科核心素养测评，从因地制宜的视角考查城镇化的区位因素。以各级水平的综合思维开展地理学科核心素养测评，从政策、基础设施、土地、交通等影响因素多要素综合分析，新老港区对比的时空结合，最终结合汉堡城市发展实际的地方综合，实现综合思维素养进阶测评。

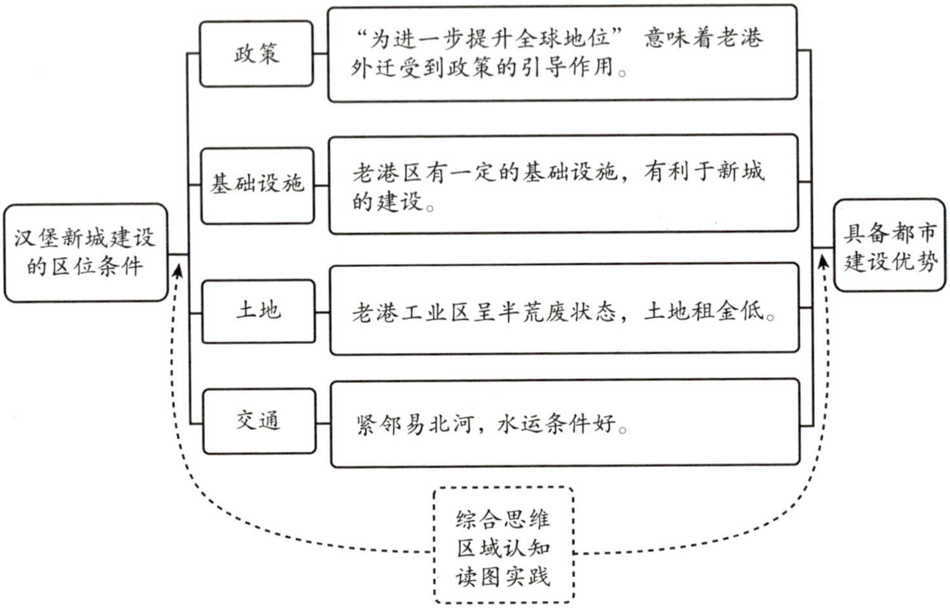

（二）思维结构

依据考生对地理学科核心素养测评的反应，反映出思维结构和学业质量水平如下表所示。

学生测评反应	思维结构	学业质量水平
水运条件好，有利于物资的输入与城市的建设。	单点结构	水平 1
政策支持；水运条件好。	多点结构	水平 2
政策支持；老港区有一定的基础设施，有利于新城的建设；老港工业区地租低。	关联结构	水平 3
政策支持；老港区有一定的基础设施，有利于新城的建设；老港工业区地租低；新城紧邻易北河，水运条件好，有利于物资的输入与城市的建设。	拓展抽象结构	水平 4

从上表可见，该试题地理学科核心素养测评水平 1 表明：读图实践和区域认知的能力薄弱，人地协调观较为肤浅，综合思维限于单点结构。该试题地理学科核心素养测评水平 2 表明：读图实践和区域认知更进一步，综合思维扩展到多要素综合，人地协调观基本可用于分析问题。该试题地理学科核心素养测评水平 3 表明：人地协调观基本形成，读图实践和区域认知比较翔实，综合思维扩展到时空综合。该试题地理学科核心素养测评水平 4 表明：比较熟练应用人地协调观解决因地制宜问题，读图实践和区域认知规律化，综合思维进阶到地方综合。

设问：（3）说明特色板块空间利用方式对汉堡新城发展的作用。（4 分）

【评分参考】

提高土地资源的利用率，经济效益提高；（2 分）市民休憩空间充足，提高人居环境；（1 分）合理利用工业遗产，有利于发展工业旅游。（1 分）

一、命题依据与测评目标

（一）课程标准内容要求

2.6 结合实例，说明运输方式和交通布局与区域发展的关系。

Ⅰ2.2 结合实例，说明因地制宜对于区域发展的重要意义。

Ⅰ2.3 以某大都市为例，从区域空间组织的视角出发，说明大都市辐射功能。

Ⅰ2.4 以某地区为例，分析地区产业结构变化过程及原因。

★根据地图归纳某国家交通运输线路分布的特点。

★运用地图和其他资料说出某区域的产业结构与产业布局特点。

（二）地理学科核心素养测评主要目标

1. 地理位置图、项目示意图等判读分析能力。
2. 城镇功能区及都市空间结构的认知。
3. 影响产业区位因素的认知。
4. 因地制宜、人地协调观在城镇化、都市空间布局中的应用。

二、问题情境

（一）高考试题情境

此题以德国汉堡新城特色板块空间利用方式为背景，创设试题情境，考查城市的区位条件以及城市的合理规划等相关知识。汉堡港口新城的用地功能混合体现在两个层面，一是不同板块主导功能的差异性，二是板块内部功能的多样性。港口新城每个板块都规划多样化的使用功能，不仅实现居住功能与经济功能的混合，而且实现不同社会群体的混居。除主导功能外，板块都建设不同数量的住宅，并配备一定数量的餐饮和零售业服务设施，各具特色的咖啡厅、餐馆、商店增添了生活气息。

（二）教材问题情境

人教版教材介绍了城镇功能区的类型，并以香港、沈阳等城市的功能区为案例，分析功能区的空间分布规律和区位条件。功能区产生的原因是城镇里人口相对较多，经济活动多样，出现了土地利用的专业化，形成不同的功能区，如居住区、商业区、工业区等。

有些大城市因为功能复杂，还会形成其他的功能区，如行政区、文化区、旅游休闲区、生态区等。每一种功能区，都有一定的空间分布规律，各种功能区在空间的组合，就形成了城镇内部空间结构。如香港的商业中心集中在维多利亚港两岸，居住区分布在商业区的外围，工业区相对远离商业区和居住区；又如沈阳为我国重要的工业城市，其工业区围绕交通线路呈扇状或块状分布在城市的东西两侧，居住区则集中在市中心及其外缘。

中图版教材介绍了伯吉斯于1923年提出了同心圆模式理论，说明城市的各种功能区在空间分布上呈现出一定的规律，形成不同的结构模式。这个模式分为五带，城市的中心是中心商务区。环绕中心商务区的是批发和轻工业带，这里分布着低级住宅区、小型工厂、批发商业等，也是新进移民居住地区。第三带是低收入者住宅区。第四带是较富有的中收入者住宅区。最外围地带是高收入者住宅区，受道路、地价等因素的影响，同心圆模式也会发生相应的变形。

沪教版教材以格林威治半岛为例，说明合理利用空间，可以提高资源效益。如原来发展工业的郊区，逐渐变成现在的中心城区。地处其中的传统工业企业，缺乏相应的地租支付能力，需要将工业用地调整为能够支付更高地租的商业商务、高新技术用地或居住用地。这样可以提高土地资源利用效益，也顺应了城市产业结构升级的用地需求。这也说明合理利用城乡空间，有利于建设资源节约、环境友好、社会和谐的宜居家园。

鲁教版教材以深圳蛇口城乡内部空间结构的变化为背景创设教学情境，分析用地规模的变化，结合地理位置、自然及社会经济因素，分析内部空间结构变化的主要原因。科学、合理地利用城镇的内部空间意义十分重大。城镇规划建设须充分考虑城镇所在地区的自然条件、资源环境承载力、历史文化基础以及建设发展规模等，坚持生态文明、绿色发展，创造有利生产、方便生活的人居环境。

湘教版教材分析城市的空间结构受制于自然地理条件、历史文化、经济发展水平、交通运输状况、政策等因素，它随着城市的发展而变化。在制订城市规划的过程中，需要充分考虑生态人居建设、交通路网布局、重点项目建设和园林绿化配置，协调好工业区、居住区、商业区、市政与公共服务区等城市功能区的发展关系。一般来说，中心商务区高度集中了一个城市的经济、科技和文化力量，是城市的核心区域，具备金融、贸易、服务、咨询等多种功能，并配以完善的市政交通与通信条件。在中心商务区周边，分布有市政区、住宅区、生态功能区等，再往外则分布有交通枢纽和工业区。

（三）问题式教学问题情境

综上所述，教材中的问题情境与高考针对人口分布影响的试题情境相一致，都围绕城镇化的区位因素以及城市空间结构的变化创设情境，同时教学中针对不同功能区，用不同的案例详细分析某一功能区的形成和原因，引导学生对城市空间结构知识进行迁移应用。

三、思维路径与结构

（一）思维路径

基于上述深度分析，本试题地理学科核心素养测评的思维路径如下图所示。

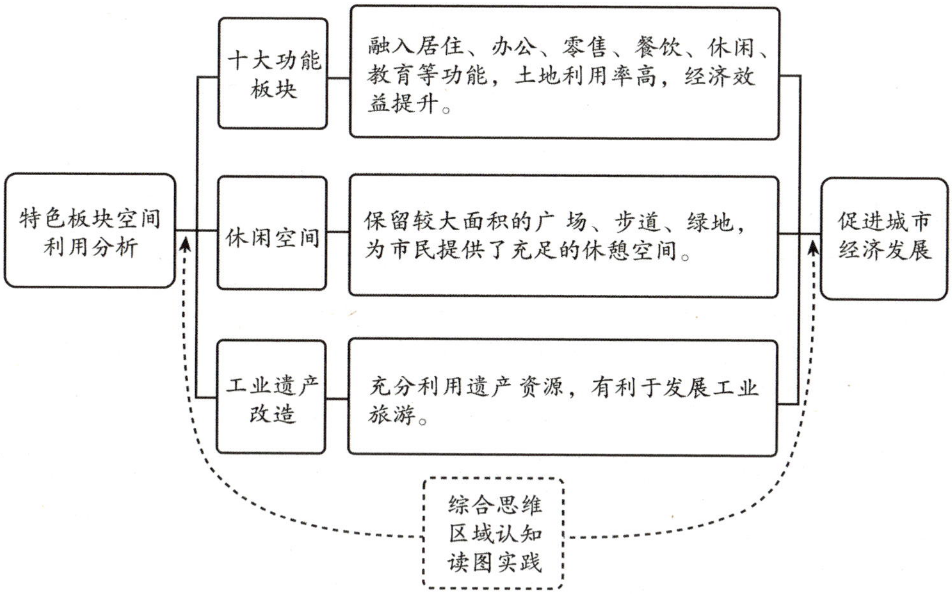

由上图可见，该试题全面考查了地理学科核心素养。以人地协调观统领地理学科核心素养测评，基于城市地图和项目示意图的判读，以及区域空间位置的认知，实施地理学科核心素养测评，从因地制宜的视角考查城镇化空间结构形成。以各级水平的综合思维开展地理学科核心素养测评，从空间结构形成的功能区规划、资源、产业等多要素综合分析，新老港区不同功能区规划对比的时空结合，最终结合汉堡城市发展实际的地方综合，实现综合思维素养进阶测评。

（二）思维结构

依据考生对地理学科核心素养测评的反应，反映出思维结构和学业质量水平如下表所示。

学生测评反应	思维结构	学业质量水平
提高土地资源的利用率。	单点结构	水平 1
提高土地资源的利用率，市民休憩空间充足。	多点结构	水平 2
提高土地资源的利用率，经济效益提高；市民休憩空间充足，提高人居环境。	关联结构	水平 3
提高土地资源的利用率，经济效益提高；市民休憩空间充足，提高人居环境；合理利用工业遗产，有利于发展工业旅游。	拓展抽象结构	水平 4

从上表可见，该试题地理学科核心素养测评水平 1 表明：读图实践和区域认知的能力薄弱，人地协调观较为肤浅，综合思维限于单点结构。该试题地理学科核心素养测评水平 2 表明：读图实践和区域认知更进一步，综合思维扩展到多要素综合，人地协调观基本可用于分析问题。该试题地理学科核心素养测评水平 3 表明：人地协调观基本形成，读图实践和区域认知比较翔实，综合思维扩展到时空综合。该试题地理学科核心素养测评水平 4 表明：比较熟练应用人地协调观解决因地制宜问题，读图实践和区域认知规律化，综合思维进阶到地方综合。

案例 3　2019 年全国Ⅲ卷地理试题第 36 题

阅读图文材料，完成下列要求。

德国鲁尔区曾是以煤炭、钢铁产业为主的传统工业区，经过综合整治，经济由衰落走向繁荣，环境污染严重的局面得到根本改善。目前，该区有 500 多万人口，50 多座城市，老龄人口比重高居德国之首。该区医疗保健业发达，拥有 100 多家医院、近万名医生及数以千计的保健站、药店等。波鸿市人口近 40 万，是重要的生物制药基地，多所大学的医学研究处于世界领先水平。2009 年，鲁尔区医疗保健中心落户波鸿市，并新建保健园。左下图示意鲁尔区的城市建成区和波鸿市的位置，右下图示意鲁尔大学、生物制药科学园和保健园在波鸿市的位置。

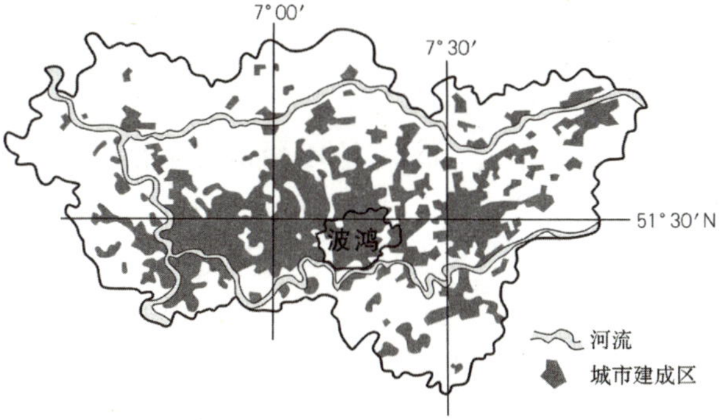

设问：（3）说明在波鸿市建设鲁尔区医疗保健中心的优势条件。（6 分）

【评分参考】

有多所大学（高等院校），医学科研力量雄厚；（2 分）有生物制药科学园，医药研制水平高；（2 分）位置适中（有利于医疗保健和医学研究、医药生产间的联系和相互促进）。（2 分）

一、命题依据与测评目标

（一）课程标准内容要求

Ⅰ2.2 结合实例，说明因地制宜对于区域发展的重要意义。

Ⅰ2.3 以某大都市为例，从区域空间组织的视角出发，说明大都市辐射功能。

Ⅰ2.4 以某地区为例，分析地区产业结构变化过程及原因。

★根据地图归纳某国家交通运输线路分布的特点。

★运用地图和其他资料说出某区域的产业结构与产业布局特点。

（二）地理学科核心素养测评主要目标

1. 地理位置图、项目示意图等判读分析能力。
2. 城镇功能区及都市空间结构的认知。
3. 影响产业区位因素的认知。
4. 因地制宜、人地协调观在城镇化、都市空间布局中的应用。

二、问题情境

（一）高考试题情境

此题以德国鲁尔区产业转型升级为背景，考查区域城市空间分布特征，鲁尔区新兴产业、医疗保健业发达的原因，保健中心的服务业区位因素。在转型后，鲁尔区正在摘掉自己老工业基地的帽子，各种新兴产业基地渐次兴起。人才和教育、交通基础设施、政策引导等成为推动此地产业转型的重要因素。波鸿是鲁尔区四大中心之一，该城市根据自身条件，选择了信息产业和健康产业发展方向，并让健康经济作为波鸿发展的重要产业。

（二）教材问题情境

人教版教材阐述了产业结构升级与经济增长方式的转变之间的关联。如从低附加值的劳动密集型产业为主上升到以高附加值的技术密集型产业为主。促使地区产业升级的原因很多，其中，比较优势的变化和政策的引导往往起着重要作用。如改革开放后，珠江三角洲地区利用政策优势和劳动力价格较低的优势，大力发展以出口加工为主的劳动密集型产业。至20世纪90年代，珠江三角洲地区劳动力价格大幅度提高，劳动力价格低这一比较优势逐渐丧失。同时，因经济实力和科技水平的提升，珠江三角洲地区的资金优势、技术优势逐渐形成。珠江三角洲地区积极推进高新技术产业的发展，使技术密集型产业逐渐取代劳动密集型产业，成为主导产业。

中图版教材用专题章节介绍了德国鲁尔区的产业结构变化。从20世纪50年代开始，鲁尔区开始进行产业结构的调整。经过半个多世纪的努力，鲁尔区从一个高炉林立的煤钢工业基地，发展成一个集电子信息、新能源、生物医疗、文化教育、休闲创意和旅游服务等于一体的区域。文化教育是转型的重要支撑。波鸿鲁尔大学是鲁尔区的第一所大学，后来鲁尔区又陆续建设了20多所应用科技类大学，成为世界上最密集的教育和研究中心之一。为加快科研成果转化，鲁尔区建起一条从多特蒙德经过哈根、波鸿、埃森直到杜伊斯堡的技术转化之路。另外，鲁尔区还成立了专门的风险资本基金会和专业的新技术服务公司，为新技术应用提供资金、咨询服务。

沪教版教材以京津冀地区产业升级为案例，分析产业结构变化的原因，包括区域协同发展、技术创新和区域生态环境可持续发展等。区域内的高校、科研院所的技术和人力资源优势，为京津冀地区产业结构升级创造了条件。中关村通过创新成果同产业对接、创新项目同现实生产对接、研发人员创新劳动同利益对接，使一批成果落地，完善了产业布局。首钢将废弃的工业厂房改造为文化创意产业园区，完成了从重工业到轻污染、高回报的新兴产业的转型升级。

鲁教版教材将鲁尔区的振兴作为资源枯竭区发展章节的主要案例，介绍了鲁尔区的转型过程。主要的措施包括：重点发展电子信息、通信技术、生物、医药等高新技术产业，通过扩建高校、科研机构和建立技术中心，促进新兴产业培育，提高区域的产业竞争力；同时，政府推动发展科技服务、金融服务、工业旅游、商业、物流、教育等第三产业。目前，工业旅游已成为鲁尔区经济发展的亮点。

湘教版教材同样将鲁尔区的振兴作为资源枯竭区发展章节的主要案例，并具体分析了杜伊斯堡从以传统钢铁产业为主转变为以旅游文化产业为主的背景和区位条件。杜伊斯堡位于莱茵河与鲁尔河交汇处，是德国最大的内河港，也是鲁尔区的对外门户，欧亚铁路终点城市之一。从杜伊斯堡到欧洲最大港口鹿特丹的水上距离为230千米。在其周围150千米半径内，是欧洲人口最为密集的地区，拥有巨大的物流需求和市场潜力。钢铁厂改造成为文创公园后成为旅游休闲热门地点。

（三）问题式教学问题情境

综上所述，教材中的问题情境与高考试题情境相一致，围绕城镇化的空间结构变化以及产业区位选择创设情境，分析特定功能区的形成和原因或是发展某一产业的区位因素，引导学生思考城市的发展振兴以及产业转型升级的解决方案，培养人地协调观。

三、思维路径与结构

（一）思维路径

基于上述深度分析，本试题地理学科核心素养测评的思维路径如下图所示。

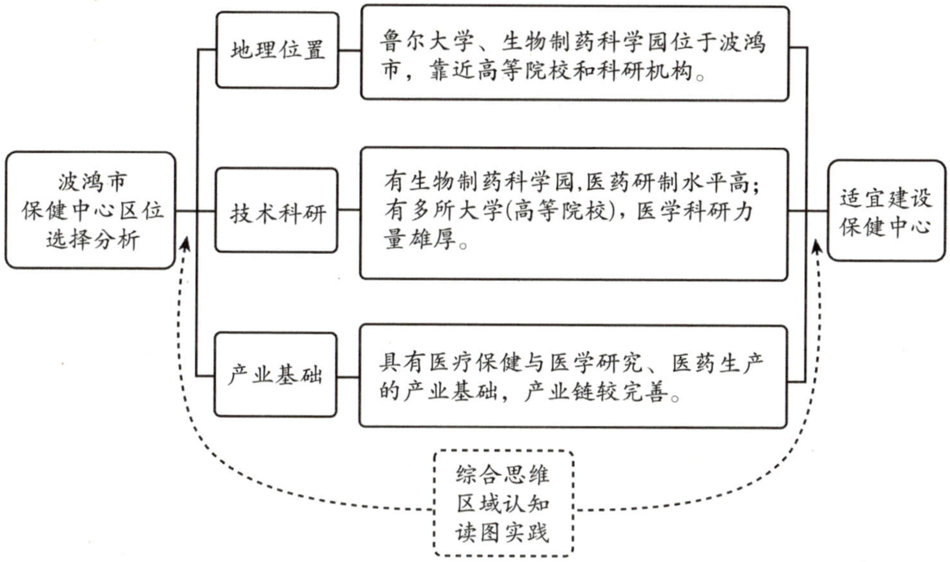

由上图可见，该试题全面考查了地理学科核心素养。以人地协调观统领地理学科核心素养测评，基于城市地图和项目示意图的判

读，从因地制宜的视角考查适合建设保健中心的区位条件、产业条件，实施地理学科核心素养测评。以各级水平的综合思维开展地理学科核心素养测评，从保健中心服务业区位的地理位置、技术保障、产业基础等多要素综合，到上下产业链分析、跨行业资源整合，到最终结合波鸿区域位置及发展需求的地方综合，实现综合思维素养进阶测评。

（二）思维结构

依据考生对地理学科核心素养测评的反应，反映出思维结构和学业质量水平如下表所示。

学生测评反应	思维结构	学业质量水平
靠近高校，医药人才资源多。	单点结构	水平 1
靠近高校和科研机构，医药研制水平高。	多点结构	水平 2
有多所大学，医学科研力量雄厚；有生物制药科学园，医药研制水平高。	关联结构	水平 3
有多所大学（高等院校），医学科研力量雄厚；有生物制药科学园，医药研制水平高；位置适中（有利于医疗保健和医学研究、医药生产间的联系和相互促进）。	拓展抽象结构	水平 4

从上表可见，该试题地理学科核心素养测评水平 1 表明：读图实践和区域认知的能力薄弱，人地协调观较为肤浅，综合思维限于单点结构。该试题地理学科核心素养测评水平 2 表明：读图实践和区域认知更进一步，综合思维扩展到多要素综合，人地协调观基本可用于分析问题。该试题地理学科核心素养测评水平 3 表明：人地

协调观基本形成，读图实践和区域认知比较详实，综合思维扩展到时空综合。该试题地理学科核心素养测评水平 4 表明：比较熟练应用人地协调观解决因地制宜问题，读图实践和区域认知规律化，综合思维进阶到地方综合。

第二节　产业结构与区位高考试题案例分析

案例 1　2021 年全国乙卷地理试题第 37 题

阅读图文材料，完成下列要求。

圩田是在低洼地筑堤围出的田地。下图所示圩田海拔 6～7 米，种植庄稼；巢湖多年平均水位 8.03 米。据记载，在清朝嘉庆年间，三河镇濒临巢湖。

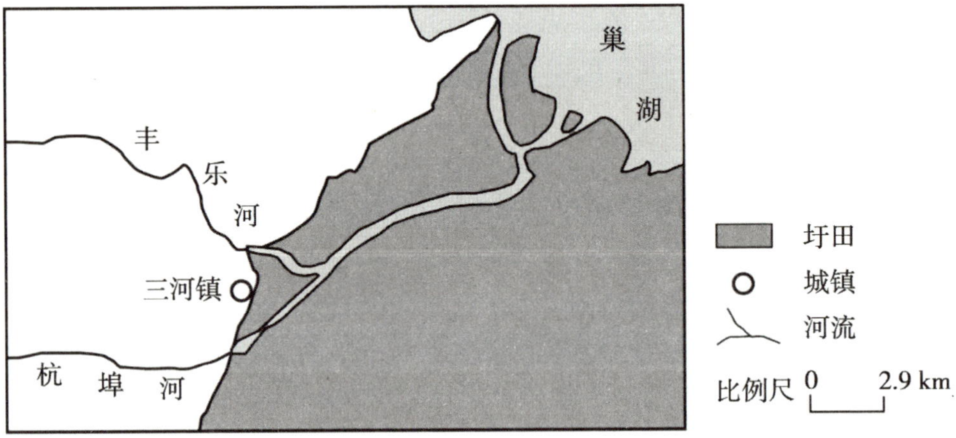

设问：（1）推测该圩田区适宜围垦的自然条件。（6 分）

【评分参考】

地处亚热带，热量充足，降水充沛，雨热同期；（2 分）地形平坦开阔，可耕作面积大；以湖泊沉积、河流沉积为主，土质疏松，土壤肥沃；（2 分）近河流，地势较低，灌溉水源充足。（2 分）

一、命题依据与测评目标

（一）课程标准内容要求

2.5 结合实例，说明农业的区位因素。

★运用图表说出某地区气候的特点以及气候对当地农业生产和生活的影响。

★举例说明因地制宜发展农业的必要性。

★举例说明气候对生产和生活的影响。

（二）地理学科核心素养测评主要目标

1. 地图判读分析能力。
2. 农业区位因素的认知。
3. 气候、土壤、水热条件等自然地理的认知。
4. 因地制宜、人地协调观在农业生产中的应用。

二、问题情境

（一）高考试题情境

此题以巢湖圩田的古今变迁为背景，根据现实中的地理事象创设情境，让学生在区域情境中分析农业区位因素以及其与自然环境之间的关系。圩田高产稳产的事实表明，圩区土地开发利用的价值是很高的，但长期过度开发，造成水灾频发。因此，未来圩田开发应该走可持续发展的道路，做到人与自然和谐相处。

（二）教材问题情境

各版本教材将农业区位因素分为自然因素和人文因素。自然因素中的气候条件（热量、光照、降水等），以及土壤、地形、水资源等因素对农业区位选择的影响很大。

人教版教材以江西省千烟洲的立体农业布局模式为例，介绍在亚热带丘陵地区，不同的地形、自然条件，适宜发展不同类型的农业。如平原适合发展种植业，山地、丘陵地区适宜发展林业或畜牧业。山地自然条件的垂直分异，使农作物分布随海拔变化有所不同。

中图版教材在介绍地形是影响农业的重要因素时，以三江平原大豆种植为例，说明平原地区地势平坦、土层深厚、便于灌溉，所以发展种植业。以南方山地茶园为例，说明山地、丘陵地形崎岖，坡度较大，不宜耕种，在开垦种植农作物时，容易发生水土流失，适宜发展林业和畜牧业。

沪教版教材描述气候是影响农作物分布和农业生产的主导因素。以中国温度带与农作物熟制分布图，说明不同水热条件决定了农作物的类型、生长期和熟制。如中温带以北农作物通常是一年一熟，暖温带农作物通常是一年一熟至两年三熟，热带农作物能达到一年三熟。

鲁教版教材以“为什么‘西湖龙井’茶移至外地种植好”为题，配以龙井村及附近茶园环境图，引导学生思考影响农业的区位因素。同时，以设问探究影响水稻种植的区位因素，分析我国南方地区水稻种植集中的主要原因，帮助学生理解种植水稻的区位优势。

湘教版教材以俄罗斯农业地带空间分布图及相关资料，分析俄罗斯的不同地域分布不同农作物的主要区位因素。要求学生查找相关地域的气温、降水等资料，对不同地域的农业区位自然因素进行对比分析。

（三）问题式教学问题情境

综上所述，教材中的问题情境与高考针对经济价值的试题情境相一致，包含对气候、土壤、地形、水资源等农业生产自然条件的探究，在实际教学中，还可结合现实复杂的本土真实案例创设问题情境。

三、思维路径与结构

（一）思维路径

基于上述深度分析，本试题地理学科核心素养测评的思维路径如下图所示。

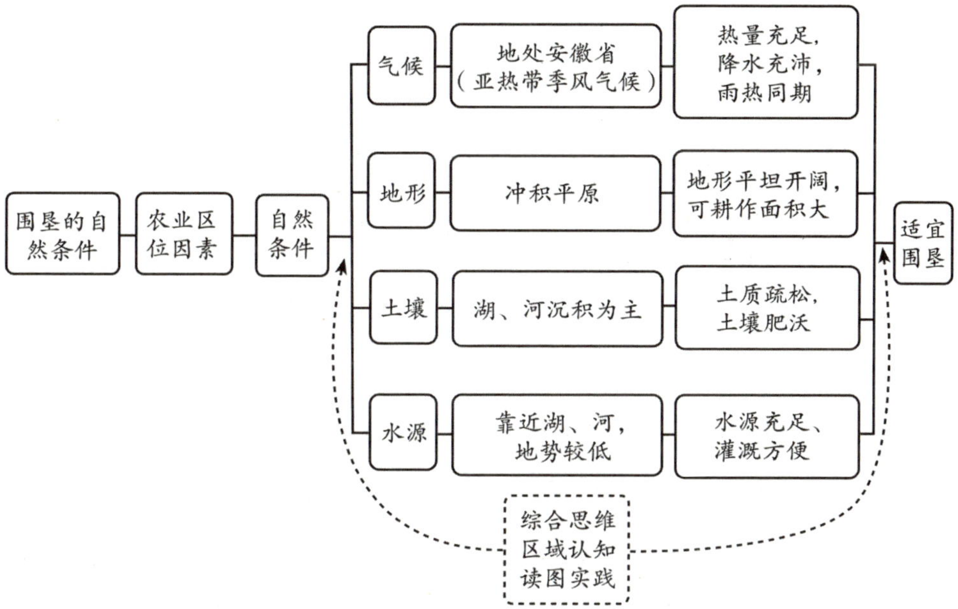

由上图可见，该试题全面考查了地理学科核心素养。以人地协调观统领地理学科核心素养测评，从因地制宜的视角考查圩田适宜围垦的条件。基于地图的判读、区域空间位置和相关位置的认知，实施地理学科核心素养测评。以各级水平的综合思维开展地理学科核心素养测评，从农业区位因素的自然条件多要素综合，到结合不同时期地理环境、气候、水文等时空综合，最终到区域特征影响因素的地方综合，实现综合思维素养进阶测评。

（二）思维结构

依据考生对地理学科核心素养测评的反应，反映出思维结构和学业质量水平如下表所示。

学生测评反应	思维结构	学业质量水平
靠近水源。	单点结构	水平 1
靠近水源，地势平坦。	多点结构	水平 2
地势平坦，土壤肥沃，且靠近河流，灌溉便利。	关联结构	水平 3
地处亚热带，热量充足，降水充沛，雨热同期；地形平坦开阔，可耕作面积大；以湖泊沉积、河流沉积为主，土质疏松，土壤肥沃；近河流，地势较低，灌溉水源充足。	拓展抽象结构	水平 4

从上表可见，该试题地理学科核心素养测评水平 1 表明：读图实践和区域认知的能力薄弱，人地协调观较为肤浅，综合思维限于单点结构。该试题地理学科核心素养测评水平 2 表明：读图实践和区域认知更进一步，综合思维扩展到多要素综合，人地协调观基本可用于分析问题。该试题地理学科核心素养测评水平 3 表明：人地协调观基本形成，读图实践和区域认知比较翔实，综合思维扩展到时空综合。该试题地理学科核心素养测评水平 4 表明：比较熟练应用人地协调观解决因地制宜问题，读图实践和区域认知规律化，综合思维进阶到地方综合。

设问：（4）有人建议把这些圩田从种植庄稼转变为湿地发展水产业。请从下列两方面选择其一作答，分析圩田这种利用方式改变的作用。（6分）

方面①：改善巢湖水质。

方面②：缓解巢湖沿岸地区洪水威胁。

【评分参考】

方面①：庄稼种植过程中施用的化肥、农药会随农田退水排入巢湖，造成水污染；（2分）湿地水流缓慢，促进泥沙沉降；湿地植物吸附氮、磷等营养元素，减轻巢湖富营养化；（2分）提高水体连通性，加强水体自净。（2分）

方面②：圩田地势低于巢湖水面，洪水风险大，湿地发展水产业耐水淹；（2分）湿地延缓水流，调蓄洪峰；（2分）湿地过渡带阻碍了巢湖水的倒灌。（2分）

一、命题依据与测评目标

（一）课程标准内容要求

2.5 结合实例，说明农业的区位因素。

Ⅰ2.2 结合实例，说明因地制宜对于区域发展的重要意义。

Ⅰ2.6 以某生态脆弱区为例，说明该类地区存在的环境与发展问题，以及综合治理措施。

★运用图表说出某地区气候的特点以及气候对当地农业生产和生活的影响。

★举例说明因地制宜发展农业的必要性。

★举例说出某国家在自然资源开发和环境保护方面的经验、教训。

（二）地理学科核心素养测评主要目标

1. 地图判读分析能力。

2. 农业区位因素的认知。

3. 环境保护及相关措施的认知。

4. 因地制宜、人地协调观在农业生产及自然资源开发中的应用。

二、问题情境

（一）高考试题情境

此小题侧重考查农业开发中的人地协调观。由于清代中叶以后，伴随着人地矛盾的日渐突出，更大规模的圩田开发运动带来了物产枯竭、地力下降、水土流失、渔业受阻、水患加剧等一系列生态问题，地区生态系统愈显脆弱。因此，在清朝嘉庆年间出现了三河镇濒临巢湖的现象。因此在现代农业的发展过程中，必须坚持在开发中保护的原则。

（二）教材问题情境

人类利用自然环境提供的服务创造了一个满足人类生存和发展需求的家园。但如何正确处理好人类社会发展和自然环境的关系，是当今人类社会面临的巨大挑战，这也是教材关注的重要内容。

人教版教材以“人类开发利用自然资源带的环境问题有哪些危害”为设问，以修建水坝对自然环境服务功能的可能影响为案例，在分析水坝可以强化自然环境某项服务功能的同时，也提出对其他服务功能造成不利影响。如有利于渔业、水电、灌溉等，不利于鱼类洄游、下游农田营养泥沙的补给等。

中图版教材在讲述人类活动对自然资源的影响部分，提出人类活动有顺应自然规律、造福社会的一方面，节约、合理利用自然资源，维持人地关系协调发展；也存在破坏、不合理利用自然资源的一方面。我国耕地“三位一体”保护格局，数量、质量、生态三大块中，生态保护要求推进土地综合整治并建成高标准农田。

沪教版教材以“我国沿海地区为什么要规定休渔期”这一问题为导引，引入不同案例，分析不同生产力条件下人类活动对自然资源的影响。了解人类不合理的开发行为对自然资源的破坏和环境的影响，让学生树立合理利用自然资源的观念。

鲁教版教材提出，耕地资源由于长期重用轻养、水土流失、农药和化肥使用不当、污染等原因，质量呈下降趋势。因此，需要在耕地的集约利用、因地制宜、合理开发、生态保护等方面做好工作。

湘教版教材以“不适当灌溉导致土地次生盐渍化”“水土流失破坏土地资源”“过度开发造成生物多样性减少”等情境，介绍自然资源的数量、质量、分布以及存在的问题。

（三）问题式教学问题情境

综上所述，教材中的问题情境与高考针对经济价值的试题情境基本一致，都有对自然资源开发与人类活动、环境保护等问题的探究，在实际教学中，还缺少对湿地等农业资源开发方式的介绍，可以在创设问题式教学情境时扩展更多不同类型的案例。

三、思维路径与结构

（一）思维路径

基于上述深度分析，本试题地理学科核心素养测评的思维路径如下图所示。

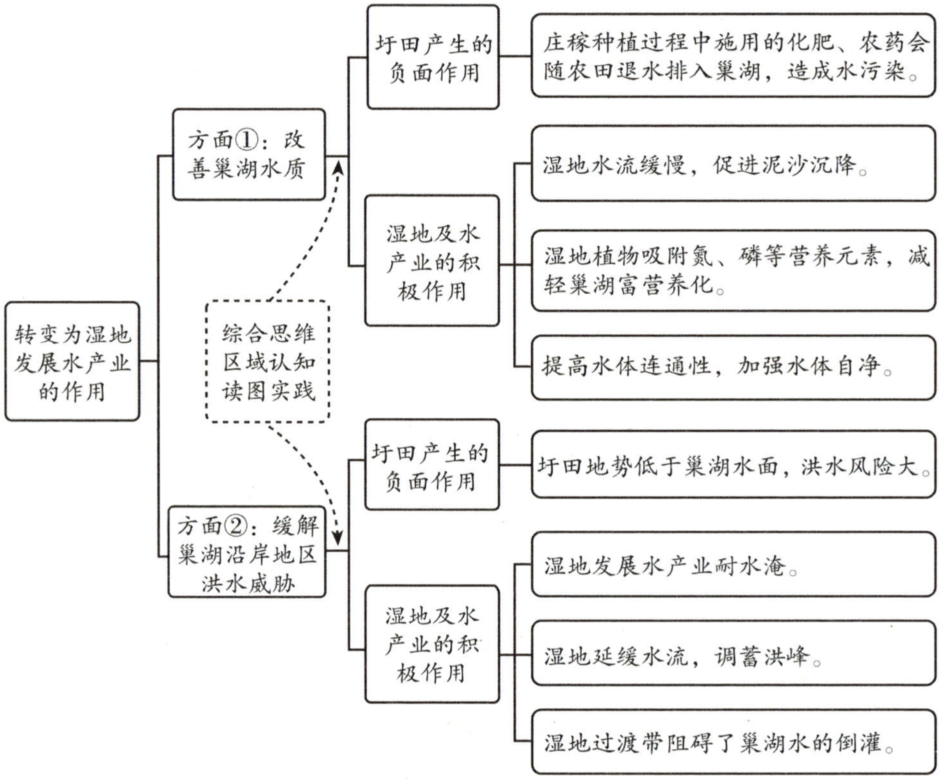

由上图可见，该试题全面考查了地理学科核心素养。以人地协调观统领地理学科核心素养测评，从因地制宜的视角考查圩田转变为湿地发展水产业后，对人类生产生活造成的影响。同时，以各级水平的综合思维开展地理学科核心素养测评，不论是选择从哪个方面进行答题，都要考虑原来圩田产生的负面作用与湿地水产业的积极作用两要素综合，再进一步考虑湿地作用、水文条件、气候等因素进行多要素综合，最后到安徽省巢湖区域范围内的要素地方综合。

（二）思维结构

依据考生对地理学科核心素养测评的反应，反映出思维结构和学业质量水平如下表所示。（以方面①答题为例）

学生测评反应	思维结构	学业质量水平
转变为湿地水产业后，农药、化肥使用减少。	单点结构	水平 1
水污染减少，湿地涵养水源。	多点结构	水平 2
水污染减少，湿地水体净化、促进泥沙沉降。	关联结构	水平 3
庄稼种植过程中施用的化肥、农药会随农田退水排入巢湖，造成水污染；湿地水流缓慢，促进泥沙沉降；湿地植物吸附氮、磷等营养元素，减轻巢湖富营养化；提高水体连通性，加强水体自净。	拓展抽象结构	水平 4

从上表可见，该试题地理学科核心素养测评水平 1 表明：读图实践和区域认知的能力运用还比较欠缺，综合思维限于单点结构。该试题地理学科核心素养测评水平 2 表明：能够较好地运用读图实践和区域认知能力，综合思维扩展到多要素综合，具备一定的人地协调观。该试题地理学科核心素养测评水平 3 表明：读图实践和区域认知比较翔实，能够运用人地协调观分析问题，综合思维扩展到时空综合。该试题地理学科核心素养测评水平 4 表明：比较熟练地应用人地协调观解决因地制宜问题，读图实践和区域认知规律化，综合思维进阶到地方综合。

案例 2　2020 年全国 Ⅰ 卷地理试题第 36 题

阅读图文材料，完成下列要求。

葡萄喜光、耐旱，图为某坡度较大的地方采用顺坡垄方式种植葡萄的景观。该地位于 52°N 附近，气候湿润。

设问：（1）当地采用顺坡垄种植葡萄，据此分析该地区的降水特点。（8 分）

【评分参考】

顺坡垄不利于保水保土（灌溉不便）。（2 分）因此，该地区降水应具有以下特点：降水频率高（经常降雨），（2 分）强度小（少暴雨或每次降雨量较小），（2 分）降水量季节分配较均匀。（2 分）

一、命题依据与测评目标

（一）课程标准内容要求

2.5 结合实例，说明农业的区位因素。

★运用图表说出某地区气候的特点以及气候对当地农业生产和生活的影响。

★举例说明因地制宜发展农业的必要性。

★举例说明气候对生产和生活的影响。

★运用资料，归纳人类面临的主要环境问题，说明协调人地关系和可持续发展的主要途径及其缘由。

（二）地理学科核心素养测评主要目标

1. 图片信息分析能力。
2. 农业区位因素的认知。
3. 气候、土壤、水热条件等自然地理的认知。
4. 因地制宜、人地协调观在农业生产中的应用。

二、问题情境

（一）高考试题情境

从题目材料分析，葡萄生长的特点是喜光、耐旱，从材料中 52°N 和气候湿润两个信息，基本可以判断出该地的气候类型为温带海洋性气候。地理位置有可能是欧洲或者同纬度大陆西岸的北美洲地区。该情境选取世界区域地理知识和农业区位因素相结合，要求学生分析和认识地理环境以及它与人类活动的关系的能力。学生需要具备宏观视野，尤其是大尺度地理区域认知和不同区域之间对比辨析。还需要具备发现地理问题，解决地理问题的意识，尤其是要进行跨区域联系、关联、迁移，拓展区域认知视野。

（二）教材问题情境

各版本教材将农业区位因素分为自然因素和人文因素。自然因素中，降水条件是农作物生长的关键因素之一，对农业区位选择的影响很大。

人教版教材以亚洲水田农业形成的区位因素分析为案例，根据水稻的生长特性，分析亚洲季风气候对水稻生产的热量和水分条件产生的影响，结合水稻、气候类型、人口、地形分布图，综合考量水田农业形成的主要区位因素。

中图版教材以摩洛哥绿洲农业等案例创设情境，说明水源是农业生产的重要影响因素，尤其在干旱和半干旱地区表现最为明显。因此，农业一般布局在靠近水源的地方。如干旱区的种植业主要分布于水源丰富的绿洲地带或河谷地带。

沪教版教材以澳大利亚“小麦—牧羊带”分布的影响因素为情境，根据年降水量图、小麦—牧羊带分布图，探讨墨累—达令盆地小麦分布与地形、气候的关系。最典型的是澳大利亚东南狭窄的沿海低平原地区，这里土壤肥沃，农牧场规模比较小。有地形雨，降水多。人工草场广布，牧草质量好，产量高，载畜量大。

鲁教版教材同样以中国水稻种植分布示意图及相关资料创设情境，探究影响水稻种植的区位因素。水稻是喜温、喜湿的高产粮食作物，对气候、地形、土壤肥力等自然条件要求高。亚洲的热带、亚热带季风气候区特别适合种植。稻田多集中在河流沿岸及下游的三角洲。在水源充足的丘陵山区，人们往往依山势修筑梯田，种植水稻。

湘教版教材在介绍农业生产的自然条件中，指出水分是农业生产必备的条件。水分较多的地方，适宜于水稻生产和淡水养殖；水分较少的地方，往往只能经营旱作农业或灌溉农业。地形对农业生产也具有重要影响。在平原地区，地表平坦，土层深厚，便于耕作和灌溉，适宜发展种植业。在山区，地表崎岖，不宜耕作，但适宜发展畜牧业和林业，开展多种经营。

（三）问题式教学问题情境

综上所述，教材中的问题情境与高考考查农作物种植的降水条件试题情境相近，包含对气候、土壤、地形、水资源等农业生产自然条件的探究。在实际教学中，还可拓展更多现实中复杂的真实案例创设问题情境，引导学生具体问题具体分析。

三、思维路径与结构

（一）思维路径

基于上述深度分析，本试题地理学科核心素养测评的思维路径如下图所示。

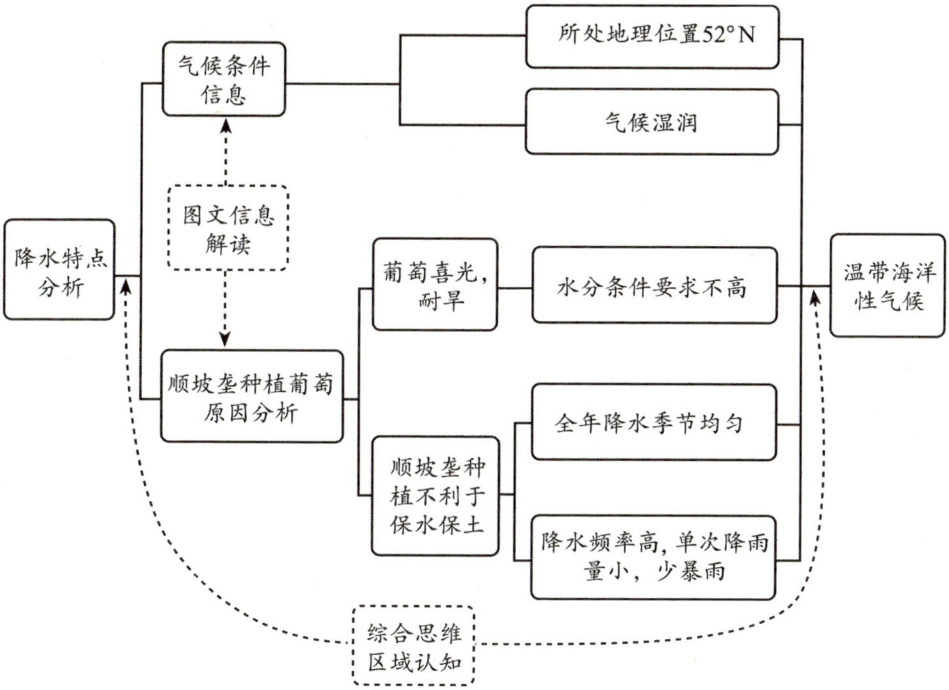

由上图可见，该试题全面考查了地理学科核心素养。以因地制宜和人地协调观统领地理学科核心素养测评，以顺坡垄种植葡萄情境反推当地降水条件。基于图文信息解读和区域空间位置、气候、地形等地理知识的认知，实施地理学科核心素养测评。以各级水平的综合思维开展地理学科核心素养测评，从顺坡垄种植葡萄自然条件、农作物生长特点的多要素综合，到结合地形、气候、水文等时空综合，最终到地理位置、区域特征影响因素的地方综合，实现综合思维素养进阶测评。

（二）思维结构

依据考生对地理学科核心素养测评的反应，反映出思维结构和学业质量水平如下表所示。

学生测评反应	思维结构	学业质量水平
降水较少。	单点结构	水平 1
降水少，但全年比较平均。	多点结构	水平 2
降水频率高，强度小，降水量季节分配较均匀。	关联结构	水平 3
顺坡垄不利于保水保土（灌溉不便）。因此，该地区降水应具有以下特点：降水频率高（经常降雨），强度小（少暴雨或每次降雨量较小），降水量季节分配较均匀。	拓展抽象结构	水平 4

从上表可见，该试题地理学科核心素养测评水平 1 表明：图文信息解读能力和区域认知的能力较为薄弱，人地协调观较为肤浅，综合思维限于单点结构。该试题地理学科核心素养测评水平 2 表明：图文信息解读和区域认知更进一步，综合思维扩展到多要素综合，人地协调观基本可用于分析问题。该试题地理学科核心素养测评水平 3 表明：人地协调观基本形成，图文信息解读和

区域认知比较翔实，综合思维扩展到时空综合。该试题地理学科核心素养测评水平4表明：比较熟练地应用人地协调观解决因地制宜问题，图文信息解读和区域认知比较全面，综合思维进阶到地方综合。

设问：（2）指出该地种植葡萄宜选择的坡向，并分析与梯田相比，顺坡垄利用光照的优势。（8分）

【评分参考】

葡萄喜光。种植葡萄宜选择向阳坡（或用方位表示的阳坡，如南坡）。该地纬度高，太阳低（正午太阳高度小）。（4分）与梯田相比，顺坡垄接受阳光照射的角度较大，植株和垄接受光照的面积较大。（4分）

一、命题依据与测评目标

（一）课程标准内容要求

2.5 结合实例，说明农业的区位因素。

★举例说明因地制宜发展农业的必要性。

★举例说明纬度位置、海陆分布、地形等因素对气候的影响。

★举例说明气候对生产和生活的影响。

（二）地理学科核心素养测评主要目标

1. 经纬度与太阳辐射相关认知。

2. 农业区位因素的认知。

3. 气候、土壤、水热条件等自然地理的认知。

4. 因地制宜、人地协调观在农业生产中的应用。

二、问题情境

（一）高考试题情境

该题目从葡萄喜光的特性出发，结合给定的地理区域、地形，考查对光照条件的分析，以及相关农业区位选择。此题所述的“垄”，是指中间用土高堆起来，稍高于两侧的土地。顺坡垄作，又叫顺坡种植，是指垄的方向和坡向平行的种植方式。顺坡垄作对土壤侵蚀作用是最为剧烈的。顺坡垄犹如条条水渠，每逢暴雨来临，地表径流汇集于垄沟内并顺垄而下，容易加剧水土流失。因而，在考查学生农业区位因素的同时，也涉及水土流失的生态问题，引发学生对人地协调观的思考。

（二）教材问题情境

各版本教材将农业区位因素分为自然因素和人文因素。自然因素中，降水条件是农作物生长的关键因素之一，对农业区位选择的影响很大。

人教版教材在介绍农业区位因素时，主要提到自然因素中的热量、光照、降水等气候条件对农业区位选择的影响很大。不同生物的生长和繁殖，要求不同的气候条件，而气候条件具有明显的地域差异。如柑橘是亚热带水果，苹果是暖温带水果。由于我国南北气温的差异，柑橘种植主要分布在南方地区，苹果种植主要分布在北方地区。

中图版教材指出影响农业的区位因素有很多，其中自然因素主要有气候、土壤、地形和水源等。气候是影响农作物分布和农业生产首要的自然因素。不同的农作物有着不同的水热条件要求。如水稻生长需要较多的水分和热量，分布于温暖湿润的地区；橡胶需要生长在年均气温较高，且冬季不受寒潮影响的地区，因此主要集中分布于热带地区。

沪教版教材指出自然因素对农业区位约束很大，主要影响因素有气候、土壤、地形和水源等，气候是影响农作物分布和农业生产的主导因素。教材以棉花这种喜光作物为例，结合其适宜在较充足的热量和光照条件下生长的特点，以及新疆为何成为棉花重要产地的设问，以引导学生进行思考和分析。

鲁教版教材指出影响农业的区位因素中的自然因素有气候、地形、土壤和水源等。如气候因素主要包括热量、光照和降水，其对作物的种类、产量、品质等有重要影响。地形对农业活动的影响以海拔和坡度最为明显。平原地区一般地势平坦，适宜发展种植业；山地往往坡度较大，不适宜耕作，常常发展林业、畜牧业。如江西省鄱阳湖平原成为稻米产区，而赣南丘陵则发展了林果业。

湘教版教材在介绍农业生产的自然条件时，说明光照是农业生产的能量源泉。光照的强弱和长短，在很大程度上决定着农作物的地区分布。热量是农作物生长的基本条件。热量不仅制约着农作物的产量，而且关系到作物种类、耕作制度和栽培方法。我们常以活动积温，即日平均气温≥10℃持续期的积温，作为衡量农作物热量条件的基本指标。

（三）问题式教学问题情境

综上所述，教材中的问题情境与高考考查农作物种植的降水条件试题情境相近，包含对气候、土壤、地形、水资源等农业生产自然条件的探究，还可以在地形、光照、土壤等次级情境方面进一步细化和拓展，引导学生在多因素综合思维。

三、思维路径与结构

（一）思维路径

基于上述深度分析，本试题地理学科核心素养测评的思维路径如下图所示。

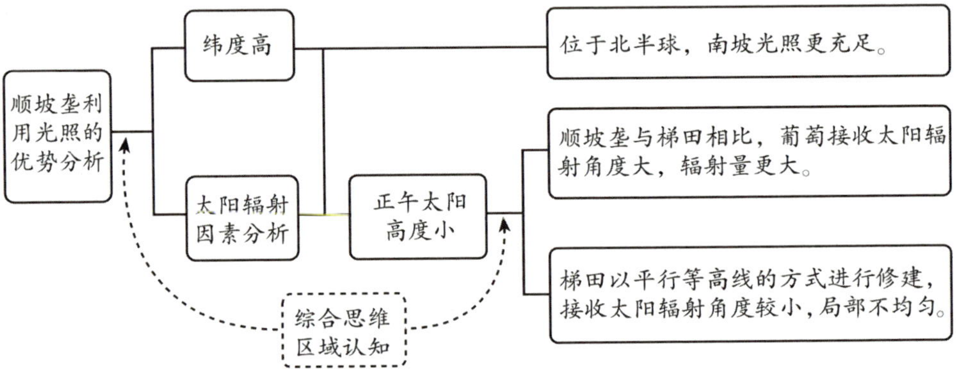

由上图可见，该试题全面考查了地理学科核心素养。以因地制宜和人地协调观统领地理学科核心素养测评，分析顺坡垄地形对比梯田种植方式在利用光照方面的优势。基于区域空间位置、地形、太阳辐射等地理知识的认知，实施地理学科核心素养测评。以各级水平的综合思维开展地理学科核心素养测评，从顺坡垄地形光照条件的纬度因素、光照角度两要素综合，到结合顺坡垄与梯田不同地形、光照角度等时空综合，最终到北半球某个地理位置、区域特征影响因素的地方综合，实现综合思维素养进阶测评。

（二）思维结构

依据考生对地理学科核心素养测评的反应，反映出思维结构和学业质量水平如下表所示。

学生测评反应	思维结构	学业质量水平
接收太阳辐射量更大。	单点结构	水平 1
向阳坡接收太阳辐射角度大，接收更平均。	多点结构	水平 2
地处北纬高纬度，太阳高度小，坡面接收角度大，也更均匀。	关联结构	水平 3
葡萄喜光，种植葡萄宜选择向阳坡（或用方位表示的阳坡，如南坡）。该地纬度高，太阳低（正午太阳高度小）。与梯田相比，顺坡垄接受阳光照射的角度较大，植株和垄接受光照的面积较大。	拓展抽象结构	水平 4

从上表可见，该试题地理学科核心素养测评水平 1 表明：综合思维限于单点结构，对于太阳辐射、地理位置等信息解读不够，区域认知较浅薄，人地协调观较为肤浅。该试题地理学科核心素养测评水平 2 表明：能够解读图文信息，分析地形、太阳辐射角度等因素，区域认知更进一步，综合思维扩展到多要素综合，人地协调观基本可用于分析问题。该试题地理学科核心素养测评水平 3 表明：人地协调观基本形成，能够结合地理位置、地形、太阳辐射等因素综合分析，综合思维扩展到时空综合。该试题地理学科核心素养测评水平 4 表明：比较熟练地应用人地协调观解决因地制宜问题，信息解读和区域认知比较全面，综合思维进阶到地方综合。

案例 3　2019 年全国Ⅱ卷地理试题第 36 题

阅读图文材料，完成下列要求。

云南省宾川县位于横断山区边缘，高山地区气候凉湿，河谷地区气候干热。为解决河谷地区农业生产的缺水问题，该县曾在境内山区实现小规模调水。但效果有限。1994 年“引洱（海）入宾（川）”工程竣工通水，加之推广节水措施，当地农业用水方得以保障。近些年来，宾川县河谷地区以热带、亚热带水果为主的经济作物种植业蓬勃发展。下图示意宾川县的地形。

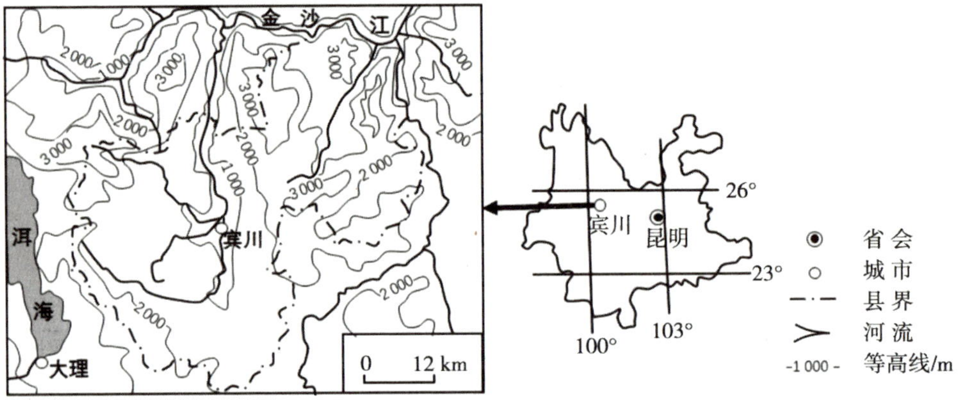

设问：（4）以水果种植业为基础，提出宾川县为促进经济进一步发展可采取的措施。（4 分）

【评分参考】

吸引相关企业投资，发展水果加工业；引进并培育优良品种，树立品牌；加大宣传力度，开拓水果销售市场；促进以水果种植为基础的旅游产业化；完善交通等基础设施建设；等等。（答出两点即可，每点 2 分）

一、命题依据与测评目标

（一）课程标准内容要求

2.5 结合实例，说明农业的区位因素。

Ⅰ2.2 结合实例，说明因地制宜对于区域发展的重要意义。

★举例说明因地制宜发展农业的必要性。

（二）地理学科核心素养测评主要目标

1. 地形图、等高线图的判读能力。
2. 农业区位因素的认知。
3. 区域要素的关联和区域发展的认知。
4. 因地制宜、人地协调观在农业生产中的应用。

二、问题情境

（一）高考试题情境

此题以“云南宾川县种植业发展”为案例创设情境，题目由地图信息和文字信息组成。由地图信息可知宾川县地形要素：山高谷深；气候要素：位于温暖湿润的亚热带季风气候区。由文字信息可知宾川县气候要素、水文要素、农业布局、水资源匮乏等信息。本题设问探究区域以水果种植业为基础的发展新措施，较好地考查学生对区域自然地理特征空间格局的观察力和概括力、对地理要素之间相关性的综合分析能力、对农业产业发展区位优势的分析能力，以及对区域经济可持续发展的决策能力。

（二）教材问题情境

各版本教材将农业区位因素分为自然因素和人文因素。人文因素包括市场、交通、政策法规等，同时资金、劳动力、科技、历史、文化、政治等因素也影响农业区位选择。因此，农业的区位选择必须综合考虑多种因素，不同地区、不同时期，考虑的主导因素往往不同，要做到因地制宜，因时制宜，充分合理利用土地。

人教版教材在介绍人文因素时，说明人文因素的一些变化影响农业发展。随着科学技术的进步，农业生产逐渐改变了“靠天吃饭”的历史。人们通过技术手段对光热、水分等不适宜农业生产的状况进行人工干预，使之适宜发展农业。如利用温室、塑料大棚等，可以改善农作物生长的温度因素，并可对光照、通风、湿度等因素进行人工调节，从而扩大了农作物种植的时空范围。

中图版教材列举了发展农业的一些情境，如政策是各国政府用来调整农业生产结构，促进农业发展的重要手段。20 世纪 90 年代，德国通过补贴推广向日葵的种植，以提高食用油生产的原料供给。短短两年时间，德国向日葵种植面积显著扩大，大片黄色的向日葵田成为德国农村的特色景观。农业生产技术的改进，如优良品种的培育、机械化耕作和化肥的广泛使用等，常使土地单位面积产量大幅度提高，从而降低生产成本，这意味着农产品的价格负担土地费用和运输费用的能力提高。我国山东省寿光市借助于物联网，已经实现了农业智能化监控和信息化管理，有利于为农作物创造最佳的生长环境，从而大大提高农作物的品质。

沪教版教材以丹麦区位条件变化为案例，分析影响农业生产的区位因素在某一地区的适宜程度、组合状况及动态变化的评价，有助于因地制宜、扬长避短，充分发挥地区生产潜力，不断促进农业生产的合理地域分工和布局，以实现最佳的经济、社会和生态效益。

鲁教版教材在关于农业区位变化中，强调交通、科技进步对农业发展的影响。如随着商品农业的发展，市场和交通因素对农业区位的影响不断增强。及时把握市场和农产品需求信息，可以为农业生产的决策提供依据；交通运输网络的完善和农产品保鲜、冷藏技术的提高，扩大了农产品的销售范围。同时，随着交通运输条件的改善和农产品产值的提高，运费在农产品价格中所占比重大幅下降。随着城镇化的发展，原来远离城市的乡村变为城市郊区，农业生产往往由单一的种植业逐渐变为以蔬菜、花卉、养殖等为主的多种生产。

湘教版教材介绍了农业布局的相关内容。不同地区利用当地的优势条件，形成了各具特色的农业地域类型。农业地域类型是指在一定的地域范围内和一定的历史发展阶段，在社会、经济、科技、文化和自然条件的综合作用下，所形成的农业生产地区。世界农业生产的发展变化具有以下特点：从自给自足到商品化生产；从“小而全”到专业化；从相对分散到适度集中；从“千篇一律”到地域分工；从粗放型到集约型；农业生产经营与现代信息技术相结合。

（三）问题式教学问题情境

综上所述，教材中的问题情境与试题考查当地区域农业发展决策情境有相近之处，试题情境还包括区域发展的思考。因此，在实际教学中，在探究农业发展的同时，与区域联系、区域发展的章节相结合，引导学生发挥综合思维能力。

三、思维路径与结构

（一）思维路径

基于上述深度分析，本试题地理学科核心素养测评的思维路径如下图所示。

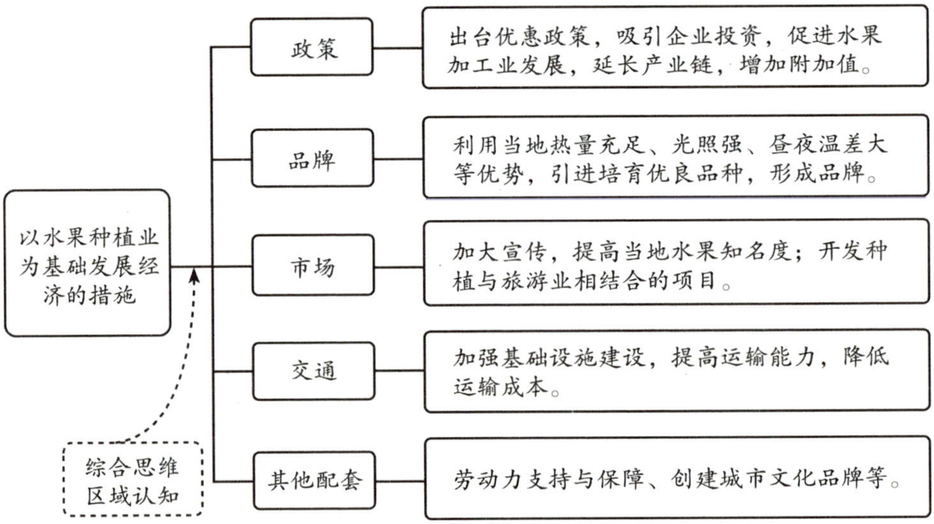

由上图可见，该试题全面考查了地理学科核心素养。以因地制宜和人地协调观统领地理学科核心素养测评，基于宾川县的区域特点，以及水果种植业特色，从农业区位、区域关联与发展等角度，实施地理学科核心素养测评。以各级水平的综合思维开展地理学科核心素养测评，从经济发展的政策、市场、交通、配套等多要素综合，到多角度具体解决方案的思考和设想，多维度分析其相互之间的影响，最终结合区域发展的系统性与地域性，实现综合思维素养进阶测评。

（二）思维结构

依据考生对地理学科核心素养测评的反应，反映出思维结构和学业质量水平如下表所示。

学生测评反应	思维结构	学业质量水平
政策引导发展种植业。	单点结构	水平 1
政策支持，加大产品宣传。	多点结构	水平 2
政策支持，加大产品宣传，结合旅游产业发展。	关联结构	水平 3
吸引相关企业投资，发展水果加工业；引进并培育优良品种，树立品牌；加大宣传力度，开拓水果销售市场；促进以水果种植为基础的旅游产业化；完善交通等基础设施建设；等等。	拓展抽象结构	水平 4

从上表可见，该试题地理学科核心素养测评水平 1 表明：综合思维限于单点结构，对于区域发展和农业区位认知较浅，人地协调观较为模糊，难以提出建设性意见。该试题地理学科核心素养测评水平 2 表明：能够解读区域发展和农业区位因素，区域认知更进一步，综合思维扩展到多要素综合，人地协调观基本可用于分析问题。该试题地理学科核心素养测评水平 3 表明：人地协调观基本形成，能够结合旅游业等其他关联产业思考解决方案，综合思维扩展到时空综合。该试题地理学科核心素养测评水平 4 表明：比较熟练地应用人地协调观解决因地制宜问题，信息解读和区域认知比较全面，综合思维进阶到地方综合。

案例 4　2021 年广东卷地理试题第 18 题

阅读图文资料，完成下列要求。

上海市嘉定区是我国著名的汽车生产基地，1958 年我国第一辆“凤凰牌”轿车即在此诞生。昆山市、太仓市是江苏省苏州市的两个县级市，有较强制造业基础。近年来，嘉定区着力引进总部经济与研发产业，昆山、太仓两市大力发展汽车零部件生产。为了进一步提升汽车产业区域竞争力，2018 年嘉定区与苏州市签订战略合作协议，共同推进嘉（定）—昆（山）—太（仓）协同创新核心圈建设，合力打造世界级汽车产业中心。下图示意 2008 年和 2017 年嘉—昆—太地区汽车先进零部件制造业热点分布。

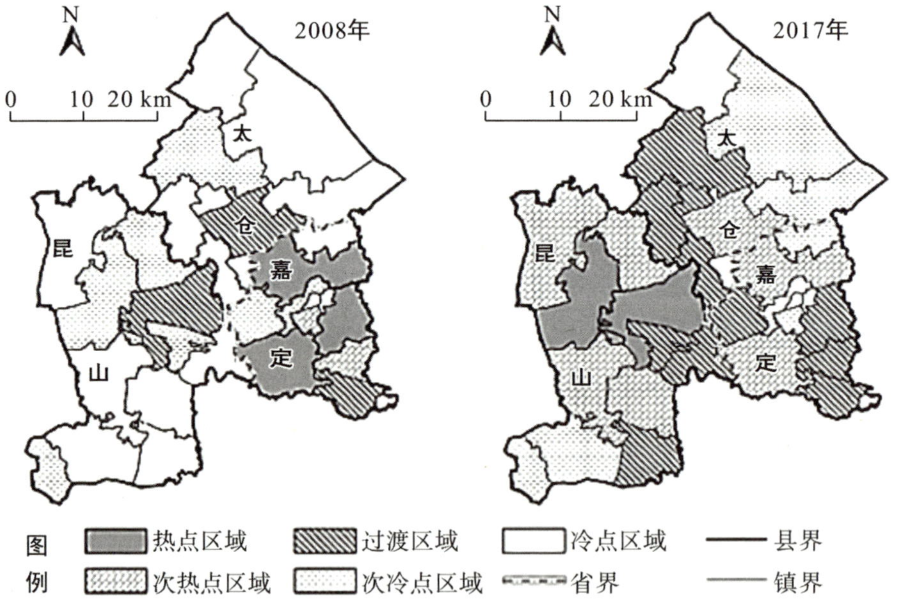

设问：（2）分析嘉—昆—太地区汽车产业快速发展的独特区位条件。（8分）

【评分参考】

汽车产业发展历史悠久，产业基础好；（2分）高校众多，高新技术产业发达，汽车研发人才多；（2分）研发资金充足；与苏州市形成战略合作，有政策支持；（2分）长三角人口密集，汽车需求量大，市场广阔。（2分）（区位条件每条2分）

一、命题依据与测评目标

（一）课程标准内容要求

2.5 结合实例，说明工业的区位因素。

Ⅰ2.2 结合实例，说明因地制宜对于区域发展的重要意义。

Ⅰ2.3 以某大都市为例，从区域空间组织的视角出发，说明大都市辐射功能。

Ⅰ2.7 以某区域为例，说明产业转移和资源跨区域调配对区域发展的影响。

★举例说出区际联系对区域经济发展的意义。

★运用资料说出我国工业分布特点。

（二）地理学科核心素养测评主要目标

1. 分布示意图的判读能力。
2. 工业区位因素的认知。
3. 区域要素的关联和区域发展的认知。
4. 产业转移与资源跨区域调配对区域发展的影响认知。
5. 因地制宜、人地协调观在区域发展中的应用。

二、问题情境

（一）高考试题情境

此题以嘉—昆—太地区的汽车产业链布局与发展情况为背景，给出三地汽车先进零部件制造业热点分布图，要求学生从图中读取相关信息，结合嘉—昆—太地区 2008—2017 年的时间变化和三地汽车产业空间变化，考虑汽车先进零部件制造业的各类工业区位因素，运用所学知识综合分析并解答问题。该题能引导学生关注国家发展战略，有利于研究兴趣的培养。

（二）教材问题情境

各版本教材将工业区位选择的目标分为三类：即追求经济效益、生态效益和社会效益的统一，其主要原则是成本最低、利润最高、污染最小。一般来说，要做到：根据工业生产特点确定影响工业生产的主要区位因素，特别是从减少生产费用、提高经济效益方面考虑，工业布局应尽可能接近原料、燃料产地与消费市场，以节省运输费用；影响工业区位选择的自然因素主要考虑土地（是否平坦、广阔，适于建筑），水源（是否丰富、近便），原料、燃料（丰富程度）；经济因素对工业区位选择的影响主要分析以下几方面：市场是否广阔；劳动力数量是否丰富；科技是否发达；交通运输是否便捷；信息、网络是否通畅；等等。

人教版教材在工业区位因素介绍中，说明成本是经济效益的一个重要影响因素。从运输成本看，工业原料的输入、产品的输出，都需要交通运输。如宝山钢铁厂建在上海，可以利用上海的港口优势，从澳大利亚、巴西等国进口铁矿石。此类需要大量运输原料的工业，更需要建在有便捷的交通运输条件的地方，如沿海和沿江港口、铁路枢纽，以及高速公路沿线等交通便捷的地方。

中图版教材描述了工业区位影响因素的变化。在工业发展的早期，原材料和市场需求是影响工业布局的主要因素。那时原材料和产品到市场的运输费用在产品成本中占有很大比重。工业的区位选择总是趋向于运输成本最低的区域位置。随着工业的发展，劳动力素质和成本也成为工业布局的区位因素。人们认识到环境问题的重要性后，环境因素也成为不可忽视的区位因素。教材以北汽在河北沧州的选址建厂为案例，引导学生思考：北汽工厂选址在沧州市的有利因素和不利因素，北汽工厂和对应的物流、服务贸易、对外出口产业之间的产业联系，北汽工厂是否能推动当地的产业链发展。

沪教版教材以钢铁工业布局为问题情境，提供钢铁工业布局区位因素及钢铁生产流程示意图，引导学生分析工厂选址在决策时需要考虑的因素，包括矿产和能源、交通运输、市场、政策、土地、劳动力、环境等。也说明不同的工业，需要根据实际情况，综合多种因素，做出合理选择。由于生产过程和生产特点不同，要考虑的主导因素会有所不同。

鲁教版教材指出，工业区位既受土地、水源、能源和矿产资源等自然环境因素的影响，又受到市场、交通运输、劳动力、地区发展水平、政策等社会经济因素的影响。以大连船舶工业的区位因素探究为例，通过辽中南工业基地示意图，分析工业区位选择与原料和产品运费、劳动力成本、企业在空间上的集聚（分散）等要素的关联。

湘教版教材阐明影响工业区位的社会经济因素包括当地的总体发展水平、基础设施、公共服务、交通运输、劳动力供给、投资环境、政策、市场等。科学技术因素包括生产设备与工艺、从业人员素质、科技研发能力、信息化水平等。现代加工制造业对员工素质有较高要求。高科技产业应布局在大城市附近或科技水平较高的地区。在现代工业发展的过程中，科技创新的重要性日益突出。

（三）问题式教学问题情境

综上所述，教材中的问题情境与试题考查嘉—昆—太地区汽车产业快速发展的独特区位条件基本一致，教学创设情境中可以将工业区位因素与区域联系、发展结合在一起进行分析，引导学生用因地制宜的人地协调观来分析问题。

三、思维路径与结构

（一）思维路径

基于上述深度分析，本试题地理学科核心素养测评的思维路径如下图所示。

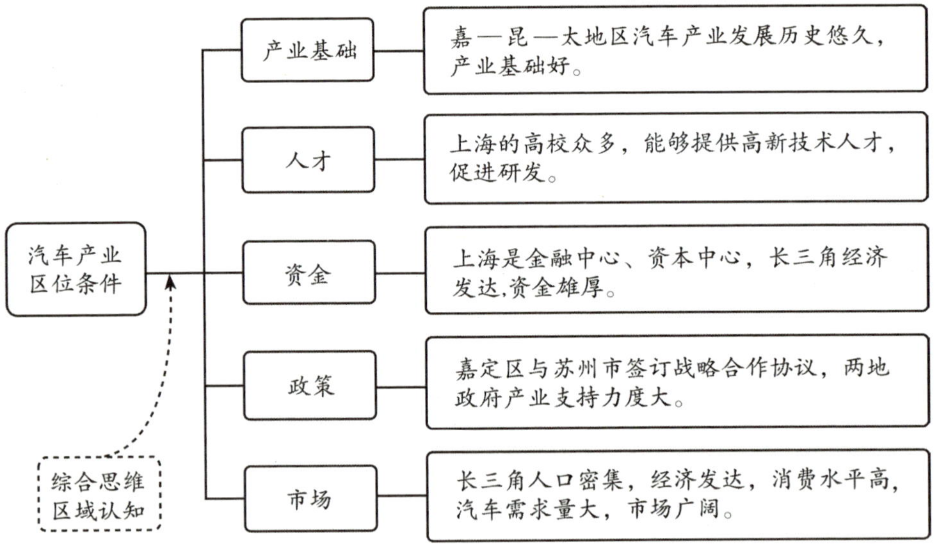

由上图可见，该试题全面考查了地理学科核心素养。以因地制宜和人地协调观统领地理学科核心素养测评，基于嘉—昆—太地区的区域特点和相互间的联系，以及当地产业发展特征，从工业区位、区域关联与发展等角度，实施地理学科核心素养测评。以各级水平的综合思维开展地理学科核心素养测评，从产业基础、人才、科技、资金、政策和市场等多要素综合，到嘉—昆—太地区不同区域之间的时空联系，再到结合三个区域实际发展水平的系统性、地域性的分析，实现综合思维素养进阶测评。

（二）思维结构

依据考生对地理学科核心素养测评的反应，反映出思维结构和学业质量水平如下表所示。

学生测评反应	思维结构	学业质量水平
具备产业基础。	单点结构	水平 1
有产业基础，且三地能形成产业链。	多点结构	水平 2
三地产业有效分工，形成产业链，区域资金、人才资源多。	关联结构	水平 3
汽车产业发展历史悠久，产业基础好；高校众多，高新技术产业发达，汽车研发人才多；研发资金充足；与苏州市形成战略合作，有政策支持；长三角人口密集，汽车需求量大，市场广阔。	拓展抽象结构	水平 4

从上表可见，该试题地理学科核心素养测评水平 1 表明：综合思维限于单点结构，区域发展和工业区位认知欠缺，人地协调观较为模糊，难以进行具体分析。该试题地理学科核心素养测评水平 2 表明：能够解读区域发展和工业区位因素，区域认知更进一步，综合思维扩展到多要素综合，人地协调观基本可用于分析问题。该试题地理学科核心素养测评水平 3 表明：人地协调观基本形成，能够

结合区位因素在时空尺度分析三地的关联，综合思维扩展到时空综合。该试题地理学科核心素养测评水平 4 表明：比较熟练地应用人地协调观解决因地制宜问题，信息解读和区域认知比较全面，综合思维进阶到地方综合。

设问：（3）从产业协同的角度，提出嘉—昆—太地区汽车产业发展的合理化建议。（8 分）

【评分参考】

三地需将各自优势互补发展，嘉定区应发挥其资金、技术和人才优势，昆、太两市发挥土地、劳动力、政策优势；（2 分）嘉定区立足汽车研发，昆、太两地应该积极发展汽车零部件制造业，构建汽车产业链；（2 分）扩大产业规模，形成规模效应；（2 分）加大科技投入，提升汽车零部件制造水平，向高端制造业发展，提升竞争力；（2 分）加强一区两市之间的交通基础设施建设，提升三地运输效率。（2 分）（答出四点即可）

一、命题依据与测评目标

（一）课程标准内容要求

2.5 结合实例，说明工业的区位因素。

Ⅰ2.2 结合实例，说明因地制宜对于区域发展的重要意义。

Ⅰ2.3 以某大都市为例，从区域空间组织的视角出发，说明大都市辐射功能。

Ⅰ2.4 以某地区为例，分析地区产业结构变化过程及原因。

Ⅰ2.7 以某区域为例，说明产业转移和资源跨区域调配对区域发展的影响。

★举例说出区际联系对区域经济发展的意义。

★运用地图和其他资料，说出某区域的产业结构与产业布局特点。

（二）地理学科核心素养测评主要目标

1. 分布示意图的判读能力。
2. 工业区位因素的认知。
3. 区域要素的关联和区域发展的认知。
4. 产业转移与资源跨区域调配对区域发展的影响认知。
5. 因地制宜、人地协调观在区域发展中的应用。

二、问题情境

（一）高考试题情境

此题以 2008 年、2017 年嘉—昆—太地区汽车先进零部件制造业热点分布图为资料，要求从产业协同的角度，提出嘉—昆—太地区汽车产业发展的合理化建议。本题涉及的上海市嘉定区，江苏省昆山市、太仓市都位于长三角区域内。自 2018 年 5 月签订了打造“嘉昆太”协同创新核心圈的战略合作框架协议以来，三地初步形成了以政府规划为先导、以协调机制为动力、以比较优势为基础、以分工协作为方式、以市场运作为抓手的协同发展新模式，取得了较好的合作成效。

（二）教材问题情境

在各版本教材中，都有涉及大都市辐射功能，区域的整体性和关联性，产业转移与资源跨区域调配，以及地区产业结构的变化等相关内容。

人教版教材在大都市辐射功能板块中，以武汉的城市辐射功能为例，分析周边城市的“光谷”在光电子产业品牌和产业发展中的优势，带动周边黄冈市发挥资源和产业基础优势，发展电子电器、高端装备制造、汽车零部件等产业集群和现代服务业。在产业转移板块中，描述了产业转移对促进区域产业分工与合作的作用：产业转移可经使各地区根据自己的优势条件发展相应的产业，从而促进产业的分工和合作，推动区域经济的一体化。

中图版教材以上海大都市的辐射功能创设情境，分析大都市基于较高的经济发展水平和强大的资源优势，通过交通、通信、金融、贸易、人口流动等方式，实现对周围区域经济、文化、科技、教育、人才、思想观念等的辐射带动。上海是长江三角洲城市群的核心城市，对长江经济带也有明显影响。教材还以新能源汽车的研发为例，分析上海与江苏、浙江、安徽等区域之间的产业互动。在产业转移板块，以珠江三角洲地区佛山陶瓷产业调整为案例，说明产业转移对区域发展的影响。

沪教版教材分析了上海作为大都市的辐射功能，同时分析了长三角的区域空间组织，依靠行政机制、经济机制和社会文化交流机制等形成区域之间物流、人流、资金流和信息流的关联网络。经济机制指区域的资金、劳动力、商品、技术和信息充分流动，从而形成活跃的区域市场机制。如在人力资源方面，上海高校和科研院所集中，每年向周边地区乃至全国输送大量人才，同时，周边地区为上海提供丰富的劳动力资源。此外，以长三角的汽车产业为背景创设情境，分析上海作为汽车产业中心，周边一些城镇发展相应的汽车配件产业的分工和协作格局。从上海到无锡、常州、镇江、扬州，再到南京，是目前我国汽车工业十分集中的一条“走廊”。

鲁教版教材分析了上海对外辐射作用的影响，并以上海对昆山的影响创设问题情境进行分析。上海市的对外辐射不仅有利于上海解决中心城市产业活动过度集聚、交通拥堵、地价上涨及环境污染等问题，也有利于大都市产业、资金等寻找新的发展机会。对于长三角众多受辐射的城市来说，可以获得资金、技术与管理经验，推进交通、通信等基础设施建设，促进产业发展，提升经济活力。同时，上海市的辐射对长三角众多城市的规模扩大、等级提高产生了影响，使区域空间组织日趋完善。

湘教版教材以上海对苏州的影响创设问题情境，分析区域一体化发展。苏州是我国重要的现代工业基地，工业以电子信息、家用电器、食品医药、装备制造、纺织服装为大宗。苏州东邻上海，借助上海科技、教育、金融、外贸等方面的支持，城市经济与上海一体化发展。在2018年我国县域经济百强排行中，苏州所辖的昆山、张家港、常熟、太仓四市都位居前列。这与上海的辐射带动作用是分不开的。上海是我国重要的经济、交通、科技、工业、金融、会展和航运中心，对内主要影响长江下游地区以及周边地域，对外则与亚太和欧洲的大城市保持商贸文化联系。上海与江苏、浙江、安徽共同构成的长江三角洲城市群，现已成为世界级超大城市群。

（三）问题式教学问题情境

综上所述，教材中的问题情境与试题考查嘉—昆—太地区三地汽车产业协同发展基本一致，教学情境中所涉及的上海都市辐射功能、区域经济带合作和协同发展、汽车等产业协同发展案例等丰富的内容，完全可迁移到试题的解答中，并结合试题要求综合作答。

三、思维路径与结构

（一）思维路径

基于上述深度分析，本试题地理学科核心素养测评的思维路径如下图所示。

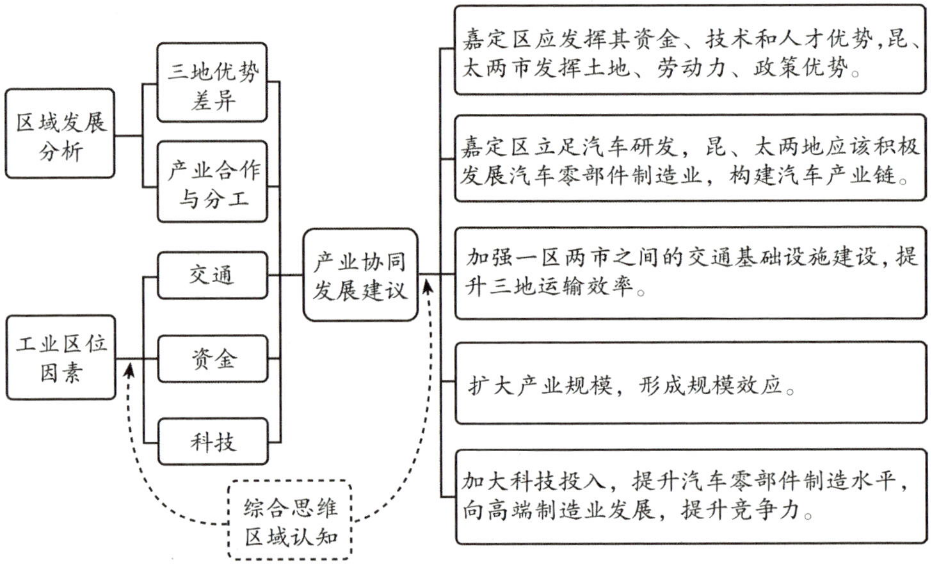

由上图可见，该试题全面考查了地理学科核心素养。以因地制宜和人地协调观统领地理学科核心素养测评，基于嘉—昆—太地区的区域特点和相互间的联系，从工业区位、区域关联与发展等角度提出合理化的建议，通过开放式问题引导学生多角度思考，实施地理学科核心素养测评。以各级水平的综合思维开展地理学科核心素养测评，从交通、科技、资金、政策和市场等工业区位多要素综合，到嘉—昆—太地区不同区域之间产业发展的时空综合，再到结合三个区域优势条件、实际发展水平的系统性、地域性的分析，实现综合思维素养进阶测评。

（二）思维结构

依据考生对地理学科核心素养测评的反应，反映出思维结构和学业质量水平如下表所示。

学生测评反应	思维结构	学业质量水平
三地加强产业分工协作。	单点结构	水平 1
优势互补，分工协作。	多点结构	水平 2
优势互补，分工协作，加强科技投入，加快基础设施建设。	关联结构	水平 3
三地需将各自优势互补发展，嘉定区应发挥其资金、技术和人才优势，昆、太两市发挥土地、劳动力、政策优势；嘉定区立足汽车研发，昆、太两地应该积极发展汽车零部件制造业，构建汽车产业链；扩大产业规模，形成规模效应；加大科技投入，提升汽车零部件制造水平，向高端制造业发展，提升竞争力；加强一区两市之间的交通基础设施建设，提升三地运输效率。	拓展抽象结构	水平 4

从上表可见，该试题地理学科核心素养测评水平 1 表明：综合思维限于单点结构，区域发展和工业区位认知欠缺，人地协调观较为模糊，难以进行具体分析。该试题地理学科核心素养测评水平 2 表明：能够解读区域发展和工业区位因素，区域认知更进一步，综合思维扩展到多要素综合，人地协调观基本可用于分析问题。该试题地理学科核心素养测评水平 3 表明：人地协调观基本形成，能够

结合区位因素在时空尺度分析三地的关联，综合思维扩展到时空综合。该试题地理学科核心素养测评水平 4 表明：比较熟练地应用人地协调观解决因地制宜问题，信息解读和区域认知比较全面，综合思维进阶到地方综合。

案例 5　2021 年全国乙卷地理试题第 36 题

阅读图文材料，完成下列要求。

上海是人口众多、经济发达、对外联系紧密的现代化大都市。截至 2021 年 1 月，上海已拥有 6 913 家咖啡馆，居全球城市首位。咖啡馆已成为人们休闲、会友和商务交流的重要场所。其中，某品牌连锁咖啡馆以 839 家独占鳌头，且多分布在商业繁华地段、高级写字楼和高级住宅区附近。2020 年 3 月，该品牌母公司宣布在昆山市建设包括咖啡烘焙和智能化仓储物流在内的咖啡创新产业园，计划于 2022 年落成。下图示意该品牌连锁咖啡馆在上海的分布及昆山市的位置。

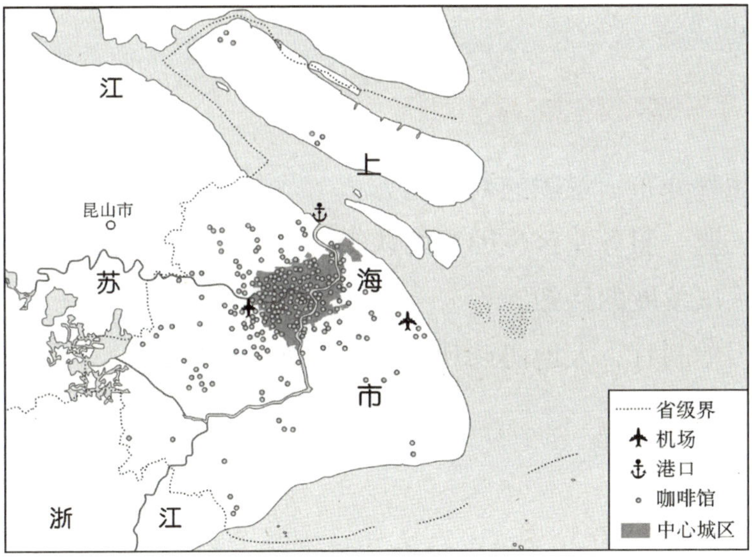

设问：（3）分析该品牌咖啡馆布局在商业繁华地段和高级写字楼地区的目标消费人群。（6 分）

【评分参考】

该品牌知名度高、品质较好，商业繁华地段商业活动集中，吸引大量的购物消费人群，（2 分）商业活动的商务交流人群，（2 分）高档写字楼及商业活动中收入较高的白领，写字楼中各大公司的工作人员。（2 分）

一、命题依据与测评目标

（一）课程标准内容要求

2.5 结合实例，说明服务业的区位因素。

Ⅰ2.2 结合实例，说明因地制宜对于区域发展的重要意义。

★运用地图和其他资料，说出某区域的产业结构与产业布局特点。

（二）地理学科核心素养测评主要目标

1. 品牌分布示意图的判读能力。
2. 工业、服务业区位因素的认知。
3. 区域发展的认知。
4. 因地制宜、人地协调观在区域发展中的应用。

二、问题情境

（一）高考试题情境

此题关注现实生活中的地理事象——咖啡连锁店业态发展的热

点事件，创设关于服务业区位因素的试题情境，内容方面贴近学生的日常生活，更容易在熟悉情境下调用各类知识储备，进行综合和拓展解题。咖啡连锁的消费方面，白领人群是消费主力军。在一项咖啡消费者调查中，显示白领人数占总数的 30%，是最大的主力消费群体。其次是公务员、学校和单位，占 15%。消费群体中，学生也是一类潜力目标人群。

（二）教材问题情境

在各版本教材中，围绕服务业区位因素，有不同的问题情境。与农业、工业从事生产活动的性质不同，服务业是为社会生产和生活服务的产业。通常把服务业分为商业性服务业和非商业性服务业。商业性服务业，如零售、餐饮、住宿、金融、娱乐等，主要以营利为目的；非商业性服务业，如教育、公共卫生和社会工作等服务业，不以营利为目的。

人教版教材在介绍服务业区位因素时，分析零售、批发、餐饮、住宿等都为人们日常生活提供各种服务，这些服务业在进行区位选择时，必须考虑市场因素。在市场因素中，人口规模尤为重要。如在城市中，小型的便利店、理发店、洗衣店等，营利所需的顾客数量较少，一般分散在居住区，主要服务附近的居民；大型、高档的百货商店、购物中心，人们光顾的频次少，营利所需的顾客数量较多，需要选择在服务范围较广的城区中心。此外，人口平均消费水平、居民消费偏好等也是商业性服务业在做区位选择时需要考虑的市场因素。

中图版教材按照服务发生的场所，把服务业分为两类：一类是服务人员上门到用户所在地提供服务，另一类是用户到提供服务的场所购买服务。前者的区位因素比较简单，企业离用户越近，成本越低。影响后者的区位因素则主要包括市场需求、地价、交通运输、劳动力等。服务业在区位选址时考虑市场需求，如商业性连锁企业会考虑所选地区对服务的需求，同时还会考虑潜在的市场规模。

沪教版教材以学生所在社区便利店分布为问题情境，让学生探讨影响分布的主要因素。生活性服务业的区位选择，以商业中心为例进行问题情境创设，引导学生思考商业区位因素。交通、人口和集聚等因素是影响商业区位选择的重要因素。人口多、密度大，使商品流通量大、周转快，购销活动频繁，市场繁荣，可以形成大的商业中心。人口流动数量是衡量商业区位优劣的重要条件。此外，人均收入水平高、购买力强，对商品需求量大、需求层次高等，也有利于扩大消费并提高商品的档次。

鲁教版教材分析了服务业空间布局。说明生活性服务业大多直接为消费者提供必需的生活服务，其布局大多分散进行。如宾馆、饭店为消费者提供住宿、餐饮等服务，一般布局在人口密集的地区。此外，教材还探究了零售业的区位因素。在服务业中，零售业发展历史悠久，业态形式丰富。随着社会经济发展，其区位因素也在不断变化。现代零售业布局更加灵活多样。随着信息技术与现代物流业的发展，现代零售业加强了各环节的联系与沟通，扩大了市场空间，降低了销售成本。网上购物等新的销售形式应运而生，发展迅速。

湘教版教材在分析商业区位因素时，以电子商务发展为问题情境，探究区位因素的变化。描述商业服务业只是生活性服务业中的一个典型行业，其区位因素随着时代的变化而变化。如在网络时代下，电子商务改变了传统的商业模式，使得商业服务业的区位选择更加灵活、多样。随着信息技术与生活性服务业的深度融合，加之不同类型生活性服务业的性质、服务对象和服务范围的不同，也决定了其在区位选择时所考虑的区位因素有所不同。

（三）问题式教学问题情境

综上所述，教材中的问题情境与试题情境基本一致，但教材的教学情境中并没有细化到对目标消费人群的分析，大多是提及人口和聚集因素，因此，需要学生根据试题提供信息综合分析。在教学中，可以拓展一个具体的服务业因素细分层面的因素探讨，把一个案例在某一点上说透。

三、思维路径与结构

（一）思维路径

基于上述深度分析，本试题地理学科核心素养测评的思维路径如下图所示。

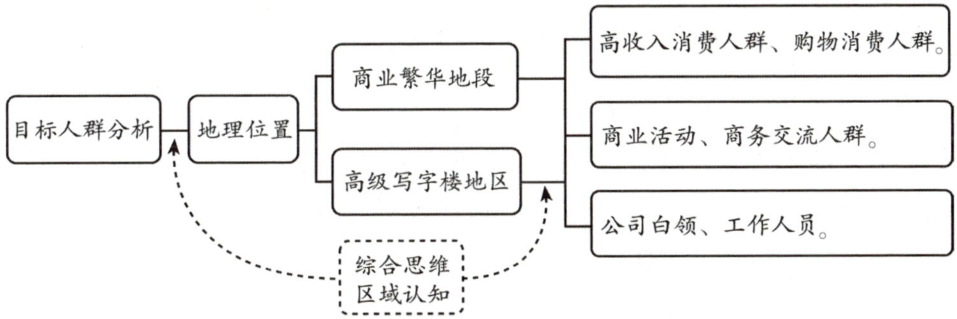

由上图可见，该试题全面考查了地理学科核心素养。以因地制宜和人地协调观统领地理学科核心素养测评，基于连锁咖啡馆分布示意图分析，结合区域分布位置、区域环境和人口因素，探究商业服务业区位因素中的市场目标消费群体，实施地理学科核心素养测

评。以各级水平的综合思维开展地理学科核心素养测评，从商业、办公人群的两要素综合分析，到结合上海区域经济发展、人口分布的系统性、地域性的分析，实现综合思维素养进阶测评。

（二）思维结构

依据考生对地理学科核心素养测评的反应，反映出思维结构和学业质量水平如下表所示。

学生测评反应	思维结构	学业质量水平
高收入人群。	单点结构	水平 1
白领、商务人士。	多点结构	水平 2
购物人群、白领、商务人士。	关联结构	水平 3
该品牌知名度高、品质较好，商业繁华地段商业活动集中，吸引大量的购物消费人群，商业活动的商务交流人群，高档写字楼及商业活动中收入较高的白领，写字楼中各大公司的工作人员。	拓展抽象结构	水平 4

从上表可见，该试题地理学科核心素养测评水平 1 表明：综合思维限于单点结构，对服务业区位因素的认知较为模糊，难以进行具体分析，只有大致简单回应。该试题地理学科核心素养测评水平 2 表明：能够解读区域发展和服务业区位因素，区域认知点线结合，综合思维扩展到多要素综合，人地协调观基本可用于分析问题。该试题地理学科核心素养测评水平 3 表明：人地协调观基本形成，能够结合图文资料从时空分布角度，分析咖啡馆连锁的区位因素，综合思维扩展到时空综合。该试题地理学科核心素养测评水平 4 表明：比较熟练地应用人地协调观解决因地制宜问题，信息解读和区域认知比较全面，综合思维进阶到地方综合。

设问：（4）说明该品牌母公司选择在昆山建设咖啡创新产业园的上海因素。（8分）

【评分参考】

邻近上海，咖啡及其烘焙产品市场需求量大，便于产品快速运抵市场；（2分）接受上海的资金和技术扩散，资金充足，技术先进；（2分）借助上海的机场、港口从国外输入原料、输出产品；部分上海就业人口在昆山居住（通勤），有外溢的消费需求；（2分）上海土地租金高、劳动力成本高，不适合建设大型产业园。（2分）

一、命题依据与测评目标

（一）课程标准内容要求

2.5 结合实例，说明服务业的区位因素。

Ⅰ2.2 结合实例，说明因地制宜对于区域发展的重要意义。

★运用地图和其他资料，说出某区域的产业结构与产业布局特点。

（二）地理学科核心素养测评主要目标

1. 品牌分布示意图的判读能力。
2. 服务业区位因素的认知。
3. 区域发展的认知。
4. 因地制宜、人地协调观在区域发展中的应用。

二、问题情境

（一）高考试题情境

从试题背景的选取看，这是一个热点新闻事件。2020年3月13

日，昆山引进全球咖啡烘焙与零售巨头星巴克公司投资设立星巴克中国“咖啡创新产业园”项目。作为当年美国500强企业在华投资的首个产业项目，该项目也是昆山对接融入上海的重大成果之一。昆山与上海，两地地缘相近、人文相亲、产业相融。沪昆同城化发展，为长三角一体化乃至全国区际分工、区域合作，实现优势互补、错位发展创造了诸多范例。

（二）教材问题情境

人教版教材介绍了服务业区位因素的变化。由于现代社会服务业的发展日新月异。一方面，一些新兴的服务行业，如软件服务、现代金融、健康养老、科技咨询、文化创意设计等不断涌现；另一方面，传统的服务业结合现代技术不断改造和提升、融合与分化。如很多城市利用废弃的工业厂房，引进各种类型的创意产业，如摄影、动漫创作、教育培训、艺术等行业，以及具有创意特色的概念餐厅、主题咖啡馆、书吧等，改造成为文化创意设计园区。各行业线上线下相结合的创新服务业不断涌现，出现了一些新的服务模式，如远程医疗、电子商务、共享单车、现代物流、个性订制服务等。

中图版教材分析了服务业的交通运输因素。描述不同类型的服务业对交通运输条件的要求存在差异。生产性服务业如运输业、物流业，要靠近高速路、快速路、机场、港口布局，主要考虑到方便货物运输；生活性服务业如零售业，多分布在居民区，使客户可以方便快捷到达。随着居民驾车购物的方式越来越普遍，对道路的通行能力和停车条件要求日益提高，因此，一些大型商场和仓储式超市多布局在城市边缘且交通便利，空间宽敞的地方。

沪教版教材分析集聚因素对服务业的影响。特别是专业商业街，如服装街、建材街等。商业集聚可以充分利用基础设施，集约使用土地，降低交易成本，也可以扩大商业的知名度，节约顾客的购物时间和交通费用，提高商业效益。

鲁教版教材对生产性服务业、生活性服务业进行区位因素比较。如与生活性服务业相比，生产性服务业具有专业化程度高、知识密集以及集聚性等特点。高素质的人力资源、良好的交通区位、规范化的政策环境、便捷的信息交流平台以及面向国内外的开放市场等，是影响生产性服务业空间布局的主要因素，其聚集区多以中心商务区、科技创意产业园、软件与信息产业园、现代物流园等形式出现。

湘教版教材中以美国本土东北部工业区布局为问题情境，分析工业布局的特点。说明工业布局是指工业生产的空间分布和地域组合。工业布局分为宏观与微观两大层面：宏观上包括工业部门、多个企业的总体布局，某工业部门的战略配置，区域工业综合布局；微观上是指工业企业的布局（主要是厂址选择），工业点的布局等。合理的工业布局有助于推动区域经济快速增长，促进地区产业均衡发展，有利于城乡统筹。

（三）问题式教学问题情境

综上所述，教材中的问题情境与试题情境相近，试题中所指的创新产业园是功能涵盖咖啡豆进出口、烘焙、包装、储存、物流配送、分销及咖啡烘焙综合培训等多产业类型的综合园区。这类新兴形式，可能横跨农业、工业和服务业，在区位因素的分析上，不单纯仅从服务业方面考虑，而应该更多从工业方面考虑。因此，在教学情境中，可以沿着产业链上下游（可能横跨农业、工业、服务业）综合进行设问，来掌握区位发展相关认知。

三、思维路径与结构

（一）思维路径

基于上述深度分析，本试题地理学科核心素养测评的思维路径如下图所示。

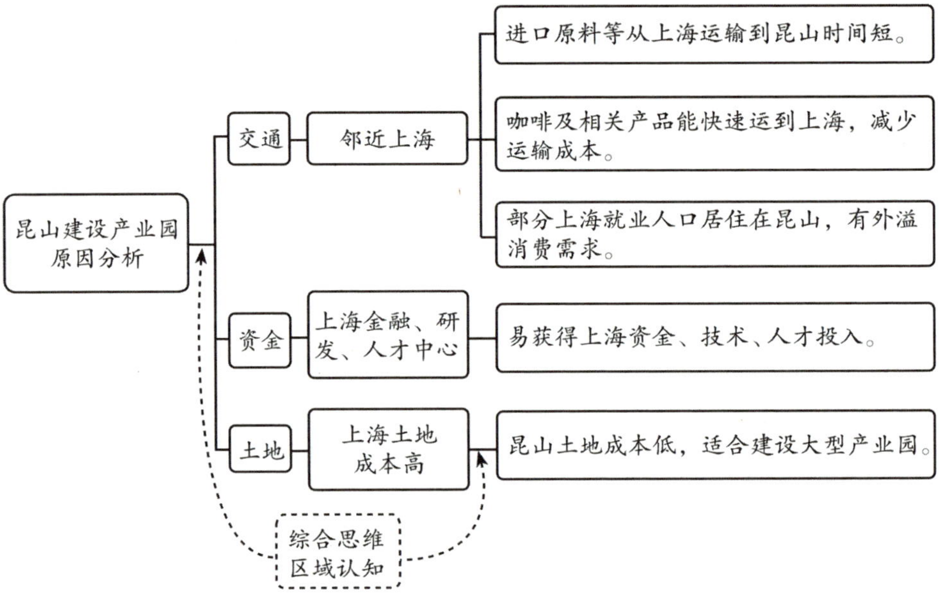

由上图可见，该试题全面考查了地理学科核心素养。以因地制宜和人地协调观统领地理学科核心素养测评，基于咖啡品牌产业园区的建设，结合区域分布位置，考查上海与昆山区域联系、区域一体化发展的认知，实施地理学科核心素养测评。以各级水平的综合思维开展地理学科核心素养测评，从产业园建设的交通、资金、土地等区位因素的多要素综合分析，到工业和服务业区位因素结合、上海—昆山不同区域的时空综合，再到上海—昆山经济发展、产业优势、辐射功能的系统性、地域性的分析，实现综合思维素养进阶测评。

（二）思维结构

依据考生对地理学科核心素养测评的反应，反映出思维结构和学业质量水平如下表所示。

学生测评反应	思维结构	学业质量水平
在上海建设，土地成本高。	单点结构	水平 1
上海土地成本、劳动力成本高。	多点结构	水平 2
邻近上海，便于接受资金和技术；上海土地成本、劳动力成本高。	关联结构	水平 3
邻近上海，咖啡及其烘焙产品市场需求量大，便于产品快速运抵市场；接受上海的资金和技术扩散，资金充足，技术先进；借助上海的机场、港口从国外输入原料、输出产品；部分上海就业人口在昆山居住（通勤），有外溢的消费需求；上海土地租金高、劳动力成本高，不适合建设大型产业园。	拓展抽象结构	水平 4

从上表可见，该试题地理学科核心素养测评水平 1 表明：综合思维限于单点结构，对产业区位因素的认知较为模糊，缺少论据支持。该试题地理学科核心素养测评水平 2 表明：能够初步理解区域发展和产业区位因素，区域认知点线结合，综合思维扩展到多要素综合，人地协调观基本可用于分析问题。该试题地理学科核心素养测评水平 3 表明：人地协调观基本形成，能够结合图文资料从时空分布角度，分析咖啡产业园建设的区位因素，综合思维扩展到时空综合。该试题地理学科核心素养测评水平 4 表明：比较熟练地应用人地协调观解决因地制宜问题，信息解读和区域认知比较全面，综合思维进阶到地方综合。

案例 6　2021 年浙江卷地理试题第 29 题

阅读图文材料，完成下列要求。

［材料一］ 珠江由磨刀门、虎门等八门入海，其中磨刀门是泄洪排沙的主通道，年径流量和输沙量分别占珠江的 28% 和 33%。下图为珠江三角洲所在区域略图。

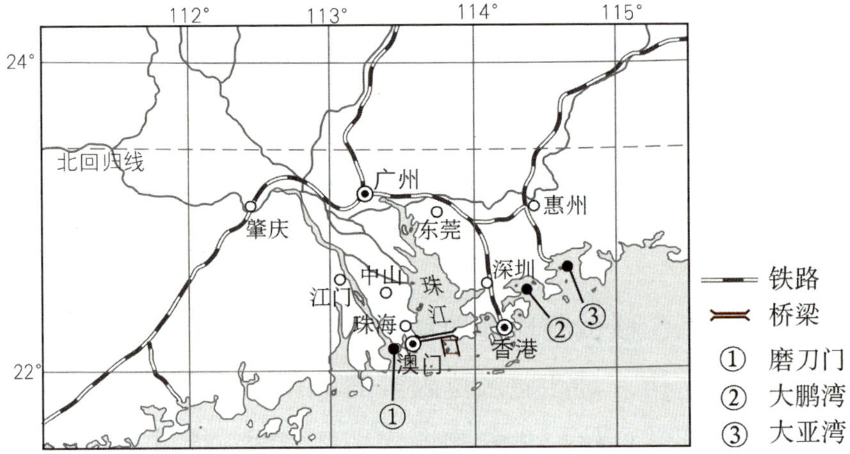

［材料二］ 岸线、土地等自然资源是港口建设的基础性资源，港口与城市发展相互依赖，港口的发展加快了关联产业的集聚。下表为珠江口部分城市岸线资源、2019 年单位岸线货运量和地区生产总值表。

区域	城市	岸线总长度(km)	深水岸线长度(km)	单位岸线货运量(万吨 /km)	地区生产总值(百亿元)
东岸地区	广州	99.2	62.0	264.3	228.6
	东莞	37.5	33.9	88.2	82.8
	深圳	60.1	49.4	73.0	242.2
	惠州	86.5	60.5	95.3	41.0

续表

区域	城市	岸线总长度（km）	深水岸线长度（km）	单位岸线货运量（万吨 /km）	地区生产总值（百亿元）
西岸地区	珠海	75.0	42.9	23.9	29.1
	中门	15.0	15.0	43.8	36.3
	江门	82.3	68.8	0.3	29.0

设问：（1）说明珠江口东岸、大鹏湾和大亚湾易形成深水港的自然条件。（5 分）

【评分参考】

港湾多，波浪小，潮流作用强；（1 分）泥沙主要由西岸入海，对东岸影响小；（2 分）基岩海岸，水下地形稳定。（2 分）

一、命题依据与测评目标

（一）课程标准内容要求

2.6 结合实例，说明运输方式和交通布局与区域发展的关系。

Ⅰ2.2 结合实例，说明因地制宜对于区域发展的重要意义。

★运用地形图，归纳某地区地势及地形特点，解释地形与当地人类活动的关系。

★根据地图归纳某国家交通运输线路分布的特点。

（二）地理学科核心素养测评主要目标

1. 地形图、交通图的判读能力。
2. 交通场站及运输线路的认知。
3. 区域发展的认知。
4. 服务业区位因素的认知。

5. 因地制宜、人地协调观在区域发展中的应用。

二、问题情境

（一）高考试题情境

此题以珠江口东岸地区为背景，考查了港口建设成为深水港的自然条件，以及区位选择。深水港，即水深在15米以上的港口。从海岸分类上来看，淤泥质海岸不适合建深水港，而基岩海岸则较为适合。再考虑到其他的建港条件，也并不是全部的基岩海岸都能建成深水港，这就造成了天然深水良港是十分罕见的客观事实。

（二）教材问题情境

人教版教材介绍了交通线和站点建设的决策因素，涉及气象、水文、地质、工程、材料、机械等技术领域及施工水平。交通运输的电气化、快速化、专业化，对各项技术的要求更高。随着区域的发展，区域经济水平提升，从而有足够的资金推动交通运输建设相关技术水平的提高，使交通运输布局受自然条件的限制大为减弱。我国的青藏铁路建设，攻克了多年冻土、高寒缺氧、生态脆弱三大世界级难题。随着桥隧技术的成熟，我国不仅使公路、铁路跨越河、海天堑，还让高速公路、高速铁路穿越山区，改变了传统盘山迂行的布局方式，缩短了通行里程，节省了通行时间。

中图版教材分析了影响交通运输网布局的区位因素，包括自然因素和社会经济因素。其中社会经济因素起主导作用，包括经济发展水平、人口与城市分布和科学技术等因素。自然因素包括地形、地质、河流和气候等因素。交通运输网要满足社会经济的需求，尽可能利用有利的自然条件，使选出的线路方案既能满足运输能力的要求，又能减少工程量，还要便于维修养护。交通布局是整个生产布局的有机组成部分，其任务是通过合理布局，实现运输合理化，在兼顾生态效益的同时，获得最大的经济效益和社会效益。

沪教版教材主要以金融中心为例，分析生产性服务业的区位因素。分析认为，金融中心的有利条件，包括地理位置、交通、商业环境、生活环境、政府作用、金融环境等经济基础，还包括经济腹地、商业贸易、政策、专门人才、技术与信息优势等。

鲁教版教材简述交通运输是联系区域之间经济与社会活动的重要纽带，并为区域发展提供基础性保障。随着运输工具和运输设备的不断进步，人类的运输方式已经从手提肩扛、牲畜驮运发展到现代化的铁路、公路、水路、航空和管道运输等。运输方式深刻地影响着聚落形态及其延伸方向。如历史上以水运为主的时期，聚落多沿江河、湖泊、海港、海湾分布，形态多呈条带状。我国的重庆便是一座凭借水运而兴起的城市。

湘教版教材指出，交通运输方式和布局与当地的自然地理环境密切相关。公路、铁路、水运、航空等现代运输方式及其形成的交通运输网络，不仅大幅度提高了运量，还降低了运输成本，缩短了交通时间，增强了原材料、产品和人口的流动性。交通运输方式和布局具有很强的空间集聚倾向。交通运输效率的不断提高，导致区域之间、城市之间的经济联系日益强化，人际交往日趋密切。

（三）问题式教学问题情境

综上所述，教材中的问题情境与试题情境比较接近，但教材的教学情境中主要分析交通线路和布局的影响因素，对于交通场站建设、选址的自然条件、人文条件等涉及的不多。因此，对交通场站建设及布局，可以在教学情境中进行适当的拓展，结合生产性服务业的区位因素，以及交通场站选址所处地理环境、自然条件、人文条件等，分析交通线路和布局对区域发展的影响。

三、思维路径与结构

（一）思维路径

基于上述深度分析，本试题地理学科核心素养测评的思维路径如下图所示。

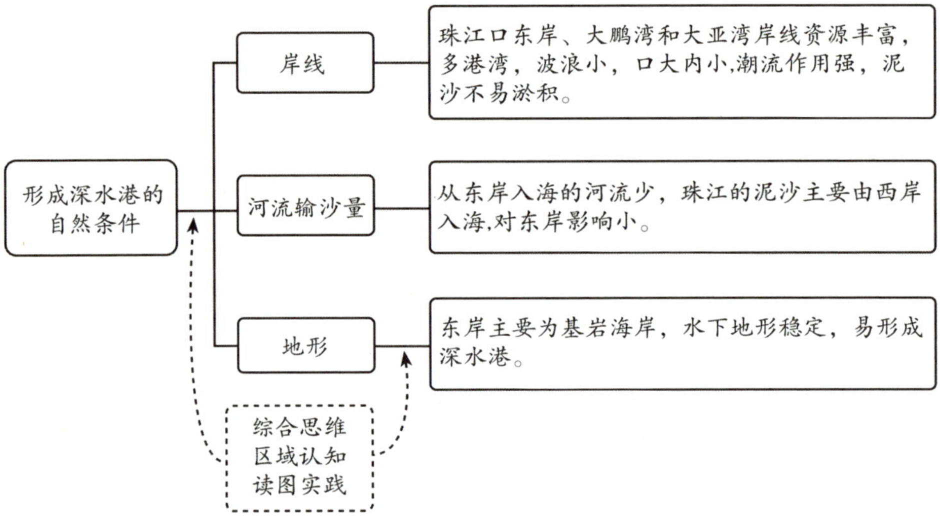

由上图可见，该试题全面考查了地理学科核心素养。以因地制宜和人地协调观统领地理学科核心素养测评，基于岸线地形以及交通示意图分析，结合区域分布位置、区域地理环境，考查对交通场站选址的区位因素分析，实施地理学科核心素养测评。以各级水平的综合思维开展地理学科核心素养测评，从形成深水港的自然条件岸线、河流输沙量、地形的多要素综合，到结合泥沙淤积、岸线、水流、基岩等时空要素的推导，再到珠江区域地理环境和水文的系统性、地域性的分析，实现综合思维素养进阶测评。

（二）思维结构

依据考生对地理学科核心素养测评的反应，反映出思维结构和学业质量水平如下表所示。

学生测评反应	思维结构	学业质量水平
港湾多，水深大。	单点结构	水平 1
港湾多，波浪小，水深条件好。	多点结构	水平 2
港湾多，波浪小，潮流作用强；泥沙主要由西岸入海，对东岸影响小。	关联结构	水平 3
港湾多，波浪小，潮流作用强；泥沙主要由西岸入海，对东岸影响小；基岩海岸，水下地形稳定。	拓展抽象结构	水平 4

从上表可见，该试题地理学科核心素养测评水平 1 表明：综合思维限于单点结构，对交通区位因素的认知较为模糊，难以进行具体分析。该试题地理学科核心素养测评水平 2 表明：能够解读区域发展和交通区位因素，区域认知点线结合，综合思维扩展到多要素综合，人地协调观基本可用于分析问题。该试题地理学科核心素养测评水平 3 表明：人地协调观基本形成，能够结合图文资料从时空分布角度，分析深水港的区位因素，综合思维扩展到时空综合。该试题地理学科核心素养测评水平 4 表明：比较熟练地应用人地协调观解决因地制宜问题，信息解读和区域认知比较全面，综合思维进阶到地方综合。

设问：（2）简述珠江口东岸地区港口单位岸线货运量较大的社会经济原因。（4 分）

【评分参考】

经济发达，单位岸线承载的地区生产总值大；（2 分）毗邻香港；陆上交通集散能力强。（2 分）

一、命题依据与测评目标

（一）课程标准内容要求

2.5 结合实例，说明服务业的区位因素。

2.6 结合实例，说明运输方式和交通布局与区域发展的关系。

Ⅰ2.2 结合实例，说明因地制宜对于区域发展的重要意义。

★运用地形图，归纳某地区地势及地形特点，解释地形与当地人类活动的关系。

★根据地图归纳某国家交通运输线路分布的特点。

（二）地理学科核心素养测评主要目标

1. 地形图、交通图的判读能力。
2. 交通布局与区位发展的关系认知。
3. 交通场站及运输线路的认知。
4. 因地制宜、人地协调观在区域发展中的应用。

二、问题情境

（一）高考试题情境

此题以珠江口岸经济发展为背景，探讨发展的经济条件，通过图表结合文字信息，为学生创设了探索区域经济发展之路的真实情境。20 世纪 90 年代，与其说是珠三角的时代，不如说是珠三角东岸的时代。在短短的几十年间，珠三角东岸崛起了一颗颗明珠。深圳，创造了一个令世界瞩目的“深圳速度”；东莞，一个本不起眼的农业大县，迅速成为智造产业的生产基地，进出口连续多年居全国大中城市的前三名，竞争力位居全国所有大中城市前十位；而惠州，这几年也是不甘寂寞，凭借大亚湾壳牌等大项目和本地的几个大企业一扫 20 世纪 90 年代的房地产泡沫的“晦气”，卷土重来。这其中交通运输的作用不可小视。

（二）教材问题情境

各版本教材中提到的影响港口单位岸线货运量的社会经济因素，主要有经济发展程度、经济腹地、交通通达度等。在交通与区域发展影响的因素介绍中，又各有侧重的问题情境。

人教版教材分析了聚落与交通布局之间的关联。聚落，尤其是城市，是区域发展的中心，也是区域交通运输网络的节点。交通运输布局及其变化对区域发展的影响，突出表现在对聚落发展的影响。交通枢纽是旅客和货物集散、周转的地方，服务于客、货集散的餐饮、旅馆、装卸、包装、批发和零售等行业便在交通枢纽集聚。在客、货吞吐量大的交通枢纽，还会集聚与货物相关的制造业，并促进其他产业的发展，往往会形成规模较大的城市。我国石家庄、株洲就是依托铁路枢纽发展起来的，沿海、沿江的许多城市则是依托港口才得以发展兴旺的。在国际上，新加坡则是依托港口而实现经济、社会发展的典型案例。

中图版教材分析了交通运输对区域社会经济发展的影响。交通运输是区域社会经济发展的基础和联系各行各业的纽带，在区域社会经济发展中具有重要的基础和先导作用。运输条件改善，运速提高，运时减少，提高了货物和人员的运输效率，从而增强了区域发展的竞争力，促进区域社会经济的快速发展。交通运输能够促进资源的优化配置，促进区域土地、矿产等自然资源的合理开发和利用，使产业布局向更大范围扩展成为可能，有利于产业结构的调整和升级。区域运输速度和运输能力的提高，可促进原有专业化市场的扩大和新市场的形成。

沪教版教材分析长江航道及港口的通航条件，分析交通与长江经济带社会经济发展之间的相互影响，并提出问题情境，引导学生思考，从自然条件和社会经济条件两方面简要分析长江航运发达的原因。

鲁教版教材分析了运输方式与区域发展的关联。运输方式的发展和变化增强了客货运输的选择性，扩大了地区影响力，推动了区域社会经济的持续发展。如铁路比水运速度快，比飞机运量大、运费低，是许多国家和地区优先发展的运输方式。在铁路线及其交会站点形成的一些聚落，往往成为区域发展新的增长点。随着科技进步，运输方式呈现出许多新特点。如运输工具大型化、高速化、专业化，货物运输向多种运输方式联运、集装箱运输等综合化方向发展。运输方式的发展变化加强了区际联系，推动了区域发展，而区域发展也促进了交通运输的进一步发展。

湘教版教材指出，交通运输与区域发展是相互影响和相互促进的。交通运输会提高沿线地区的可达性，加速区域的综合发展。区域整体水平的提升，城市的发展壮大，又会促进交通运输的建设。交通运输的发展，会对沿线地区产生重大影响，不仅提高了可达性，更强化了区位优势，促进各种生产力要素的流动和集聚，进而形成经济带，即以交通干线为主轴，以途经的大中城市为依托，以发达的产业为主体的带状经济区域。

（三）问题式教学问题情境

综上所述，教材中的问题情境与试题情境有关联但也有所差异，试题考查的影响港口单位岸线货运量的社会经济因素，这在教材的问题情境中没有直接对应的情境，其中的一些主要因素如经济发展程度、经济腹地、交通通达度等知识点，分散在交通与区域发展的多个案例情境当中。

三、思维路径与结构

（一）思维路径

基于上述深度分析，本试题地理学科核心素养测评的思维路径如下图所示。

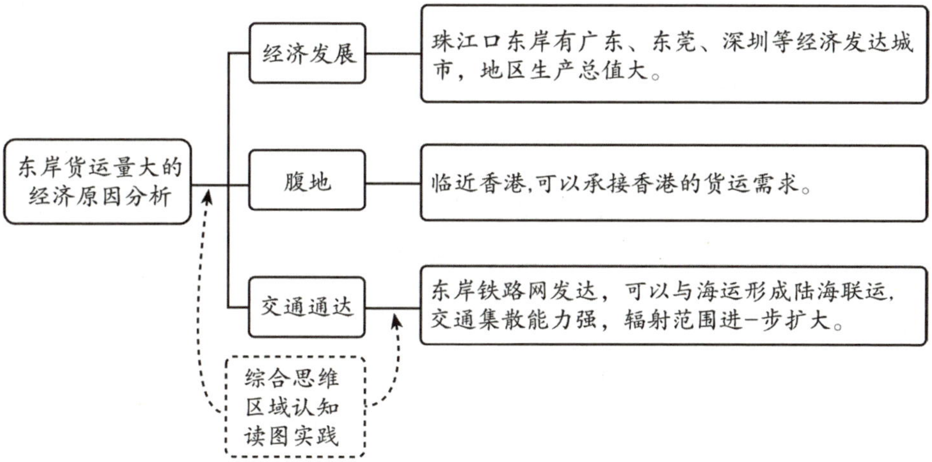

由上图可见，该试题全面考查了地理学科核心素养。以因地制宜和人地协调观统领地理学科核心素养测评，基于东岸经济数据表以及交通示意图分析，结合区域分布位置、区域地理环境，考查对东岸交通区位因素的分析，实施地理学科核心素养测评。以各级水平的综合思维开展地理学科核心素养测评，从形成影响货运量的经济、腹地、交通通达情况等多要素综合，到城市生产总值比较、周边城市经济关联、交通网络作用等时空综合，再到东岸区域经济环境的系统性、地域性的分析，实现综合思维素养进阶测评。

（二）思维结构

依据考生对地理学科核心素养测评的反应，反映出思维结构和学业质量水平如下表所示。

学生测评反应	思维结构	学业质量水平
经济繁荣，生产总值高。	单点结构	水平 1
有东莞、深圳等经济发达城市，与香港相临。	多点结构	水平 2
经济发达城市多，临近香港，铁路网发达。	关联结构	水平 3
珠江口东岸有东莞、深圳等经济发达城市，地区生产总值大；临近香港，可以承接香港的货运需求；东岸铁路网发达，可以与海运形成陆海联运，交通集散能力强，辐射范围进一步扩大。	拓展抽象结构	水平 4

从上表可见，该试题地理学科核心素养测评水平 1 表明：对图表等资料的解读能力有限，综合思维限于单点结构，对交通区位因素的认知较为模糊，难以进行具体分析。该试题地理学科核心素养测评水平 2 表明：具备一定程度的图表等资料解读能力，能够解读区域发展和交通区位因素，区域认知点线结合，综合思维扩展到多要素综合，人地协调观基本可用于分析问题。该试题地理学科核心

素养测评水平 3 表明：人地协调观基本形成，能够较好地进行图表资料的解读，能从时空角度分析社会经济因素，综合思维扩展到时空综合。该试题地理学科核心素养测评水平 4 表明：比较熟练地应用人地协调观解决因地制宜问题，信息解读和区域认知比较全面，综合思维进阶到地方综合。

设问：（3）从港口建设基础性资源角度，简析珠江口西岸经济发展潜力较大的原因。（4 分）

【评分参考】

未开发和可供开发的岸线资源较多，开发潜力大；土地资源相对丰富；（2 分）港口建设促进区域经济发展。（2 分）

一、命题依据与测评目标

（一）课程标准内容要求

2.5 结合实例，说明工业、农业和服务业的区位因素。

2.6 结合实例，说明运输方式和交通布局与区域发展的关系。

Ⅰ2.2 结合实例，说明因地制宜对于区域发展的重要意义。

★运用地形图，归纳某地区地势及地形特点，解释地形与当地人类活动的关系。

★根据地图归纳某国家交通运输线路分布的特点。

（二）地理学科核心素养测评主要目标

1. 地形图、交通图的判读能力。

2. 交通布局与区位发展的关系、服务业区位因素的认知。

3. 交通场站及运输线路的认知。

4. 因地制宜、人地协调观在区域发展中的应用。

二、问题情境

（一）高考试题情境

此题以珠江口东西岸的经济发展对比为背景，创设区域发展分析的问题情境，回答港口相关资源对区域发展的影响。与东岸经济快速发展相比，西岸发展相对缓慢，究其原因，西岸先天性的交通缺失或是重要原因之一。珠江西岸的中山、澳门、珠海、江门，高铁的规划也才刚刚提上议程，目前只有城际轨道连通广州。宽阔的珠江将东西两岸割裂开来，严重阻碍了经济的交流和互动。2018 年 10 月，横跨珠江的第一座超大型桥梁“港珠澳大桥”顺利开通，这标志着珠江东西两岸的直线互通，将不再向北绕道虎门大桥，往来距离缩短了 100 多千米；第二座大桥“深中大桥”（深圳—中山）也正在紧锣密鼓的建设当中，预计在 2024 年底全线贯通运营，两座大桥将极大地方便东西两岸的经济交流和资源有效流动配置，珠江西岸将在东岸强大实力的带动下，实现经济的快速发展和实力的快速提升。

（二）教材问题情境

人教版教材分析了交通对区域发展的影响因素，指出便捷的交通运输缩短了不同区域之间的时空距离，使一个区域的经济活动可以辐射其他区域，甚至世界各地，从而加快经济发展速度，提升经济发展水平。如改革开放以来，我国沿海地区凭借优越的海运优势，面向国际市场，发展出口加工业、出口创汇农业等，迅速提高经济发展水平；一些偏远的边境聚落，依托国际陆路交通的优势，发展成为重要的边境贸易口岸。同时，交通运输不只是经济发展的重要因素，其本身也是重要的产业，而且还是经济拉动效应明显的产业。发展交通运输，可以直接拉动原材料、能源、建筑、旅游等行业的发展，增加就业。

中图版教材以“西成高铁的开通对西安和成都两地及沿线地区社会经济发展的影响”“蒙内铁路对肯尼亚的社会经济发展的影响”等案例，说明交通运输对区域社会经济发展的影响。同时，区域社会经济发展是交通运输发展的动力，也为交通运输发展提供了保障。随着区域社会经济的发展和物质文化生活水平的提高，人们对交通运输发展会不断提出更高的要求，这也带动了区域交通投资的增加与运输发展水平的提高。

沪教版教材以上海的发展和交通变化的情境，探究区域发展影响交通运输的因素。指出区域社会经济发展是交通运输发展的原动力，区域整体功能和发展水平的不断提升会促进交通运输的发展。进入 21 世纪后，上海区域经济发展更对航空运输、轨道运输、高速公路和海洋航运提出了更高的要求。

鲁教版教材分析了交通布局与区域发展。交通布局一般可分为联系不同城市之间的外部交通布局以及城市内部交通布局。科学合理的外部交通布局，不仅有利于改善区域发展条件，增强区域之间的交流合作，提升区域社会经济活力，还有利于加强民族团结和巩固国防。城市内部交通是维持城市高效运行和健康发展的基础。

湘教版教材以扬州的兴衰为问题情境，分析交通运输的变化对城镇发展的影响，指出一个地区交通运输条件的变化会给这个地区的城市格局带来很大影响。由于京杭运河的开凿，我国南方与北方的经贸联系得以加强，扬州、济宁、聊城等城市凭借运河得到充分发展。当运河严重淤塞后，这些城市的发展明显受阻。但随着京沪铁路的建成通车，铁路运输逐步取代水运，铁路沿线的城市便迅速发展壮大。

（三）问题式教学问题情境

综上所述，教材中的问题情境与试题情境有相似性，试题考查港口建设基础性资源的影响，涉及交通场站的区位选择，生产性服务业区位因素，这些在教材问题情境中都有不同的案例情境。但在细分的港口分析案例方面，大多分析港口整体对区域发展的影响，未涉及基础性资源。

三、思维路径与结构

（一）思维路径

基于上述深度分析，本试题地理学科核心素养测评的思维路径如下图所示。

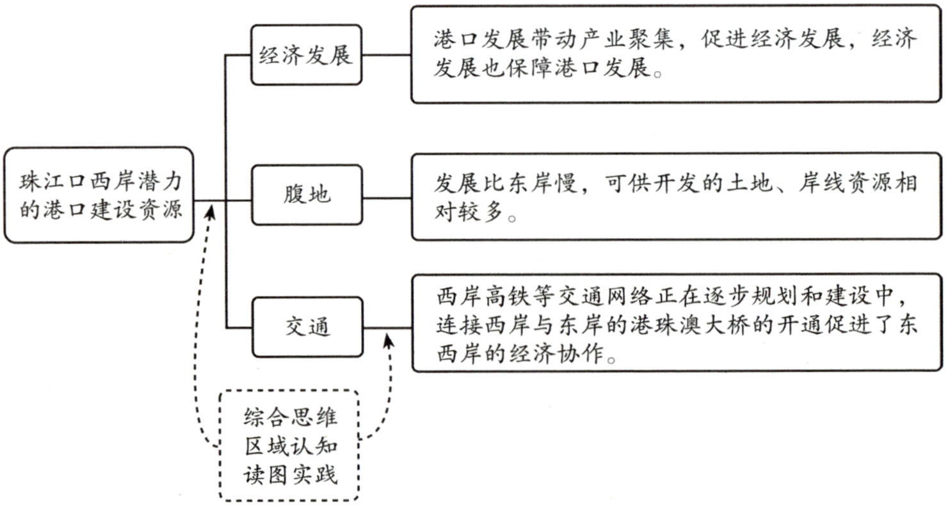

由上图可见，该试题全面考查了地理学科核心素养。以因地制宜和人地协调观统领地理学科核心素养测评，基于东岸经济数据表以及交通示意图分析，结合区域分布位置、区域地理环境，考查对东岸交通区位因素的分析，实施地理学科核心素养测评。以各级水平的综合思维开展地理学科核心素养测评，从形成影响货运量的经济、腹地、交通通达情况等多要素综合，到城市生产总值比较、周边城市经济关联、交通网络作用等时空综合，再到东岸区域经济环境的系统性、地域性的分析，实现综合思维素养进阶测评。

（二）思维结构

依据考生对地理学科核心素养测评的反应，反映出思维结构和学业质量水平如下表所示。

学生测评反应	思维结构	学业质量水平
可利用土地资源多。	单点结构	水平 1
未开发土地资源多，交通连接腹地产业。	多点结构	水平 2
可供开发的岸线资源和土地资源较多，港口建设加速产业聚集。	关联结构	水平 3
西岸地区的岸线资源较多，但单位岸线货运量较小，说明西岸未开发和可供开发的岸线资源和土地资源较多，开发潜力大；港口与城市发展相互依赖，港口的发展加快关联产业的集聚，因此港口的建设有利于促进西岸区域经济发展。	拓展抽象结构	水平 4

从上表可见，该试题地理学科核心素养测评水平 1 表明：对图表等资料的解读能力有限，综合思维限于单点结构。该试题地理学科核心素养测评水平 2 表明：具备一定程度的图表等资料解读能力，能够解读区域发展和交通区位因素，综合思维扩展到多要素综合，

人地协调观基本可用于分析问题。该试题地理学科核心素养测评水平 3 表明：人地协调观基本形成，能够较好地进行图表资料的解读，能够从时空尺度分析对社会经济的影响因素，综合思维扩展到时空综合。该试题地理学科核心素养测评水平 4 表明：比较熟练地应用人地协调观解决因地制宜问题，信息解读和区域认知比较全面，综合思维进阶到地方综合。

第三节　国家战略高考试题案例分析

案例 1　2018 年全国Ⅰ卷地理试题第 36 题

阅读图文资料，完成下列要求。

俄罗斯是世界重要的天然气开采和出口国。2017 年 12 月 8 日，中俄能源合作重大项目——亚马尔液化天然气项目正式投产。该项目集天然气勘探开采、液化、运输、销售于一体，是中国提出“一带一路”倡议后实施的首个海外特大型项目。俄罗斯为该项目配建了港口。由于自然条件的限制，该项目采用模块化施工方式，即将生产线和相关建筑设计成一系列的模块，由全球多地工厂制造，然后运至项目施工现场拼装。模块体积大，重量大，最大的模块重量与埃菲尔铁塔的重量相当。该项目以中国、日本等亚洲太平洋沿岸国家为主要目标市场。中方企业全方位参与设计和建造，数十家企业承揽了 85% 模块的建筑。该项目超过 60% 的模块和零部件经白令海峡—北冰洋航线运至项目施工地。下图示意该项目的位置。

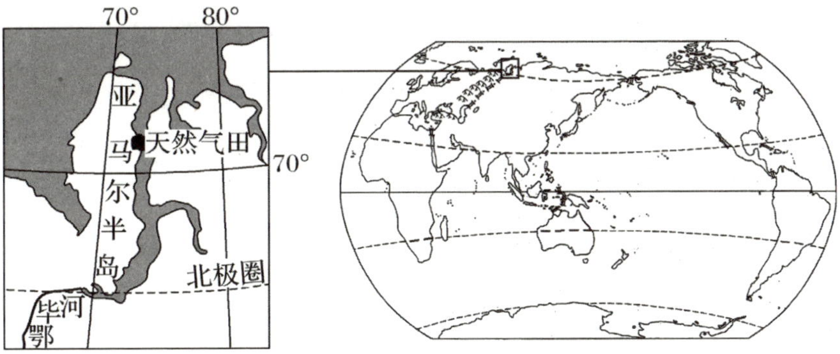

设问：（1）简述俄罗斯配建港口对该项目及周边区域发展的经济价值。（8分）

【评分参考】

对本项目的经济价值：（该项目）运输量巨大，保证该项目建设和运营，可以获得长期、稳定的经济收益。（4分）

对周边区域发展的经济价值：为俄罗斯北冰洋沿岸地区及北冰洋上的经济活动提供基地；促进鄂毕河沿岸地区对外贸易的发展，为鄂毕河出海航运提供中转服务。（4分）

一、命题依据与测评目标

（一）课程标准内容要求

2.6 结合实例，说明运输方式和交通布局与区域发展的关系。

★根据地图，归纳某国家交通运输线路分布的特点。

★运用地图和其他资料，联系某国家自然条件特点，简要分析该国家因地制宜发展经济的实例。

（二）地理学科核心素养测评主要目标

1. 经纬网地图的判读分析。
2. 区域海港、海域、海岸、河流沿岸等地理位置认知。
3. 对于交通运输场站对区域经济发展的作用的综合思维。
4. 因地制宜、人地协调观在交通运输场站配建布局中的应用。

二、问题情境

（一）高考试题情境

亚马尔液化天然气项目，是中俄能源合作重大项目，是中国提出“一带一路”倡议后实施的首个海外特大型项目，已经正式投产。同时为该项目配建了港口，天然气项目和周边区域的经济价值重大。此情境富有思政价值。

（二）教材问题情境

各版本教材中有交通枢纽集聚服务业和制造业、边境陆路枢纽城市集聚异国原料的制造业、铁路车站成为物资集散地、枢纽海港发展多种工业、航空港发展经济开发区等相关的问题情境，主要体现产业集聚。教材问题情境与高考试题情境在经济价值方面有一定的差距。

人教版教材介绍了交通运输布局对区域经济发展的影响，还以新加坡在国际航海线路中的枢纽地位为例，分析交通运输线路和运输方式的变化对区域发展的影响，尤其表现在对聚落发展的影响。

中图版教材以中国高铁网络的“八纵八横”带动沿线城市发展为情境，引导学生思考交通运输对区域社会经济发展的影响，包括提高区域通达性、增强区域竞争力，促进资源和产业布局的优化，扩大市场范围，加快城镇化过程等。

沪教版教材在交通运输影响区域发展教学情境中，分析京杭运河与沿岸城镇发展的关系，以及集航空、高铁、地铁和公路等运输方式于一体的上海虹桥枢纽的作用，说明交通技术的进步和运输方式的变革提高了运量、缩短了运输时间，降低了成本，还扩大了人们的活动空间、城市的辐射范围，使区域之间的联系更密切。

鲁教版教材分析了运输方式和布局对区域发展的影响，介绍了运输方式随着科技进步出现的新特点，如运输工具大型化、专业化、高速化，多式联运、集装箱运输等综合化发展方向。铁路比水运速度快，比飞机运量大、运费低，更容易带动区域发展形成聚落。

湘教版教材在“交通运输与区域经济发展”的教学板块中，以陇海—兰新经济带为例，说明交通运输发展（国道与铁路并行贯穿经济带）提高了沿线地区的可达性，强化了区位优势，促进了各种生产力要素的流动和集聚。

（三）问题式教学问题情境

综上所述，教材中的问题情境与高考针对经济价值的试题情境有一定的差距，创设经济情境应包括经济价值（含经济规模和效益）、经济部门、经济布局等次一级情境。

三、思维路径与结构

（一）思维路径

基于上述深度分析，本试题地理学科核心素养测评的思维路径如下图所示。

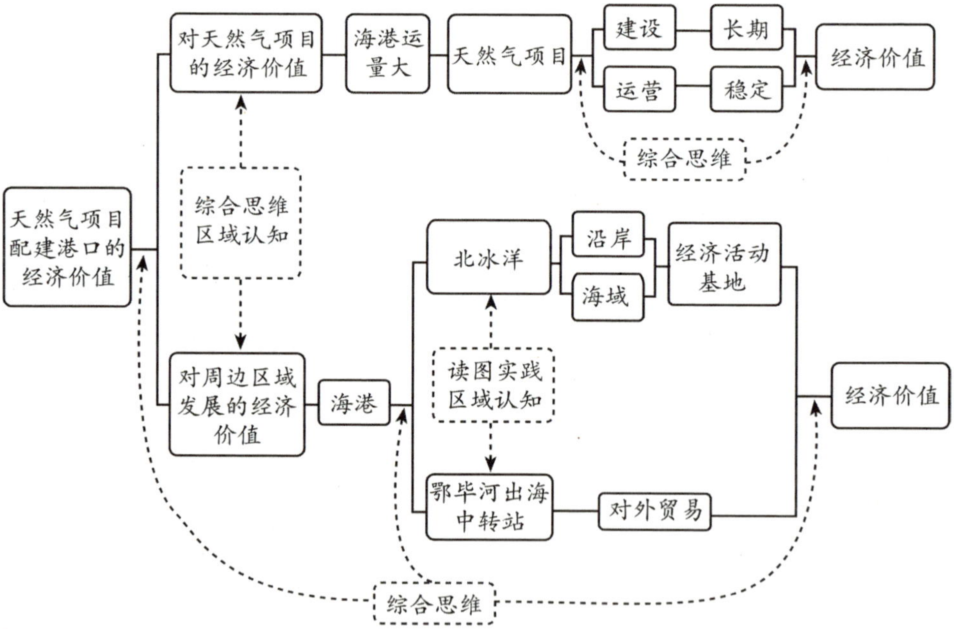

由上图可见，该试题全面考查了地理学科核心素养。以人地协调观统领地理学科核心素养测评，从因地制宜的视角考查能源项目配建海港的经济效益。基于地图判读和区域空间位置和相关位置的认知，实施地理学科核心素养测评。以各级水平的综合思维开展地理学科核心素养测评，从海港配建与经济价值两要素简单综合，到多种经济事象的多要素综合，再到海港发展阶段的时空综合，最终到多地多种经济发展的地方综合，实现综合思维素养进阶测评。

（二）思维结构

依据考生对地理学科核心素养测评的反应，反映出思维结构和学业质量水平如下表所示。

学生测评反应	思维结构	学业质量水平
天然气项目经济收益。	单点结构	水平1
天然气项目、周边区域经济收益。	多点结构	水平2
天然气项目建设、运营长期稳定经济收益，北冰洋、鄂毕河区域经济收益。	关联结构	水平3
海陆联运枢纽，多种产业经济收益。	拓展抽象结构	水平4

从上表可见，该试题地理学科核心素养测评水平1表明：读图实践和区域认知的能力薄弱，人地协调观较为肤浅，综合思维限于两要素综合。该试题地理学科核心素养测评水平2表明：读图实践和区域认知点、线、面结合，综合思维扩展到多要素综合，人地协调观基本可用于分析问题。该试题地理学科核心素养测评水平3表明：人地协调观基本形成，读图实践和区域认知比较翔实，综合思

维扩展到时空综合。该试题地理学科核心素养测评水平4表明：比较熟练地应用人地协调观解决因地制宜问题，读图实践和区域认知规律化，综合思维进阶到地方综合。

设问：（3）分析开发白令海峡—北冰洋航线对提高该项目产品（液化天然气）市场竞争力的作用。（6分）

【评分参考】

中国、日本（太平洋西岸的亚洲国家）是其主要销售市场；（3分）开通白令海峡—北冰洋航线（与苏伊士运河—大西洋航线相比），大大缩减产品的运输距离和运输时间，降低运输成本，从而降低产品销售价格，提高其在全球天然气市场的竞争力。（3分）

一、命题依据与测评目标

（一）课程标准内容要求

2.5 结合实例，说明工业的区位因素。

2.6 结合实例，说明运输方式和交通布局与区域发展的关系。

Ⅰ2.2 结合实例，说明因地制宜对于区域发展的重要意义。

★根据地图，归纳某国家交通运输线路分布的特点。

（二）地理学科核心素养测评主要目标

1. 经纬网地图的判读分析。
2. 对世界重要航线的地理位置认知。
3. 对影响工业的区位因素中地理位置、交通、市场等因素的认知。
4. 对于交通运输航线对区域经济发展的影响作用的综合思维。

5. 区域因地制宜在工业布局中的应用。

二、问题情境

（一）高考试题情境

亚马尔液化天然气项目位于北冰洋，该项目以中国、日本等亚洲太平洋沿岸国家为主要目标市场。通过项目地理位置和主要市场的信息描述，可以得出海上运输航线是天然气运输的重要方式。开发白令海峡—北冰洋航线对提高该项目产品（液化天然气）市场竞争力具有重要意义。

（二）教材问题情境

各版本教材中有工业区位因素的情境，并将影响因素区分为自然因素和社会经济因素，交通运输是社会经济因素中非常重要的一部分。

人教版教材以宝山钢铁厂建在上海，可以利用上海的港口优势，从澳大利亚、巴西等国进口铁矿石为例，分析交通运输对工业区位的影响。指出工业原料的输入、产品的输出都需要交通运输，一些需要大量运进原料的工业，需要建在有便捷的交通运输条件的地方，如沿海和沿江港口、铁路枢纽，以及高速公路沿线等交通便捷的地方。

中图版教材分析工业原料、燃料的输入和产品的输出都需要便利的交通运输条件。因此，沿江、沿河和沿海港口及铁路枢纽对工业有较大的吸引力。现代发达、多样的运输系统可以大大降低运输费用，使原来布局在原材料产地的工业部门发生较大变化。如中国和日本位于沿海的钢铁工业，主要靠便捷的海上运输，进口澳大利亚、巴西等国的铁矿石，到岸就地加工冶炼，产品供给附近的市场或出口。

沪教版教材以日本太平洋沿岸工业分布图为素材，说明运费是生产成本的重要组成部分，沿江、沿海的港口和铁路、公路枢纽以及大型航空等，对工业区位的选择具有重要影响。我国长江沿岸的上海、南京、武汉、重庆等工业中心的形成，与它们位于长江沿岸，水陆运输便利有很大关系。

鲁教版教材在长江沿岸大型钢铁基地的区位分析中，指出选址的基本原则之一就是地理位置适中，交通便利，与关联工业部门协作方便，经济、合理运输大宗原材料和产品。运输方式上，考虑公路、铁路、水运、航空等组合优势。

湘教版教材在工业区位因素中写明，运输成本在很大程度上决定着工厂的生产效率和经济效益，减少运费可以提高产品的市场竞争力。工业企业靠近消费地，有利于把握消费市场信息。

（三）问题式教学问题情境

综上所述，教材中的问题情境与高考针对项目工业区位的试题情境契合，在教学中也可进一步拓展交通、市场、劳动力、科技以及政策等多种区位因素相结合的综合情境，突出对综合思维的运用。

三、思维路径与结构

（一）思维路径

基于上述深度分析，本试题地理学科核心素养测评的思维路径如下图所示。

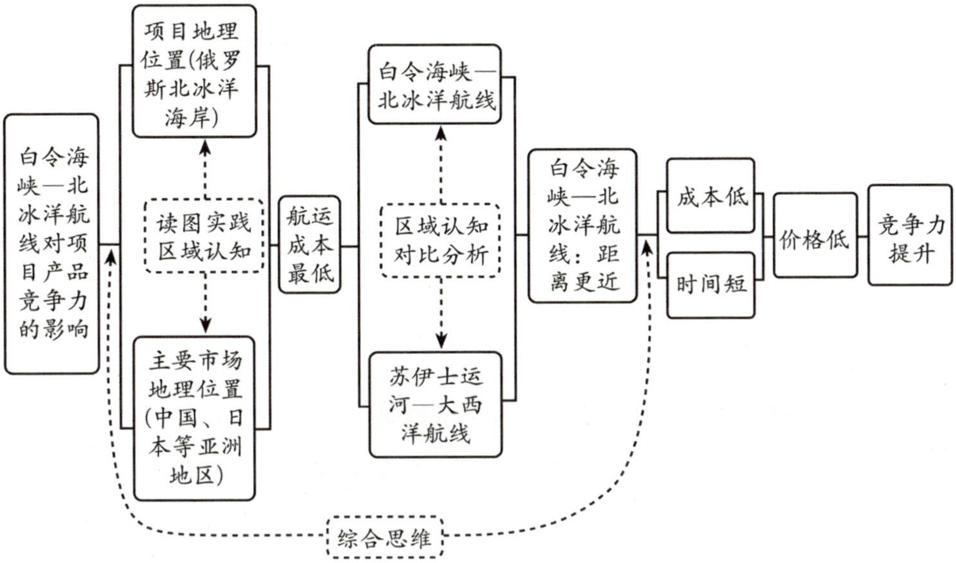

由上图可见，该试题全面考查了地理学科核心素养。基于地图判读和区域空间位置的认知，以及项目与目标市场相对位置的认知，实施地理学科核心素养测评。从因地制宜的视角考查项目产品运输到目标市场的最具经济效益的航线选择，以及原因分析。以各级水平的综合思维开展地理学科核心素养测评，从项目和目标市场所处位置的要素简单综合，到航线选择、成本分析等多种经济事象的多要素综合，再到不同航线比较的时空综合，最终到多种工业区位因素的地方综合，实现综合思维素养进阶测评。

（二）思维结构

依据考生对地理学科核心素养测评的反应，反映出思维结构和学业质量水平如下表所示。

学生测评反应	思维结构	学业质量水平
航运成本低。	单点结构	水平 1
白令海峡—北冰洋航线距离最短，成本最优。	多点结构	水平 2
航线距离最短，成本最优，时间最省。	关联结构	水平 3
航线最优，成本最优，时间最省，价格更低，产品最具竞争力。	拓展抽象结构	水平 4

从上表可见，该试题地理学科核心素养测评水平 1 表明：读图实践和区域认知的能力薄弱，综合思维限于单个要素综合，分析论证不够充分。该试题地理学科核心素养测评水平 2 表明：读图实践和区域认知点、线、面结合，综合思维扩展到多要素综合，人地协调观基本可用于分析问题。该试题地理学科核心素养测评水平 3 表明：人地协调观基本形成，读图实践和区域认知比较翔实，综合思维扩展到时空综合。该试题地理学科核心素养测评水平 4 表明：比较熟练地应用人地协调观解决因地制宜问题，读图实践和区域认知规律化，综合思维进阶到地方综合。

设问：（4）指出在该项目合作中体现的中俄两国各自的优势。（4 分）

【评分参考】

俄罗斯的优势：资源（能源、天然气）丰富，（天然气勘探开采、液化）技术强。（2 分）中国的优势：资金雄厚、制造业实力强、运输能力强、市场需求大等。（2 分）

一、命题依据与测评目标

（一）课程标准内容要求

Ⅰ2.2 结合实例，说明因地制宜对于区域发展的重要意义。

Ⅰ2.7 以某区域为例，说明产业转移和资源跨区域调配对区域发展的影响。

Ⅰ2.9 结合“一带一路”建设，说明国际合作的重要意义。

★用实例说明加强国际经济合作的重要性。

（二）地理学科核心素养测评主要目标

1. 对产业转移、国际合作对区域发展影响的认知。
2. 对“一带一路”建设以及国际合作的认知。
3. 区域发展特点、工业区位因素对项目影响的综合思维。

二、问题情境

（一）高考试题情境

亚马尔液化天然气项目作为我国“一带一路”倡议提出后中国石油参与的规模最大的海外油气合作项目，因高标准、高质量、高效率推进，被合作方誉为中国和俄罗斯能源合作的典范；因其对国内相关制造业巨大的示范拉动效应，成为“一带一路”建设特别是“冰上丝绸之路”的重要支点。本题以“一带一路”建设为背景，具有思政价值。

（二）教材问题情境

各版本教材中都有对“一带一路”建设与国际合作的主题情境，介绍“一带一路”的主要内容和意义。在结合具体案例时，让学生通过分析区域差异，得出原因，并分析对具体区域的影响。

人教版以巴基斯坦国内由中国承建的瓜达尔港自由区项目为例，介绍深化国际合作的新空间，指出“一带一路”建设倡导政府间合作和政策沟通，突出基础设施互联互通，强化各国间相互贸易的投资，实现经济融合、发展联动和成果共享。

中图版教材的教学情境中，介绍了“一带一路”合作领域主要包括：基础设施互联互通、经贸投资和金融合作、生态环保合作、人文社会交流、海上多领域合作等，还提及相关国家的石油和天然气资源储量非常丰富，我国与相关国家的油气合作硕果累累，提到中俄油气合作项目。

沪教版教材在介绍“一带一路”与国际合作时，分别介绍了中国境外经贸合作区开展国际合作的情况、福建马尾造船厂跨国技术合作进行船舶技术集成和制造、中国与哈萨克斯坦合资共建连云港物流基地等案例。

鲁教版教材以吉布提共和国的阿萨尔盐湖开发为案例，介绍中国企业与当地合作开发盐资源，建设盐溴化工产业园，说明该合作项目有利于促进区域内经济要素有序流动、资源高效配置和市场深度融合。

湘教版教材以中国—白俄罗斯工业园建设为案例，介绍“一带一路”国家间协作，重点实现政策沟通、设施联通、贸易畅通、资金融通、民心想通。

（三）问题式教学问题情境

综上所述，教材中的问题情境与高考针对项目工业区位的试题情境契合，在教学中体现地域分工存在的前提是区域差异，如不同区域的资源分布、不同的产业区位条件、不同的发展阶段等。在比较区域差异的基础上，分析区域联系，进而在案例教学时，强化知识迁移能力。

三、思维路径与结构

（一）思维路径

基于上述深度分析，本试题地理学科核心素养测评的思维路径如下图所示。

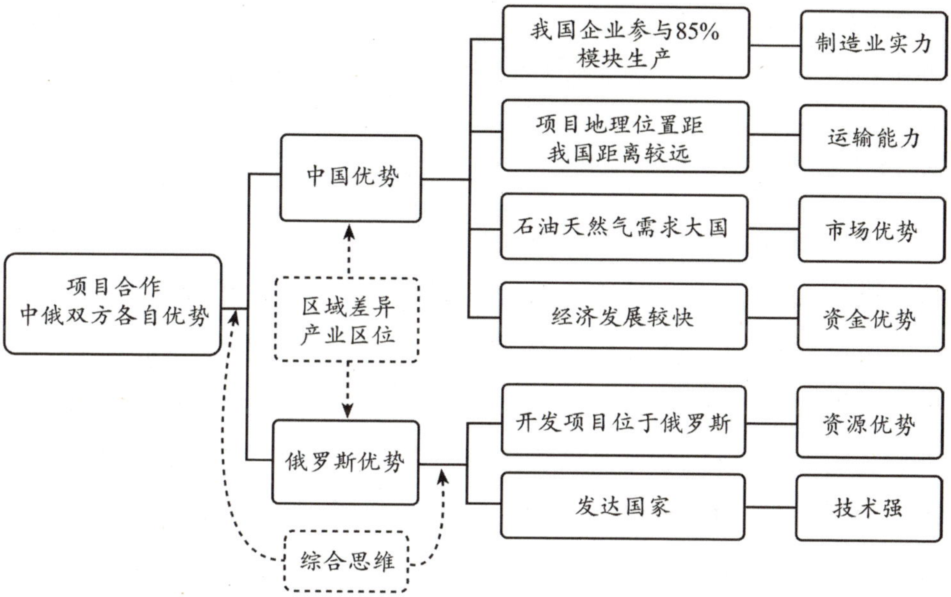

由上图可见，该试题全面考查了地理学科核心素养。考查地图判读和区域空间位置的认知，以及中国与俄罗斯相对地理位置的认知，以此为基础分析区域差异以及区域联系。从因地制宜的视角以及产业区位因素，考查中俄双方在项目合作的各自优势对于项目建设与运营的有利影响。以各级水平的综合思维开展地理学科核心素养测评，从中俄双方优势的两要素简单综合，到项目建设及运营影响因素的时空综合，再到中俄区域差异、产业区位差异的地方综合，实现综合思维的分阶测评。

（二）思维结构

依据考生对地理学科核心素养测评的反应，反映出思维结构和学业质量水平如下表所示。

学生测评反应	思维结构	学业质量水平
俄罗斯优势。	单点结构	水平 1
中俄双方的合作优势。	多点结构	水平 2
中俄双方在建设和运营阶段体现的优势。	关联结构	水平 3
结合中俄双方区域差异、产业区位因素，说明在建设和运营阶段的优势。	拓展抽象结构	水平 4

从上表可见，该试题地理学科核心素养测评水平 1 表明：对材料信息的判读不够，综合思维限于单个要素综合，分析论证不够充分。该试题地理学科核心素养测评水平 2 表明：对材料信息的判读不够，综合思维扩展到多要素综合。该试题地理学科核心素养测评水平 3 表明：人地协调观基本形成，区域认知比较翔实，综合思维扩展到时空综合。该试题地理学科核心素养测评水平 4 表明：比较熟练地应用人地协调观解决因地制宜问题，区域认知规律化，综合思维进阶到地方综合。

案例2　2019年天津卷地理试题第14题

阅读图文资料，完成下列要求。

波兰中部的罗兹市曾是欧洲最主要的纺织工业中心，但20世纪90年代以来经济发展停滞。中欧班列的开通，使该市成为中国货物在欧洲中部的重要集散地。

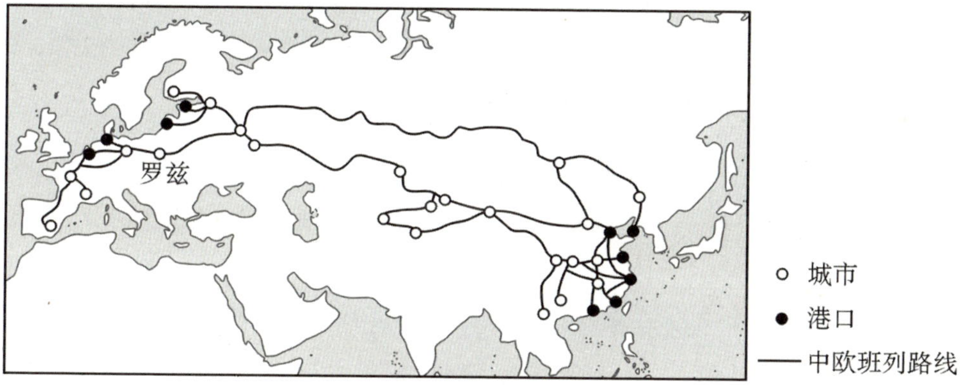

中欧班列路线示意图

设问：（2）中欧班列的运行，为我国相关港口带来了更好的经济效益。为什么？（6分）

【评分参考】

扩大了服务范围；增加了吞吐量；提高了港口运营效率。（答出两点即可，每点3分）

一、命题依据与测评目标

（一）课程标准内容要求

2.5 结合实例，说明工业、农业和服务业的区位因素。

Ⅰ2.2 结合实例，说明因地制宜对于区域发展的重要意义。

Ⅰ2.7 以某区域为例，说明产业转移和资源跨区域调配对区域发展的影响。

Ⅰ2.9 结合“一带一路”建设，说明国际合作的重要意义。

★用实例说明加强国际经济合作的重要性。

★结合实例，说明运输方式和交通布局与区域发展的关系。

（二）地理学科核心素养测评主要目标

1. 经纬网地图的判读分析。

2. 对产业转移、国际合作对区域发展影响的认知。

3. 对“一带一路”建设以及国际合作的认知。

4. 区域发展特点、产业区位因素对项目影响的综合思维。

二、问题情境

（一）高考试题情境

本小题关注“一带一路”的互联互通项目，探讨中欧班列对于扩大开放、加强国际合作的重大意义。截至2020年，国内运行中欧班列的城市已达29个；班列可通达至21个国家的92个城市。10年来，中欧班列年开行数量由最初不到20列发展到2020年的1.24万列，年均增速达108%，运送货物货值超过1 600亿美元。通过中欧班列运行与我国相关港口的发展关联，考查人类活动的地域联系、港口建设的区位条件分析、农业的区位自然地理条件和工业的区位地理条件的相关知识点。

（二）教材问题情境

各版本教材中都有对往来于我国与欧洲及“一带一路”相关国家的集装箱国际铁路联运班列“中欧班列”的教学情境，并由此分析开展国际合作区的意义。

人教版教材聚焦“渝新欧”班列与国际合作，以重庆笔记本电脑生产基地为背景，分析重庆积极推动“渝新欧”班列开通的原因、需要哪些方面的国际合作、对沿线国家的意义等，引导学生结合重庆地理位置、现有的交通运输方式、主要运输货物，以及各种交通运输方式的特点综合思考。

中图版教材对“一带一路”的互联互通项目进行了较详细的介绍：“一带一路”相关国家开展了一大批互联互通项目，如中欧班列、中老铁路、匈塞铁路、中俄高铁、以色列特拉维夫轻轨、科伦坡港口城、中俄原油管道、中国—中亚天然气管道线、中巴经济走廊等16项能源项目。教材问题情境提出，互联互通项目会对相关国家和地区产生影响的探讨。

沪教版教材以2018年俄罗斯世界杯期间，10万只中国小龙虾搭乘中欧班列运往俄罗斯为切入点，介绍“一带一路”国际合作的意义，提出国际合作和交流途径的思考，进一步探讨如何将国内区域合作与国际区域合作进行衔接。

鲁教版教材分析“一带一路”六大经济走廊开展的区域合作，以中巴经济走廊建设为背景，提出活动问题：为什么选择瓜达尔港作为中巴经济走廊的南端起点。

湘教版教材以中欧班列和“一带一路”为背景，探讨我国内陆地区从商贸末端变为开放前沿的原因，分析昔日的货运通道如何成为开放发展的快车道。

（三）问题式教学问题情境

综上所述，教材中的问题情境与高考针对项目工业区位的试题情境较为契合，且在教学中也涉及对“一带一路”沿线相关港口、产业、城市等影响的分析，从而引发学生对国际合作意义的综合思考。

三、思维路径与结构

（一）思维路径

基于上述深度分析，本试题地理学科核心素养测评的思维路径如下图所示。

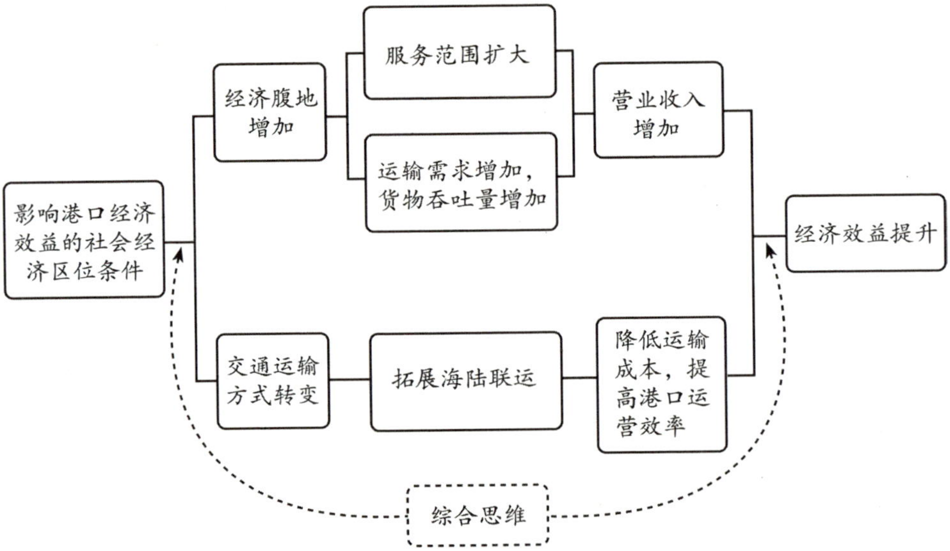

由上图可见，该试题考查了地理学科核心素养。考查基于地图判读和区域空间位置的认知，以及对港口区域特点的认知。从因地制宜的视角考查港口发展需要的有利条件。以各级水平的综合思维开展地理学科核心素养测评，从影响港口经济效益的社会经济因素的两要素简单综合，到由经济腹地、交通运输改变延伸出的经济效益的直接影响的多要素综合，再到港口区位因素的地方综合，实现综合思维素养进阶测评。

（二）思维结构

依据考生对地理学科核心素养测评的反应，反映出思维结构和学业质量水平如下表所示。

学生测评反应	思维结构	学业质量水平
增加了货运需求。	单点结构	水平 1
货运需求增加，提高海陆联运比例。	多点结构	水平 2
扩大了服务范围；增加了吞吐量；提高了港口运营效率。	关联结构	水平 3
扩大了服务范围；增加了吞吐量；增加海际联运、提高港口运营效率；降低了货运成本，提高了收益。	拓展抽象结构	水平 4

从上表可见，该试题地理学科核心素养测评水平 1 表明：区域认知的能力薄弱，综合思维限于单个要素综合，分析论证不够充分。该试题地理学科核心素养测评水平 2 表明：具备一定程度的港口区位认知，综合思维扩展到多要素综合。该试题地理学科核心素养测评水平 3 表明：区域认知比较翔实，能够较全面分析港口区位因素，论据之间具备相互关联结构。该试题地理学科核心素养测评水平 4 表明：区位认知清晰，能综合港口区位因素进行较全面的说明，具备较好的逻辑、融合能力，综合思维进阶到地方综合。

设问：（4）欧洲国家对义乌生产的小商品需求量很大，当地却很少生产。近年来，这类小商品利用中欧班列大量运往欧洲国家。说明欧洲国家发展这类小商品制造业的不利区位条件。（4分）

【评分参考】

原材料（零部件）不足；（2分）劳动力、土地等成本高。（2分）

一、命题依据与测评目标

（一）课程标准内容要求

2.5 结合实例，说明工业的区位因素。

Ⅰ2.2 结合实例，说明因地制宜对于区域发展的重要意义。

Ⅰ2.7 以某区域为例，说明产业转移和资源跨区域调配对区域发展的影响。

★运用地图和其他资料，联系某国家自然条件特点，简要分析该国因地制宜发展经济的实例。

★结合实例，说明运输方式和交通布局与区域发展的关系。

（二）地理学科核心素养测评主要目标

1. 经纬网地图的判读分析。

2. 对工业区位因素、区域发展影响因素的认知。

3. 欧洲国家区域发展及地理环境的认知。

4. 因地制宜、人地协调观在工业区位因素影响分析的综合思维。

二、问题情境

（一）高考试题情境

此小题关注“一带一路”中欧班列沿线欧洲国家的产业影响，以小商品制造业为考查对象，结合欧洲国家工业的区位因素，探讨欧洲国家缺少小商品制造业的原因，从而引发学生对于中国与中欧班列沿线国家开展经贸合作重要意义的深层次思考，以及对“一带一路”建设的理解。

（二）教材问题情境

各版本教材均有“一带一路”建设对沿线国家和地区、城市、产业的影响的介绍，并有相关的案例作为问题情境。

人教版教材认为，经济全球化可以理解为跨国界的经济活动驱使各国经济相互依赖程度不断加深的过程。它表现在国际分工、世界范围内的资源配置。随着中国、印度等新兴经济体的崛起，世界经济“三元结构”下，形成新的劳动地域分工。地域分工存在的前提是区域差异，是区域资源和经济发展水平存在差异，教材中提到合作的前提是先分析差异。

中图版教材介绍“一带一路”提出背景时，对区域经济发展不平衡以及资源互补性等进行了说明，提出合作前提在于差异性以及互补性。“一带一路”东面是活跃的东亚经济圈，西面是发达的欧洲经济圈，但中间广大腹地国家经济发展水平与两端的经济圈存在落差。资源互补性较强，也是各国积极主动展开合作的重要原因之一。

沪教版教材介绍区域发展需要多方面的协调与合作。以“为什么欧美的许多产品并不是在当地生产，而是由中国、泰国、越南、印度尼西亚等国生产的”为问题导引，引发学生关于区域产业协调、产业转移的思考。以东亚产业转移案例来分析影响因素，包括国际经济环境、生产要素成本、市场、文化与政策等。

鲁教版教材，以日本与英国为例，分析比较区域发展异同。在经济发展的区域差异方面，考虑劳动力、市场、交通运输、政策和科技等社会经济因素，充分发挥各自区域的优势，做到因地制宜、物尽其用。

湘教版教材在区域联系和区域协调发展板块，介绍了区域经济一体化和经济全球化，主要是全球范围内的包括生产资料、信息、资金、人力资源等生产要素在全球范围内的配置与重组。每个国家和地区的经济相互交织、逐渐融合。

（三）问题式教学问题情境

综上所述，教材中的问题情境大多针对“一带一路”对沿线区域、城市、产业发展的影响，与此试题情境有所差距，应在创设情境时结合区域联系与区域协调发展、交通与区域发展等相关章节的内容，针对具体交通节点进行设问。

三、思维路径与结构

（一）思维路径

基于上述深度分析，本试题地理学科核心素养测评的思维路径如下图所示。

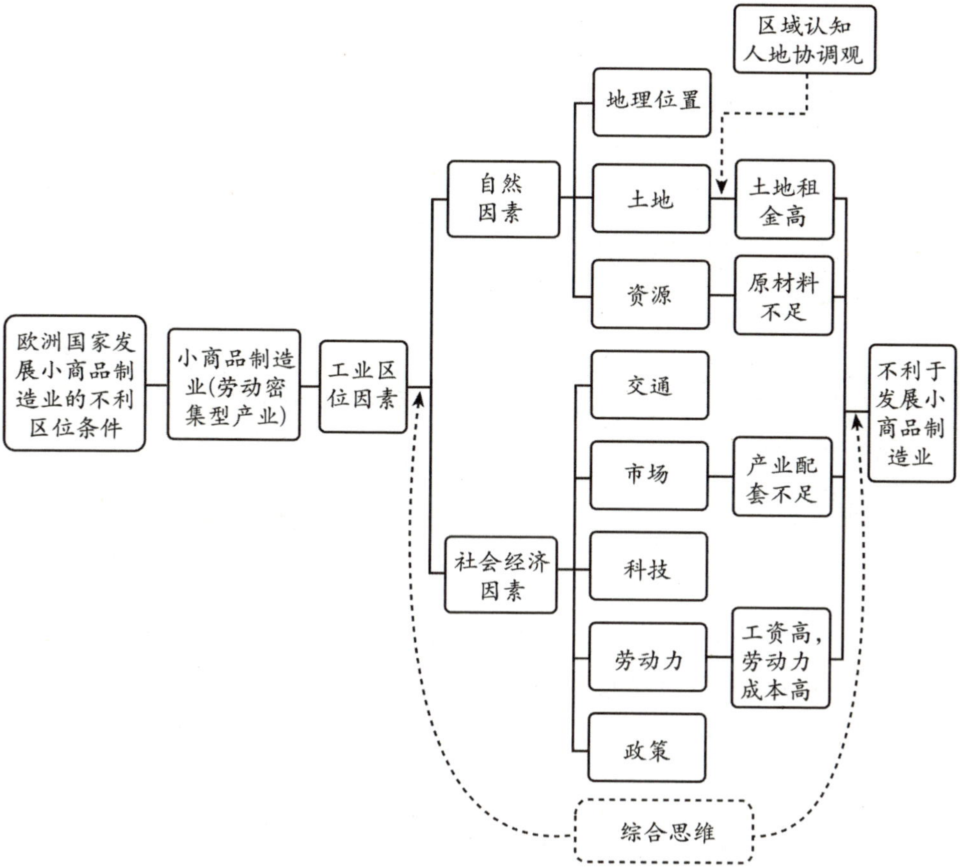

由上图可见，该试题考查了地理学科核心素养。考查基于地图判读和区域空间位置的认知，欧洲区位经济发展特点的认知。从因地制宜、人地协调观的视角考查欧洲国家小商品制造业工业区位发展的不利条件。以各级水平的综合思维开展地理学科核心素养测评，从影响工业区位的自然因素和社会经济因素的综合分析，到小商品行业属性、发展特点与工业区位细分类别的综合，再到欧洲区域发展实际情况的地方综合，实现综合思维素养进阶测评。

（二）思维结构

依据考生对地理学科核心素养测评的反应，反映出思维结构和学业质量水平如下表所示。

学生测评反应	思维结构	学业质量水平
劳动力成本高。	单点结构	水平 1
劳动力、土地成本高。	多点结构	水平 2
劳动力、土地成本高；产业配套不足，原材料不足。	关联结构	水平 3
欧洲劳动力、土地成本高；产业配套不足，原材料不足；不利于发展属劳动密集型的小商品制造业。	拓展抽象结构	水平 4

从上表可见，该试题地理学科核心素养测评水平 1 表明：区域认知的能力薄弱，对工业区位的认知较浅，综合思维限于单个要素综合，分析论证不够充分。该试题地理学科核心素养测评水平 2 表明：具备一定程度的工业区位因素的认知，综合思维扩展到多要素综合。该试题地理学科核心素养测评水平 3 表明：区域认知比较翔实，能够较全面分析工业区位因素，论据之间具备相互关联结构。该试题地理学科核心素养测评水平 4 表明：区域认知清晰，能结合欧洲区域发展实际，综合工业区位因素进行较全面的说明，综合思维进阶到地方综合。

第四节　旅游、环保高考试题案例分析

案例 1　2021 年全国乙卷地理试题第 43 题

阅读材料，完成下列要求。

地处云南元阳哈尼梯田世界文化遗产核心区的阿者科村，保留着完好的梯田生态系统、独特的哈尼传统民居和文化。曾经有的村民将传统民居出租给外地经营者，自己搬出村寨。为了保护哈尼传统文化，改变贫困落后状况，2018 年某科研团队应当地政府邀请，经多方调研和探索，提出阿者科村实行内源式村集体企业主导的开发模式：不租不售，不靠外来资本介入；通过智力援助和当地政府支持，组织村民成立旅游发展公司，自我经营和管理，公司收入归全村所有，村集体公司留成 30%，村民分红占 70%，村民分红按传统民居 40%、梯田 30%、居住 20%、户籍 10% 执行。

设问：说明阿者科村实行村集体企业主导的旅游开发模式的优势。（10 分）

【评分参考】

主要收入归还村民，提高原住民收入和生活水平；（2 分）留住原住民，保留原住民的部分生活方式，有利于传承独特的地方文化；（2 分）本地力量主人翁意识更强，更能自觉注重民居、梯田等遗产的保护；（2 分）合理分配收益，兼顾公平和效率，利于乡风和谐，减少矛盾；（2 分）通过智力援助，提升村民的文化水平和技能。（2 分）

一、命题依据与测评目标

（一）课程标准内容要求

Ⅰ2.2 结合实例，从地理环境整体性和区域关联的角度，说明因地制宜对于区域发展的重要意义。

Ⅱ5.4 结合实例，评价旅游资源的开发条件。

Ⅱ5.6 结合实例，分析旅游业对区域经济、社会、文化发展的带动作用。

★举例说出某地区发展旅游业的优势。

★结合有关资料说明我国地方文化特色对旅游业发展的影响。

（二）地理学科核心素养测评主要目标

1. 旅游资源开发的认知。
2. 服务业区位因素的认知。
3. 文化发展和保护的认知。
4. 因地制宜、人地协调观在区域发展中的应用。

二、问题情境

（一）高考试题情境

此题通过选取我国脱贫攻坚伟大工程中的六个减贫密码之一的旅游扶贫案例“阿者科计划”，创设试题情境，展现了在中国共产党的精准扶贫政策指引下，阿者科村通过激发内生发展动力，将乡村振兴、传统村落保护、文化旅游融合发展、农耕技艺传承四位一体同步推进、协调发展，取得了良好的经济效益和社会效益。

引导考生理解我国消除贫困、拒绝返贫的重大意义，坚定“四个自信”，立志肩负起实现中华民族伟大复兴的时代重任。要求学生对现实素材信息进行具体分析，考查区域认知、综合思维和地理实践力，具备思政价值。

（二）教材问题情境

人教版教材在旅游扶贫的章节部分，提出以某贫困地区为案例组织教学，搜集相关资料，进行讨论与交流，分析当地旅游资源开发以及与人民生活改善的关系。交代了相关情境的背景：旅游扶贫是我国国家扶贫开发战略的重要组成部分。改革开放 40 多年来，我国旅游业的不断发展，为包括贫困地区在内的各个地区的发展提供了新的经济增长点。因此，对具有丰富旅游资源的贫困地区进行旅游开发，是使这些地区人民群众脱贫致富的有效途径，也是推动这些地区经济发展的有力措施。

中图版教材在旅游开发条件评价的教学情境中，重点分析了区位、客源等条件，其他开发条件则包括投资条件、施工条件、现有的开发条件和旅游服务设施条件等。首先，旅游资源的开发需要大量资金的持续支持，旅游资源所在地的社会经济环境、经济发展战略以及给予投资者的优惠政策等因素，都直接影响投资者的开发决策。其次，旅游资源开发项目必须考虑工程量的大小和难易程度。工程建设的自然基础条件（如地质、地貌、水文、气候等）和物质供应条件（如设备、建材、食品等）直接影响旅游资源开发的投资大小和工期长短。另外，对那些已具有一定开发利用基础的旅游资源，评价时应注意总结以往开发过程中的成功经验。

鲁教版教材介绍了旅游开发与“旅游扶贫”的联系，并指出贫困地区由于旅游资源与旅游环境相对完好，往往成为游客青睐的旅游地。实施“旅游扶贫”政策，有利于发挥贫困地区资源优势，逐步实现部分财富、经验、技术和产业的转移，增加贫困地区“造血功能”，从而使其脱贫致富。

湘教版教材在旅游规划的教学情境中，提到旅游是一项涉及多个行业的经济活动，旅游规划需综合考虑自然、社会、经济、文化等多种因素。这些因素之间相互联系、相互影响。其中，社会因素包括市场营销计划和促销方案、相关的立法和法规、旅游组织机构、招商引资措施、旅游从业人员的教育培训、提高公众对旅游业认识的计划、生态环境保护规划和社会经济发展规划等。

（三）问题式教学问题情境

综上所述，教材中的问题情境与试题情境存在一定差异，试题情境是探讨旅游开发中的组织形式及其优势之处，教材中的旅游评价以及规划的内容，主要关注旅游资源的开发以及对社会、经济、环境的影响，对于旅游开发组织中的开发模式和组织形式，仅仅点到为止，没有深入探讨具体组织形式及意义。作为旅游开发主体的组织形式或特征，可作为教学情境的拓展资料。

三、思维路径与结构

（一）思维路径

基于上述深度分析，本试题地理学科核心素养测评的思维路径如下图所示。

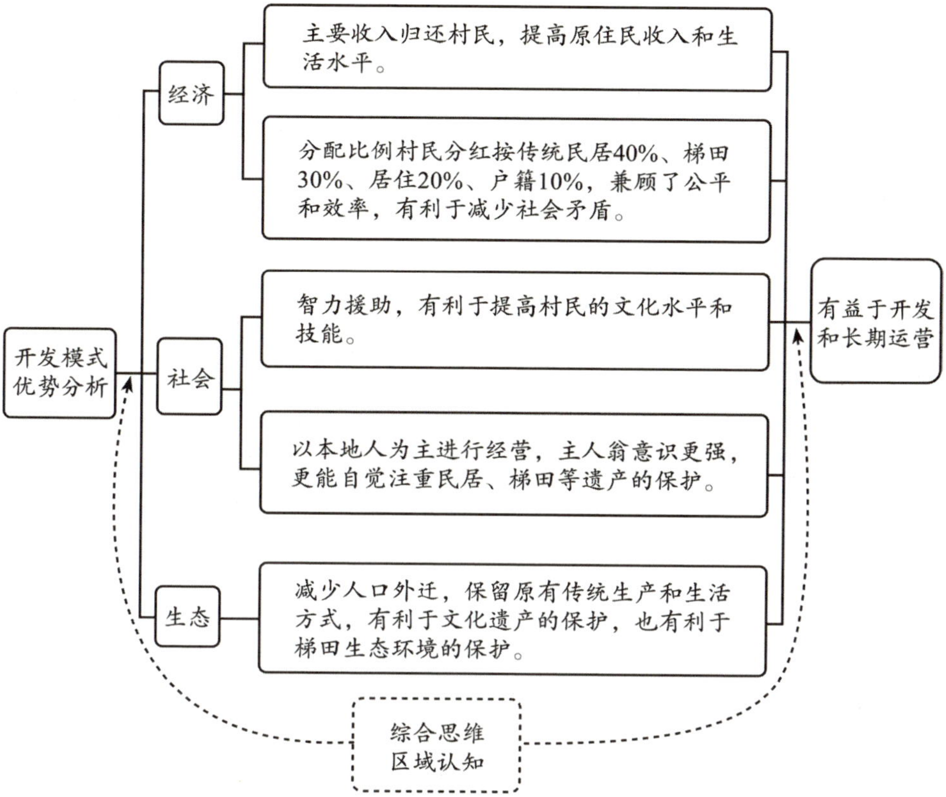

由上图可见，该试题全面考查了地理学科核心素养。以因地制宜和人地协调观统领地理学科核心素养测评，基于试题中阿者科村开发模式的信息解读，结合区域位置、地理环境认知，考查对旅游开发和评价的认知，实施地理学科核心素养测评。以各级水平的综合思维开展地理学科核心素养测评，从经济、社会、生态等开发优势的多要素综合，到环境保护、人口迁移等时空综合，再到提高当地生活水平、梯田和文化发展等区域经济文化环境的系统性、地域性的分析，实现综合思维素养进阶测评。

（二）思维结构

依据考生对地理学科核心素养测评的反应，反映出思维结构和学业质量水平如下表所示。

学生测评反应	思维结构	学业质量水平
收入分配合理，有利于长期经营。	单点结构	水平 1
合理分配收入，传承当地文化。	多点结构	水平 2
合理分配收入，传承当地文化，旅游资源保护。	关联结构	水平 3
主要收入归还村民，提高原住民收入和生活水平；留住原住民，保留原住民的部分生活方式，有利于传承独特的地方文化；本地力量主人翁意识更强，更能自觉注重民居、梯田等遗产的保护；合理分配收益，兼顾公平和效率，利于乡风和谐，减少矛盾；通过智力援助，提升村民的文化水平和技能。	拓展抽象结构	水平 4

从上表可见，该试题地理学科核心素养测评水平 1 表明：对试题资料的信息解读能力有限，综合思维限于单点结构。该试题地理学科核心素养测评水平 2 表明：具备一定程度的信息解读能力，能够解读区域发展、旅游资源开发和评价的相关信息，综合思维扩展到多要素综合，人地协调观基本可用于分析问题。该试题地理学科核心素养测评水平 3 表明：人地协调观基本形成，能够较好地进行试题资料的解读，能够从时空尺度分析对社会经济的影响因素，综合思维扩展到时空综合。该试题地理学科核心素养测评水平 4 表明：比较熟练地应用人地协调观解决因地制宜问题，信息解读和区域认知比较全面，综合思维进阶到地方综合。

案例 2　2021 年全国甲卷地理试题第 43 题

阅读材料，完成下列要求。

地处江西赣州市北部的兴国县，是我国著名的苏区模范县和将军县，拥有苏园、将军馆、革命烈士纪念馆等众多红色旅游资源。1996 年 9 月，在兴国“绕了个弯”的京九铁路正式通车，兴国终于有了第一条直通北京、迈向大江南北的大通道，经济发展实现第一次提速。2019 年底，又有一条“绕弯”兴国的铁路——昌赣高铁正式通车，“兴国弯”再次成为热点，兴国由此迈入高铁时代（下图）。2020 年兴国县红色旅游接待人数超过 300 万人次，同比增长 20% 左右。

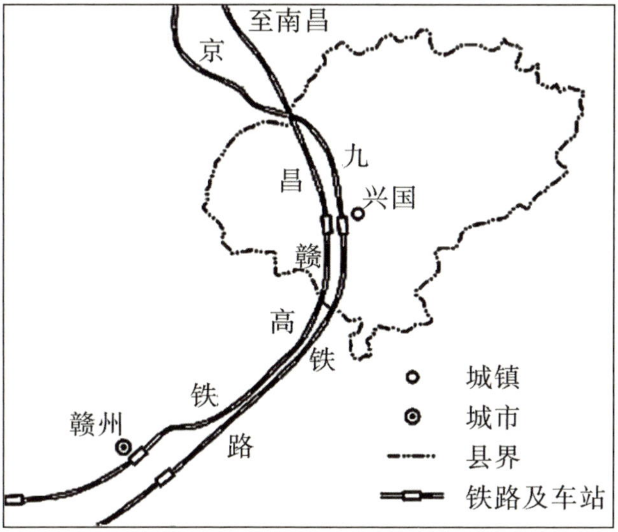

设问：分析铁路开通对兴国县发挥红色旅游资源优势、促进经济发展的作用。（10 分）

【评分参考】

两条铁路的开通，改善了旅游投资与营商环境，吸引更多投资者来兴国县开发红色旅游资源。（3分）改善了旅游交通条件，便于游客进出，扩大红色旅游客源市场，吸引更多游客前来观光、休闲和度假。（4分）增加就业岗位，提高财政收入，促进旅游业及其相关产业的发展，从而有力促进经济发展。（3分）

一、命题依据与测评目标

（一）课程标准内容要求

2.6 结合实例，说明运输方式和交通布局与区域发展的关系。

Ⅰ2.2 结合实例，从地理环境整体性和区域关联的角度，说明因地制宜对于区域发展的重要意义。

Ⅱ5.4 结合实例，评价旅游资源的开发条件。

Ⅱ5.6 结合实例，分析旅游业对区域经济、社会、文化发展的带动作用。

★举例说出某地区发展旅游业的优势。

★运用地形图，归纳某地区地势及地形特点，解释地形与当地人类活动的关系。

（二）地理学科核心素养测评主要目标

1. 旅游资源开发的认知。
2. 交通运输与区域发展的认知。
3. 服务业区位因素的认知。
4. 因地制宜、人地协调观在区域发展中的应用。

二、问题情境

（一）高考试题情境

此题以兴国县开通铁路为红色旅游发展带来新契机为背景，通过交通图以及文字资料，带学生进入兴国县开发红色旅游资源的现实情境中，涉及交通对区域发展的影响、旅游资源开发条件及旅游对区域发展的影响。考查学生调动和运用地理知识的能力，体现了区域认知、综合思维、地理实践力等学科素养。

（二）教材问题情境

人教版教材以天柱山、西双版纳两地的交通布局图及相关背景创设教学情境，说明交通的重要性。说明便利的交通可以让游客来得方便、在旅游区逗留期间活动方便以及结束浏览后离开方便。如果地理位置太偏远，路途交通费用过多，时间过长，出入不畅，既增加旅游者的心理顾虑，又使来往路程耗时过多，前往旅游的人就少。旅游景区的交通条件一旦得以改善，游客量一般都会增加。因此，位置和交通是评价旅游资源开发的重要条件之一。

中图版教材在旅游资源开发条件的评价中，指出区位条件的重大影响。区位条件包括地理位置和交通条件。特殊的地理位置可增加旅游资源的吸引力。如旅游资源所在地靠近中心城镇，吸引力便会相应增加。交通条件决定着旅游资源所在地的可进入性和旅游资源开发的时间、规模、档次和难易程度。旅游者能进得来、散得开、出得去，这是旅游资源开发的前提条件。有些景象艺术特征显著的地方，如四川的“洞穴之乡”兴文，就是因为交通不便，可进入性差，影响了它的开发程度和在同等资源中的地位。

沪教版教材对旅游资源评价中交通条件的描述是，交通条件指旅游资源的可进入性和交通发达程度。旅游资源距交通干线的距离是重要测量指标。有些旅游资源虽然有很丰富的美学价值和经济价值，但由于地处偏远、交通不便，暂时不具备开发条件。如我国新发现的雅鲁藏布江大峡谷，那里自然环境优美，民风民俗古朴，对游客有很大的吸引力。但由于其远离铁路和公路干线，景区内也没有车辆通行的交通线路，因而暂时不具备旅游开发条件。

湘教版教材阐明地理区位和交通条件好的旅游资源，开发更容易，投入更小。有的旅游资源景点相对集中，距离城市和经济发达区域较近，地理区位和交通条件相对理想，并且所在地区基础设施较好，这样景区的开发建设就相对容易。有的旅游资源位置偏僻，交通不便，基础设施和对外联系属于薄弱环节，那么景区的开发建设就需要很大的投入。

（三）问题式教学问题情境

综上所述，教材中的问题情境与试题情境基本一致，都围绕交通条件这一个影响旅游开发的重要因素，结合实例进行情境的创设，引导学生在旅游资源评价方面进行思考和解答。

三、思维路径与结构

（一）思维路径

基于上述深度分析，本试题地理学科核心素养测评的思维路径如下图所示。

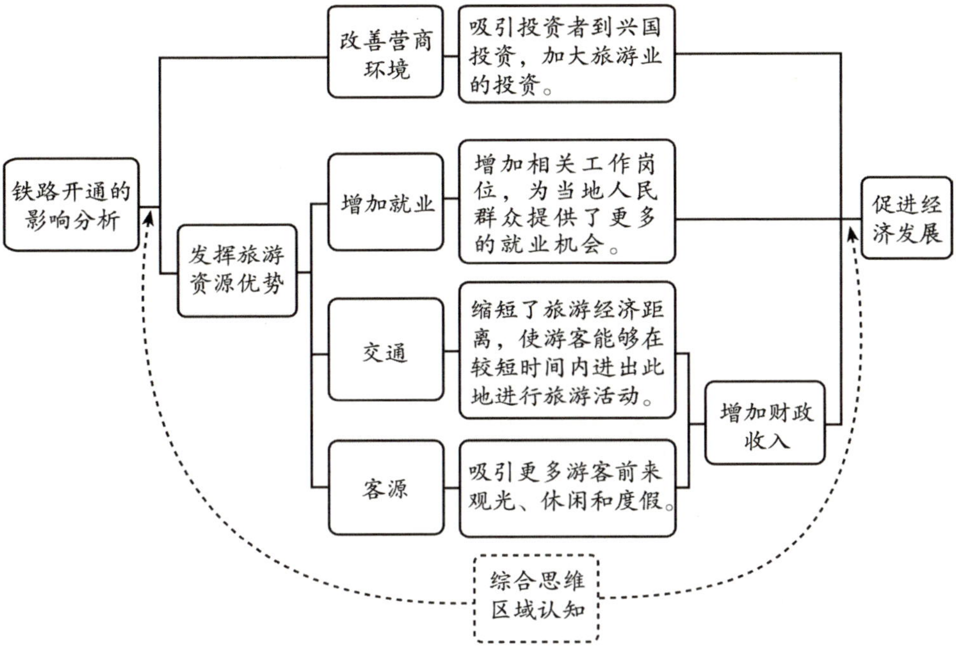

由上图可见，该试题全面考查了地理学科核心素养。以因地制宜和人地协调观统领地理学科核心素养测评，基于试题中两条铁路开通对兴国旅游开发的影响等相关信息的解读，结合区域位置、地理环境认知，考查对旅游开发和评价的认知，实施地理学科核心素养测评。以各级水平的综合思维开展地理学科核心素养测评，从经济发展、旅游资源开发的多要素综合，到交通、客源、就业、营商环境等时空综合，再到区域经济发展的系统性、地域性的分析，实现综合思维素养进阶测评。

（二）思维结构

依据考生对地理学科核心素养测评的反应，反映出思维结构和学业质量水平如下表所示。

学生测评反应	思维结构	学业质量水平
吸引更多游客。	单点结构	水平 1
吸引更多游客、投资者。	多点结构	水平 2
吸引更多游客、投资者，增加当地就业、财政收入。	关联结构	水平 3
两条铁路的开通，改善了旅游投资与营商环境，吸引更多投资者来兴国县开发红色旅游资源。改善了旅游交通条件，便于游客进出，扩大红色旅游客源市场，吸引更多游客前来观光、休闲和度假。增加就业岗位，提高财政收入，促进旅游业及其相关产业的发展，从而有力促进经济发展。	拓展抽象结构	水平 4

从上表可见，该试题地理学科核心素养测评水平 1 表明：对试题图文资料的解读能力有限，综合思维限于单点结构。该试题地理学科核心素养测评水平 2 表明：具备一定程度的图文信息解读能力，能够解读区域发展、旅游资源开发和评价的相关信息，综合思维扩展到多要素综合，人地协调观基本可用于分析问题。该试题地理学科核心素养测评水平 3 表明：人地协调观基本形成，能够较好地进行试题资料的解读，综合思维扩展到时空综合。该试题地理学科核心素养测评水平 4 表明：比较熟练地应用人地协调观解决因地制宜问题，信息解读和区域认知比较全面，综合思维进阶到地方综合。

案例 3　2019 年全国Ⅱ卷地理试题第 26 题

阅读材料，完成下列要求。

英国康沃尔郡在一个废弃的矿山上开发了伊甸园项目。该项目主体是温室，由 8 个充满未来主义艺术风格的巨大蜂巢式穹顶建筑构成。穹顶建筑内仿造地球上不同的生态环境，汇集了不同种类的植物。作为英国最大的环境保护教育中心，该项目本身就是一个节能环保的典范。2001 年开园以来，连续多年被评为英国最佳休闲旅游景区。下图是该项目的景观照片。

设问：分析该项目对旅游者吸引力大的原因。（10 分）

【评分参考】

在废弃矿山上兴建的伊甸园，改善了当地的生态环境，以丰富的植物资源和独特的艺术建筑风格为特色，为旅游者营造优美舒适的旅游环境；（3 分）以环境保护和环境教育为主题，项目建设体现环保理念，观赏性强又能寓教于乐；（3 分）作为英国最大的

环境保护教育中心，规模大，建设时间较早，具有规模效应和品牌效应。（4 分）

一、命题依据与测评目标

（一）课程标准内容要求

2.2 结合实例，从地理环境整体性和区域关联的角度，说明因地制宜对于区域发展的重要意义。

5.2 举例说明某种旅游资源的成因和价值。

5.4 结合实例，评价旅游资源的开发条件。

★举例说出某地区发展旅游业的优势。

★运用地形图，归纳某地区地势及地形特点，解释地形与当地人类活动的关系。

（二）地理学科核心素养测评主要目标

1. 旅游资源开发、旅游规划的认知。
2. 服务业区位因素的认知。
3. 因地制宜、人地协调观在区域发展中的应用。

二、问题情境

（一）高考试题情境

此题以英国伊甸园这样一个现实中的旅游资源创造性开发的地理事象，营造一个成功的特色旅游案例，考查旅游资源的开发与评价，体现学生获取材料信息的能力和运用知识分析问题的能力，引导学生深刻感受“绿水青山才是金山银山”的生态观。

伊甸园工程用创意建筑提升关注度，实现观赏、教育等多种功能相互融合，注重艺术的诠释作用，提升了观赏性。最重要的是，将人与自然的协调发展体现在项目建设和运营中，成为典型的旅游景点开发案例。

（二）教材问题情境

人教版教材的教学情境引导学生了解和探讨休闲旅游的发展方向。说明随着人们生活水平的不断提高，旅游休闲体验时代的到来，旅游者的旅游需求也日趋个性化，体验民俗民情、感悟文化内涵、注重体验参与、感受科技魅力等已成为旅游者消费的重要方向，旅游景区的特色旅游项目是满足旅游者该方面需求的重要途径。特色旅游项目是游客旅游行程中“吃”“住”“行”“游”“购”“娱”活动实现的重要载体，具有参与性、教育性、趣味性、文化性、创新性、科技性等特点。

中图版教材提出旅游资源的特色是评价该地区旅游资源对旅游者吸引力大小的重要因素，也是旅游资源可行性开发的决定条件之一。独具特色的旅游资源往往知名度也大，而知名度是人们形成旅游动机的重要因素，即所谓“慕名而来”。因此对于旅游资源的特色（或特质）在评价时应予以极大的关注。即使同类旅游资源也要注意挖掘出不同的特色。如北京颐和园和苏州古典园林，虽同为中国园林艺术的典范，但特色不同，风格各异。

沪教版教材以上海外滩建筑群、加拿大的多伦多广播电视塔、安徽徽州古民居、四川都江堰水利工程、法国巴黎埃菲尔铁塔等案例，阐述人文旅游资源的开发和价值。说明建筑景观这类人文旅游资源，具有特殊的文化价值、使用价值、历史价值、技术价值、纪念价值、景观价值。引导学生思考不同自然和人文旅游资源的特点，以及如何能够更好地进行组合式开发。

鲁教版教材提到旅游景区传统要素对景区旅游吸引力提升作用有限，而特色旅游项目迎合了旅游业与相关产业融合的趋势，能够满足旅游者求新求异的旅游动机和个性化需求，成为游客在景区增加体验、实现旅游目的的重要方式，对景区旅游吸引力提升具有重要作用。景区为丰富旅游者活动内容，加深游客对景区记忆，提升景区产品竞争力，积极引入相关特色旅游项目，取得积极效果。

湘教版教材介绍旅游开发时，认为要营建高雅的旅游环境。旅游景区应当具有良好的文化氛围，给游客以美的感受和愉悦的享受。旅游资源的开发建设，必须考虑营造与之匹配的环境背景。景区设计应当突出主题，彰显特色，不宜喧宾夺主。

（三）问题式教学问题情境

综上所述，教材中的问题情境与试题情境基本一致，都围绕旅游资源的特色、价值和功能等因素，引导学生结合实际，在旅游资源的组合开发、规划设计方面进行思考和探索。

三、思维路径与结构

（一）思维路径

基于上述深度分析，本试题地理学科核心素养测评的思维路径如下图所示。

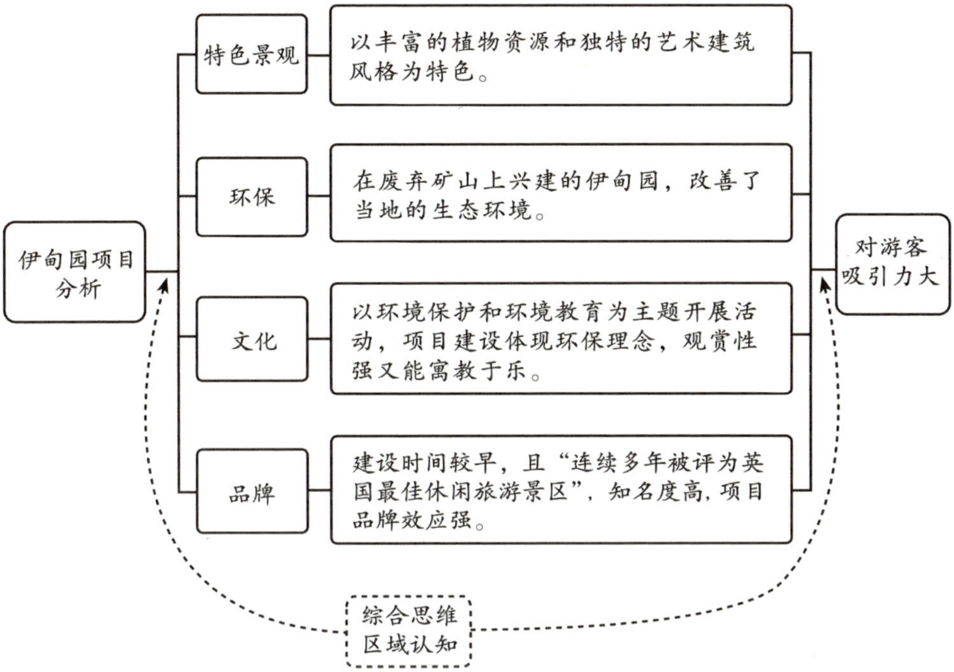

由上图可见，该试题全面考查了地理学科核心素养。以因地制宜和人地协调观统领地理学科核心素养测评，考查学生对旅游项目规划设计相关信息的解读，结合区域位置、地理环境认知，实施地理学科核心素养测评。以各级水平的综合思维开展地理学科核心素养测评，从旅游资源开发的特色、品牌、文化、环保等多要素综合，到区域发展的系统性、地域性的分析，实现综合思维素养进阶测评。

（二）思维结构

依据考生对地理学科核心素养测评的反应，反映出思维结构和学业质量水平如下表所示。

学生测评反应	思维结构	学业质量水平
独特艺术风格吸引游客。	单点结构	水平 1
风格独特、环保设计。	多点结构	水平 2
风格独特、环保设计、教育休闲功能、品牌效应。	关联结构	水平 3
在废弃矿山上兴建的伊甸园，改善了当地的生态环境，以丰富的植物资源和独特的艺术建筑风格为特色，为旅游者营造优美舒适的旅游环境；以环境保护和环境教育为主题，项目建设体现环保理念，观赏性强又能寓教于乐；作为英国最大的环境保护教育中心，规模大，建设时间较早，具有规模效应和品牌效应。	拓展抽象结构	水平 4

从上表可见，该试题地理学科核心素养测评水平 1 表明：对试题图文资料的解读能力有限，对旅游资源开发的认知薄弱，综合思维限于单点结构，无法体现人地协调观。该试题地理学科核心素养测评水平 2 表明：具备一定程度的图文信息解读能力，能够解读区域发展、旅游资源开发和评价的相关信息，综合思维扩展到多要素综合，人地协调观基本可用于分析问题。该试题地理学科核心素养测评水平 3 表明：人地协调观基本形成，能够较好地进行试题资料的解读，对旅游资源开发认知比较完善，综合思维扩展到时空综合。该试题地理学科核心素养测评水平 4 表明：比较熟练地应用人地协调观解决因地制宜问题，信息解读和区域认知比较全面，综合思维进阶到地方综合。

案例 4　2021 年全国乙卷地理试题第 44 题

阅读材料，完成下列要求。

为评估青藏铁路建设和营运对环境的影响，某科研团队对青藏铁路格（尔木）拉（萨）段某 11 千米长的风沙活动路段两侧进行了调查，结果如下表所示（面积单位：km^2），其中工程治沙地视为固定沙地。2001—2008 年为铁路建设期，2008—2015 年为铁路营运期。

面积单位：km^2

铁路两侧	年份	固定沙地	工程治沙地	半固定沙地	半流动沙地	流动沙地	合计
0.5 km以内	2001	0	0	3.16	5.20	0.14	8.50
	2008	0.12	2.02	4.57	1.89	0.03	8.63
	2015	1.56	2.14	4.29	0.36	0.06	8.41
1 km以内	2001	0	0	6.54	10.06	0.25	16.85
	2008	0.37	2.02	10.20	4.37	0.10	17.06
	2015	3.49	2.14	9.64	1.31	0.10	16.68
2 km以内	2001	0.12	0	14.03	18.3	0.75	33.20
	2008	1.07	2.02	21.78	8.21	0.24	33.32
	2015	7.50	2.14	20.42	2.35	0.20	32.61

设问：根据材料自拟一个结论，并用表中数据予以论证。（要求：可就建设期或营运期，也可以综合得出结论；论证充分、数据准确、表述清晰。）（10 分）

【评分参考】

结论：青藏铁路的建设及营运期通过工程措施有效地实现了风沙治理。（2分）

论证：建设期，铁路两个范围内固定、半固定沙地增加，半流动、流动沙地减少，说明通过工程措施使得沙丘趋于固定，风沙危害减轻。（4分）营运期，铁路两侧固定沙地继续增长，半流动沙地显著减少，说明营运并未破坏风沙输移环境，工程措施持久有效地发挥了固沙效益。（4分）

一、命题依据与测评目标

（一）课程标准内容要求

2.10 运用资料，归纳人类面临的主要环境问题，说明协调人地关系和可持续发展的主要途径及其缘由。

Ⅰ2.6 以某生态脆弱区为例，说明该类地区存在的环境与发展问题，以及综合治理措施。

Ⅰ3.8 举例说明环境保护政策、措施与国家安全的关系。

★以某区域为例，说明我国西部开发的地理条件以及保护生态环境的重要性。

★根据资料，分析某区域内存在的自然灾害与环境问题，了解区域环境保护与资源开发利用的成功经验。

（二）地理学科核心素养测评主要目标

1. 环境保护及综合治理措施的认知。
2. 资源利用和生态保护的认知。
3. 因地制宜、人地协调观在区域发展中的应用。

二、问题情境

（一）高考试题情境

此题以青藏铁路建设对环境的影响为情境，提供详细的数据表格，要求学生在数据分析的基础上，运用学过的人类活动对环境的影响、环境保护、区域协调发展等知识进行解答。此题需要学生自拟结论，并用表中的数据加以论证。这样的问题不是机械记忆模板能够解决的，要求学生在地理学习上具有更大的开放性。我国从一开始设计青藏铁路，就已经把维护生态和环境保护作为一条必须遵循的重要原则。因此，青藏铁路大部分是沿青藏公路走行，基本上没有新开辟通道，而且设计方案中还采取了一系列专门的环境保护措施，这就把对高原生态的扰动降到了最低程度。

（二）教材问题情境

人教版教材的教学情境结合课文、图片和相关知识，引导学生分析某一区域主要的生态环境问题，以及应该采取什么措施来改善当地的生态环境。教材介绍背景中，资源不合理开发利用是造成生态环境恶化的主要原因。一些地区环境保护意识不强，重开发轻保护，重建设轻维护，对资源采取掠夺式、粗放型开发利用方式，超过了生态环境承载能力。近年来，我国高度重视环境保护工作，采取了一系列保护和改善生态环境的重大举措，加大了生态环境建设力度，使我国一些地区的生态环境得到了有效保护和改善。这些措施主要有植树造林、水土保持、草原建设和国土整治等。

中图版教材以沙坡头防风沙为案例，介绍了沙坡头的治理起因于保护铁路线免受沙漠掩埋，以数十年的治沙工程营造出半人工、半自然的沙漠景观，保护区内即有人工栽培的防风沙的植被，也有荒漠草原植被。说明干旱、半干旱地区的其他人类活动，如不合理耕作和粗放管理、矿产资源的开发、石油勘探、修筑道路、新建工厂、修筑军事设施、城市建设、旅游等，若不顾及周围自然条件，不采取相应的防护和保护措施，会在局部地区造成土地荒漠化，反过来影响当地的工农业生产和生态环境。

沪教版教材以黄土高原、亚马孙雨林等区域环境保护为案例创设情境，引导学生探讨生态环境问题以及应对措施。介绍了生态环境问题，主要包括土地荒漠化、水土流失、土壤侵蚀、森林锐减、草原退化、生物多样性减少、海洋污染等。生态环境问题的形成与加剧有自然原因，也有人为原因。人口激增对土地过度垦荒、过度放牧、过度开采，经济发展对资源、能源的过度开发利用等人为因素是产生和加剧生态环境问题的根源。治理生态环境的途径主要是控制人口增长，提高人口素质，加强全民的环境保护意识；发展科技，依靠科技进步调整产业结构，并改造对环境造成污染、破坏严重的生产设施；提高环境管理能力，通过科学规划，制订与运用生物措施、工程措施和农业耕作措施相结合的综合防治措施。

鲁教版教材将环境问题按照发生的先后顺序以及发生机制，分为原生环境问题和次生环境问题。原生环境问题是指由自然界本身引起，而没有人为因素或很少有人为因素参与的环境问题。次生环境问题是指由于人类不适当的生产和消费活动引起的环境问题。如工农业发展带来的环境污染、人类不合理利用资源所引起的生态破坏等。实际上，原生环境问题与次生环境问题很难截然分开。它们之间相互影响、相互作用，彼此叠加，形成“复合效应”。这种“复合效应”使环境问题变得更加复杂。如修建水库大坝可能诱发地震；城市及工矿区地下水被过量开采，长期得不到补给，有可能会导致局部地面下沉或塌陷。

湘教版教材在教学情境中，以实例分析人类活动对自然环境的影响。高速公路建设使其沿线及附近地区原有的生活环境、自然生态环境均遭到不同程度的破坏。尤其是就地取土筑路，将给公路沿线两侧留下许多深坑，这些深坑及周围被破坏了的植被如得不到及时整治和恢复，不仅对公路本身的稳固有潜在威胁，而且对周围生态环境会产生不良影响，如水土流失、农田破坏、土地荒漠化等。因此，在高速公路的设计和建设中，应尽量减少耕地损失，采取生态恢复、生态治理等技术措施，改善高速公路沿线的生态环境。

（三）问题式教学问题情境

综上所述，教材中的问题情境与试题情境基本一致，都在展示人类活动对环境的影响，引导学生以可持续发展的理念和发展模式，在谋求生存与发展的同时，认识和解决好环境问题，永远与自然和谐相处。

三、思维路径与结构

（一）思维路径

基于上述深度分析，本试题地理学科核心素养测评的思维路径如下图所示。

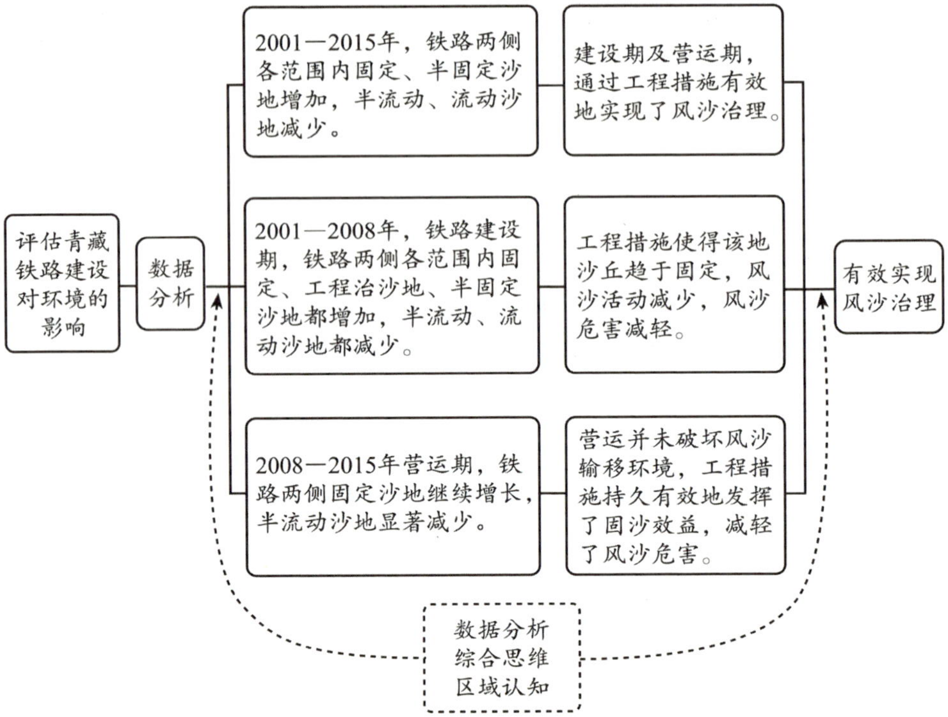

由上图可见，该试题全面考查了地理学科核心素养。以因地制宜和人地协调观统领地理学科核心素养测评，着重考查学生对数据的分析能力，以及对于人类活动对环境影响的认知，实施地理学科核心素养测评。以各级水平的综合思维开展地理学科核心素养测评，从多项数据的综合分析，到论点提取和论据的组织，建设期和营运期的不同时段分析，再到青藏高原区域发展的系统性、地域性的分析，实现综合思维素养进阶测评。

（二）思维结构

依据考生对地理学科核心素养测评的反应，反映出思维结构和学业质量水平如下表所示。

学生测评反应	思维结构	学业质量水平
青藏铁路工程措施实现风沙治理。	单点结构	水平 1
建设期及营运期，通过工程措施有效地实现了风沙治理。	多点结构	水平 2
建设期及营运期，半流动、流动沙地减少，说明工程措施有效地实现了风沙治理。	关联结构	水平 3
结论：青藏铁路的建设及营运期通过工程措施有效地实现了风沙治理。 论证：建设期，铁路两个范围内固定、半固定沙地增加，半流动、流动沙地减少，说明通过工程措施使得沙丘趋于固定，风沙危害减轻。营运期，铁路两侧固定沙地继续增长，半流动沙地显著减少，说明营运并未破坏风沙输移环境，工程措施持久有效地发挥了固沙效益。	拓展抽象结构	水平 4

从上表可见，该试题地理学科核心素养测评水平 1 表明：对表格数据的解读能力有限，对人类活动对环境影响的认知薄弱，综合思维限于单点结构。该试题地理学科核心素养测评水平 2 表明：具备一定程度的数据解读能力，能够解读区域发展、环境保护的相关信息，综合思维扩展到多要素综合，人地协调观基本可用于分析问题。该试题地理学科核心素养测评水平 3 表明：人地协调观基本形成，能够较好地进行试题资料的解读，对人类活动对环境影响认知比较完善，综合思维扩展到时空综合。该试题地理学科核心素养测评水平 4 表明：比较熟练地应用人地协调观解决因地制宜问题，信息解读和区域认知比较全面，综合思维进阶到地方综合。

案例 5　2021 年全国甲卷地理试题第 44 题

阅读材料，完成下列要求。

2008 年，新疆吉木乃县对拉斯特河谷近 900 公顷草原进行封育保护，如今这里林草茂盛。2020 年春季，当地政府为防止封育区林草自燃，选择在青草萌发之前的 1 个月，投放 1 600 头牛去吃掉积累的枯草和落叶，进行生物防火（下图）。

设问：说明采用放牛方式进行生物防火对拉斯特河谷封育区生态环境的有利影响。（10 分）

【评分参考】

牛吃掉易燃的枯草和落叶，有效避免火灾对生态系统的破坏；（4 分）有利于青草萌发和生长；（3 分）牛粪直接归还自然，有利于提高土壤肥力。（3 分）

一、命题依据与测评目标

（一）课程标准内容要求

2.10 运用资料，归纳人类面临的主要环境问题，说明协调人地关系和可持续发展的主要途径及其缘由。

Ⅰ2.6 以某生态脆弱区为例，说明该类地区存在的环境与发展问题，以及综合治理措施。

Ⅱ3.6 结合实例，说明设立自然保护区对生态安全的意义。

Ⅱ3.8 举例说明环境保护政策、措施与国家安全的关系。

★以某区域为例，说明我国西部开发的地理条件以及保护生态环境的重要性。

★根据资料，分析某区域内存在的自然灾害与环境问题，了解区域环境保护与资源开发利用的成功经验。

（二）地理学科核心素养测评主要目标

1. 环境保护及综合治理措施的认知。
2. 资源利用和生态保护的认知。
3. 因地制宜、人地协调观在区域发展中的应用。

二、问题情境

（一）高考试题情境

此题以新疆吉木乃县投放 1 600 头牛去吃掉河谷封育区的那些干枯草和树叶，从而进行森林防火，以免森林草场自然引发火灾为背景，考查生物防火带来的有利影响。可持续发展的目的就是为了追求人地协调。这道题虽是选考题，却是人地协调发展的典型实例。防火有多种方式，生物防火措施，很具实效性。这道题的素材是一条新闻消息，有关地理的时事值得我们关注。一方面是积累新闻素材，拓展视野，拓宽思维；另一方面是通过接轨时事，深刻感受生活中的地理。

（二）教材问题情境

人教版教材介绍植被是生态系统的基础与核心，生态破坏主要是植被的破坏。植被破坏不仅破坏了一个地区的景观，而且引起生物多样性受损害、环境质量下降、水土流失、土壤肥力降低、土地荒漠化等，使这些地区的居民丧失了基本的生存条件。对于生态破坏问题，治本在于恢复生态。因此，首先要改变和停止不合理的人类活动，加强封育保护；其次是通过恢复植被、水域等增强环境的平衡调节功能。

中图版教材介绍了我国主要面临的生态环境问题，指出一些地区生态环境恶化的趋势尚未得到有效遏制，生态环境遭破坏的范围仍在扩大，这种情况严重制约着社会经济的可持续发展。比较突出的生态环境问题有水土流失、土地荒漠化、森林和草地资源减少、生物多样性遭破坏等。

沪教版教材介绍了生态环境治理，说明生态环境问题的形成与加剧有自然原因，也有人为原因。人口激增对土地过度垦荒、过度放牧、过度开采，经济发展对资源、能源的过度开发利用等人为因素，是产生和加剧生态环境问题的根源。治理生态环境的途径主要是控制人口增长，提高人口素质，加强全民的环境保护意识；发展科技，依靠科技进步调整产业结构和改造对环境污染、破坏严重的生产设施；提高环境管理能力，通过科学规划，制订与运用生物措施、工程措施和农业耕作措施相结合的综合防治措施。

鲁教版教材以科尔沁草原的变迁创设教学情境，介绍了科尔沁草原的变迁。从19世纪末开始，滥垦草地，砍伐森林，使地表植被和土壤遭受破坏，地表土壤在风力作用下迅速沙化。为保护科尔沁草原，这里已建立起国家级自然保护区。引导学生分析内蒙古科尔沁地区由富饶的大草原变成沙地的主要原因，以及在科尔沁地区建立自然保护区，对促进当地生态环境的良性循环起到的重要作用。

湘教版教材在教学情境中，指出人为作用已成为影响生态系统的重要作用力。人口密集区和经济活动频繁的地区，特别是人为作用力和自然作用力强烈叠加的地带，往往成为脆弱生态系统的主要分布区。如海陆交界带、河流变迁带、山地平原过渡带、绿洲荒漠交界带、农牧交错带、城乡交接带，以及地质灾害易发区、水土流失严重区、污染影响严重区等。森林面积锐减和草原退化都会给生态环境带来严重的后果，前者不仅使木材和林副产品短缺，珍稀动物减少甚至灭绝，还可能造成生态系统恶化，环境质量下降，水土流失，河道淤塞，旱涝、泥石流等自然灾害加剧；后者可改变草原的植物种类成分，降低草场的生产力，破坏草场的动植物资源，甚至造成荒漠化。

（三）问题式教学问题情境

综上所述，教材中的问题情境与试题情境基本一致，各版本教材都围绕生态环境问题以及环境保护创设情境，引导学生分析思考生态环境问题的原因和解决方案，突出人地协调观的培养。试题所涉及的森林防火方面的措施是生物防火的创新举措，所以在教材中还没有体现。

三、思维路径与结构

（一）思维路径

基于上述深度分析，本试题地理学科核心素养测评的思维路径如下图所示。

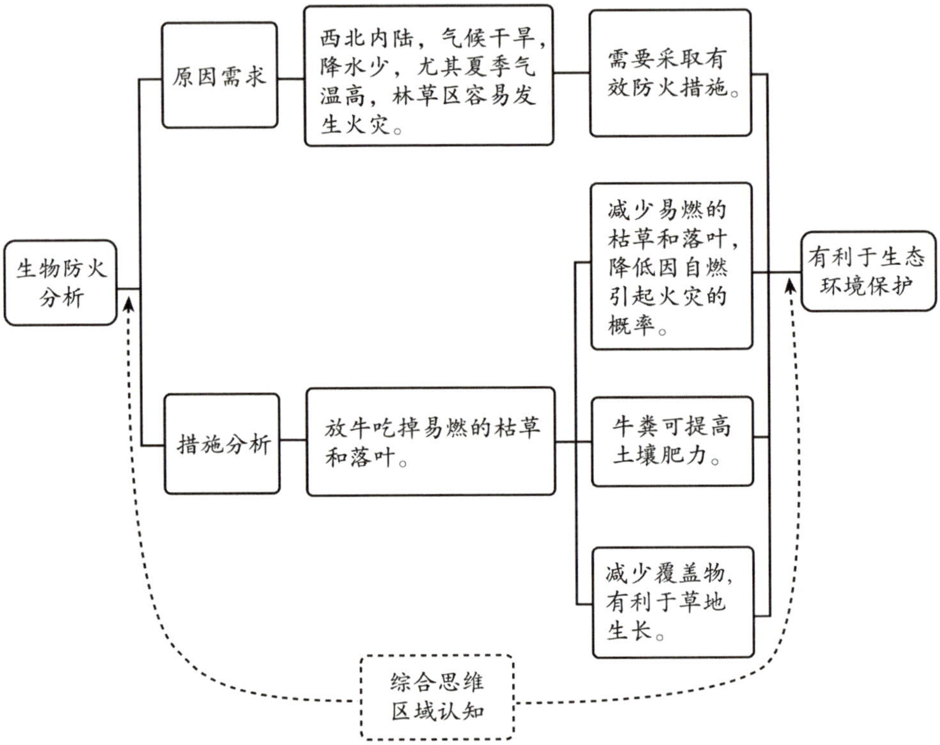

由上图可见，该试题全面考查了地理学科核心素养。试题以因地制宜和人地协调观统领地理学科核心素养测评，着重考查对人类活动对环境影响以及生态保护的认知，实施地理学科核心素养测评。以各级水平的综合思维开展地理学科核心素养测评，从森林防火、生态培育等多要素综合，到区域发展的系统性、地域性的分析，实现综合思维素养进阶测评。

（二）思维结构

依据考生对地理学科核心素养测评的反应，反映出思维结构和学业质量水平如下表所示。

学生测评反应	思维结构	学业质量水平
减少火灾发生，保护生态。	单点结构	水平 1
牛吃掉枯草和落叶，减少火灾发生；牛粪提高土壤肥力。	多点结构	水平 2
牛吃掉枯草和落叶，减少火灾发生，减少覆盖物；牛粪提高土壤肥力。	关联结构	水平 3
牛吃掉易燃的枯草和落叶，有效避免火灾对生态系统的破坏；减少草地覆盖，有利于青草萌发和生长；牛粪直接归还自然，有利于提高土壤肥力。在合理放牧的同时完成生态保护。	拓展抽象结构	水平 4

从上表可见，该试题地理学科核心素养测评水平 1 表明：对人类活动对环境影响的认知薄弱，综合思维限于单点结构。该试题地理学科核心素养测评水平 2 表明：具备信息解读和关联能力，能够解读区域发展、环境保护等相关信息，综合思维扩展到多要素综合，人地协调观基本可用于分析问题。该试题地理学科核心素养测评水平 3 表明：人地协调观基本形成，对人类活动对环境影响认知比较完善，综合思维扩展到时空综合。该试题地理学科核心素养测评水平 4 表明：比较熟练地应用人地协调观解决因地制宜问题，信息解读和区域认知比较全面，综合思维进阶到地方综合。

参考文献

1. 教育部：《普通高中地理课程标准（2017年版2020年修订）》，人民教育出版社，2020。

2. 教育部考试中心：《中国高考评价体系说明》，人民教育出版社，2019。

3. 王民、高翠微、杨洁、蔚东英：《基于学生核心素养的地理学科能力研究》，北京师范大学出版社，2018。

4. 杨帆：《基于核心素养的新高考地理测评与教学研究》，中南大学出版社，2021。

5. 段玉山、周维国：《基于地理课程标准的高中学业水平考试命题研究》，中国考试，2018年第9期。

6. 佟柠：《地理综合思维的考查与培养——以2021年高考文综全国甲卷第37题为例》，基础教育课程，2021年第Z2期。

7. 赵守拙：《高中地理核心素养教学案例》，浙江工商大学出版社，2019。

8. 杨学为：《高考评价体系解读》，社会科学文献出版社，2020。

9. 段玉山、陈胜庆：《地理课程的核心素养与育人价值》，湖南教育出版社，2016。

10. 钟启泉、崔允漷：《核心素养与教学改革》，华东师范大学出版社，2018。

11. 赵媛、刘金龙：《地理学科命题规范与技巧》，科学出版社，2014。

12. 刘刚、曹彤、赵丽娟：《中学地理差异教学情境创设》，教育科学出版社，2018。

13. 李慧敏、赵鹏：《高考命题改革背景下，地理教学中的关键问题》，中国青年出版社，2020。